傷痕文學大系 1

望鄉之星

長谷川照子女兒的一生

長谷川曉子 ◎著

博客思出版社

"嬌聲賣國奴"の正體はこれ

流暢・日本語を操り

祖國へ毒づく

赤くずれ長谷川照子

殊勝・捕虜も一役

敵艦上・鮮血の

戰傷にめげず

天晴れ

1938 年 11 月 1 日，日本東京《都新聞》第 18379 號之頭版報導

92a UK
JOKOHAMO
2007
La 92a Universala Kongreso de Esperanto
4-11 de aŭgusto 2007, Jokohamo,Japanio
Geedzoj Liu Ren kaj Verda Majo(1936)

世界語團體為劉仁和長谷川照子所製作的紀念明信片

長谷川全家福

長谷川照子大學時照片

一九三六年，劉仁與照子
攝於橫濱

1942 年重慶街頭演講

一九四一年，劉仁與照子攝
於重慶

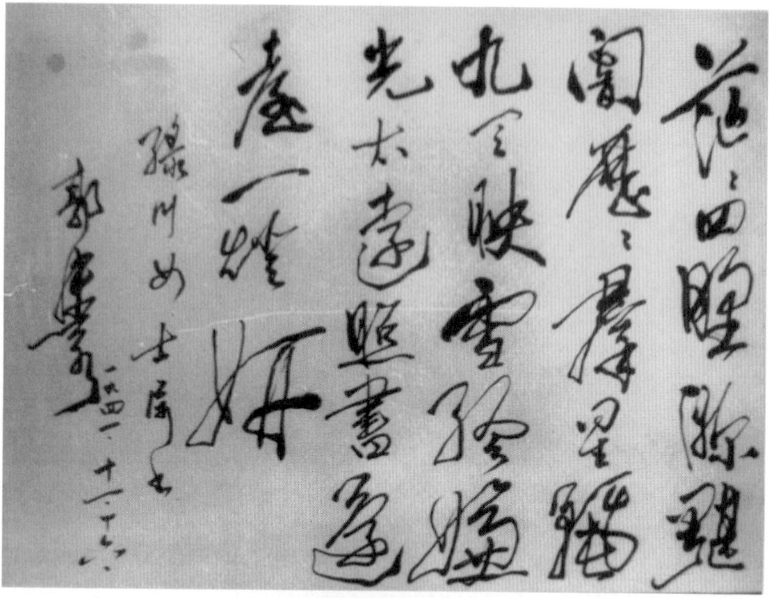

郭沫若送給長谷川照子的題詞

1980年
日中合作テレビ「望鄉の星」
主演　テル　栗原小巻（日本）
劉仁　高飛　（中国）
題字　鄧小平

中日合拍電視劇「望鄉之星」劇照之一

中日合拍電視劇「望鄉之星」

中日合拍電視劇「望鄉之星」劇照之二

La 92a Universala Kongreso de Esperanto
4-11 de aŭgusto 2007, Jokohamo, Japanio
MI INSTINKTE SOPIRAS PACON
VERDA MAJO 1912–1947
Verda Majo (Hasegawa Teru)
Internacia Batalantino

世界語專家 綠川英子

東北烈士紀念館 綠川英子烈士

東北烈士紀念館，「綠川英子專櫃」

佳木斯市政府所建之劉仁與長谷川照子合祀墓正面

佳木斯市政府所建之劉仁與
長谷川照子合祀墓背面之一

佳木斯市政府所建之劉仁與
長谷川照子合祀墓背面之二

劉星與劉曉嵐（長谷川曉子）兒時合照

二嬸、維箴三叔、劉維二叔（由左至右）

與栗原小卷一起談和平

長谷川曉子的中國之旅 2002 年 9 月 14 日至 19 日

長谷川曉子的中國之旅

長谷川曉子的中國之旅團體合照

長谷川曉子在中國紅岩紀念館。背後展示照片：左圖為周恩來與鄧穎超，中間 7 人照片正中者為郭沫若，其左側為劉仁。

由左至右：澤田和子（長谷川照子研究者）、長谷川曉子、劉立群（紅岩紀念館館長助理）、坂井尚美（長谷川照子研究者）、木田日登美（長谷川照子研究者）

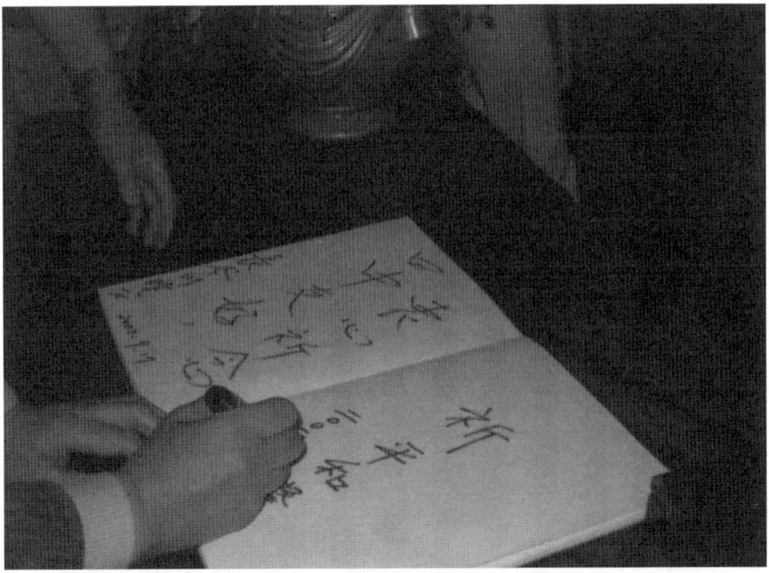

東北烈士紀念館和平紀念會議簽名

東北烈士紀念館和平紀念會議接受記者採訪

長谷川照子遺物捐贈東北烈士紀念館之捐贈記者會

劉星在天安門。背後即是天安門民主運動的象徵民主女神

反戦訴えた母追って

「長谷川テル」遺児、中国を歩く

民放33局で放送へ

「失くした二つのリンゴ」の一場面。長谷川テルの娘、暁子さんは中国に母の足跡を追い、親子のきずなを感じる

日中戦争下の中国で、反戦平和を訴え続けた日本人女性、長谷川テルの足跡を、その娘がたどるドキュメンタリー「失くした二つのリンゴ　日本と中国のはざまで　長谷川テルが遺したもの」が11日（一部地域9・10日）、民放テレビ33局で放送される。企画したのは、被爆地・広島で生まれ育ったディレクター。テル親子を通して、戦争と平和の意味を問いかけたいという。（角谷陽子）

テルは1912年、山梨県生まれ。36年に中国人留学生・劉仁と結婚、その後中国に渡り、38年以降、武漢や重慶などを転々としながらラジオ放送を通じて日本軍に戦争終結を訴えた。終戦後の47年、手術の感染症が原因で34歳で死去した。番組のタイトル「失くした二つのリンゴ」は、戦争で命を奪われた幼子の赤いほおをリンゴに例えた、テルの時の題名からとった。

長谷川テルと夫・劉仁

番組は民放が系列を超えて加盟する民間放送教育協会が企画し、中国放送（広島市）が制作した。テルの長女で大阪在住の長谷川暁子さん(61)が中国に行き、両親ゆかりの7都市を巡ってテルの半生とその活動をたどる。テルが死去した時、生後10カ月だった暁子さんに、母の記憶はないという。だが、当時そのままの古い建物や両親の墓を訪ねることで、二つの国の間で苦しんだ母の気持ちを思いやり、親子のきずなを感じる、という姿を伝える。ナレーションは吉行和子。

番組の尾崎祈美子ディレクターは幼い頃から、戦争の悲惨さを身近に感じてきたという。大学時代に雑誌の記事でテルを知り、卒論のテーマに取り上げた。「大変な時代の中で平和を求めて葛藤したテルのつらさに思い至り、人間としての姿に肉薄したくなった」と話す。

暁子さんは、番組を通じてテルという人間を知ってもらえるのを喜ぶ。「常に誠実に生きる意味を、平和な今の世の中であっても日本の人に考えてほしい」と話す。

放送時間は地域により異なる。詳細は民間放送教育協会ホームページ（http://www.minkyo.or.jp/）で。

《朝日新聞》介紹

長野日報　2012年（平成24年）2月16日　木曜日

本・読書

日中関係史〝歴史の証人〟

長谷川暁子著　二つの祖国の狭間に生きる

エスペランチストの母長谷川テルと中国人の父を持つ混血児、長谷川暁子の自伝「二つの祖国の狭間に生きる」が同時代社から刊行された。著者は、特殊な立場でありながら文化大革命など過酷な激動の時代を中国国民の一人として生き抜いた。日本に安住した後も二つの祖国を愛し、狭間に迷いながら「日中友好」「平和問題」に取り組んでいる。著者の知人で本書出版に尽力した岡谷市出身のジャーナリスト、岩垂弘さんは「長谷川暁子さんは、中国現代史と日中関係史を眺めてきた歴史の証人と言えるのではないか」と解説している。（今溝恵子）

「エスペラント」はポーランドのユダヤ人医師が考案した人工的な国際語。この言語の誕生と共に全人類の平和に奉仕する旨を宣言した。東京でエスペラントを学んでいた長谷川テルは中国から留学していた劉仁と恋に落ち、2人で中国へ渡る。満州国を作った日本は軍事的行動を開始し、日中戦争が勃発。テルは平和愛好者の信念のもと、敵国側に立って戦争に公然と反対し、日本軍向けの反戦放送を行った。

両親が早世し、孤児となった著者（中国名・劉暁嵐）は、中国共産党の援助の下で「烈士遺児」（革命や戦いに功績を残し犠牲となった人物の子ども）として成長する。「赤い教育」の薫陶を受けてきた少女はやがて、反右派闘争、大躍進政策、文化大革命と続く混乱、内戦の中で、「これまで何回も揺らいでいた共産党と毛沢東に対する信頼が完全に潰れた」と書く。紅衛兵の「革命行動」による闘争の様子はすさまじい。「国民を弄ぶ指導者たちの荒唐無稽を許せなくなった」著者は、「問題分子」として砂漠地帯へ島流しになる。それは渇望する「自由」への第一歩でもあった。

著者が両親について詳しく知ったのは1972年の日中国交正常化以降だった。長谷川テルの遺児として来日を果たした後、2回、日本へ留学。大学講師として働く中、もとより日本人だったのを法的に認める「就籍」を許可され、日本国籍を回復した。

「中国の歴史の推移は、為政者同士の憎悪と怨嗟、支配集団内部の争い」と書く。動乱後にやってきた「改革解放」で中国国民はどうなったか。日本の戦後処理が生んだ「歴史の呪縛」。著者は公正かつ冷静な観察眼を披露しながら、双方を「祖国」として愛する魂の叫びを伝えている。

A5版331㌻。2940円。問い合わせは同時代社（電話03・3261・3149）へ。

長谷川テルの遺児、暁子が半生をつづった「二つの祖国の狭間に生きる」

《 長野日報 》介紹

第22回 民教協スペシャル
失くした二つのリンゴ
日本と中国のはざまで 長谷川テルが遺したもの

廣島電視台製拍之紀錄片

本書獻給母親——長谷川照子

目錄

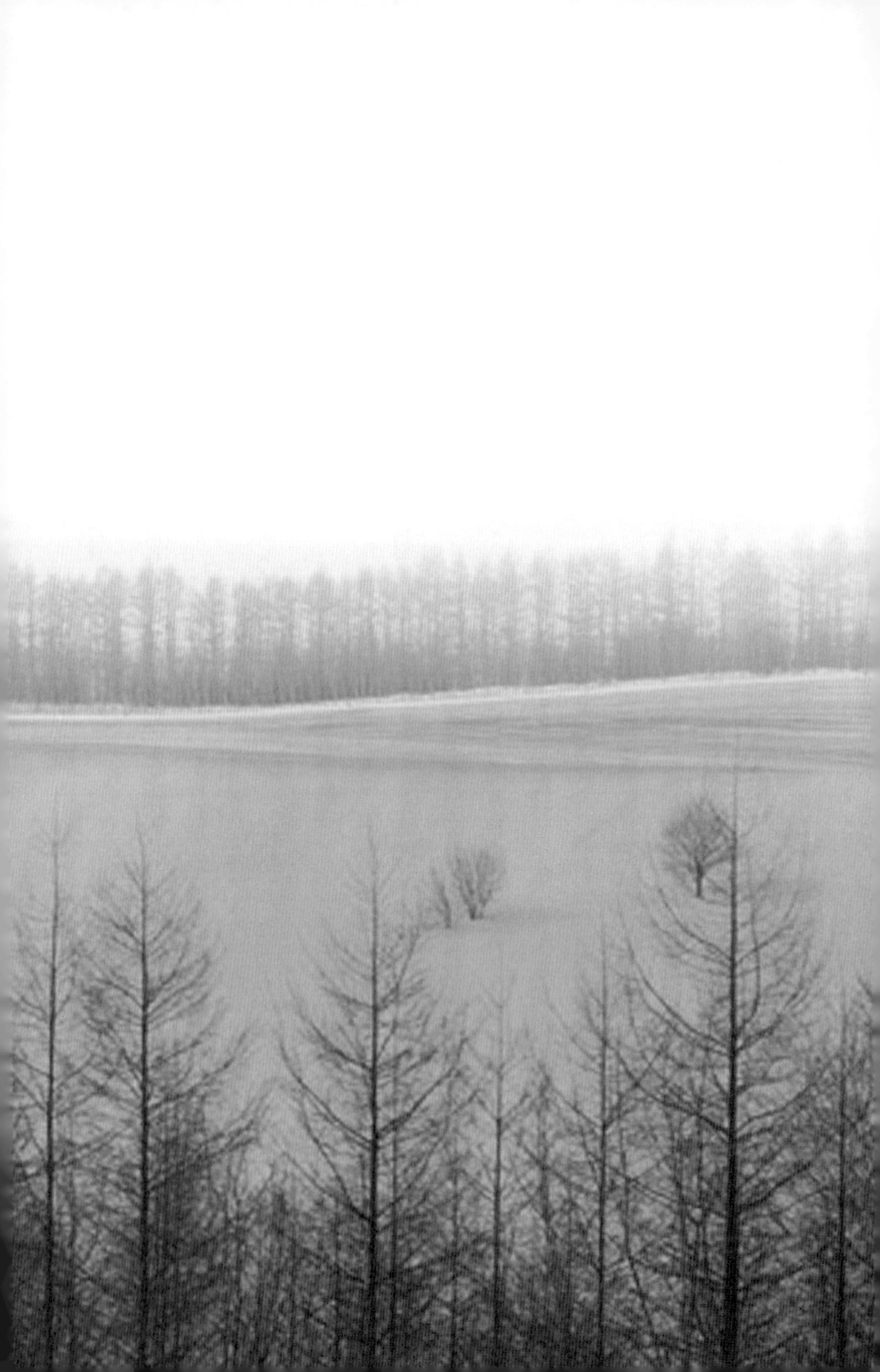

引子

一九三八年十一月一日，日本東京《都新聞》第 18379 號刊以

「嬌聲賣國奴的真面目
操流利的日語
面向祖國惡言毒語
赤色敗類長谷川照子」

之醒目標題，登載了漢口廣播電臺對日軍進行反戰宣傳的日語播音員的消息，報導登載了該人物的照片並特意言及其家庭。

報導文章如下：

「本報前不久曾報導過在漢口廣播電臺用流暢的日語進行反日宣傳的蒙面人物 。今天，這個向祖國發射毒箭的賣國女人的面具隨著武漢的攻破被揭穿了！據上月三十日傍晚當局收到的警視廳外事科彙報，該女人是住在東京杉並區三谷町十五號的前任市役所土木科科長長谷川幸之助的女兒，曾在奈良女

子高等師範就讀，中途退學回鄉後，搖身一變成為『赤色女鬥士』活躍在暗中，後來與中國留學生發生『赤色之戀』，婚後渡往支那。

今年二月上旬，香港廣播電臺突然傳來女子反戰演說，竟然是口齒清楚流利的日語！聽到該廣播誰都會不禁想知道這個站在麥克風前面的女人是誰？當局為了弄清該人物的真相竭盡全力進行調查，然一直沒有結果。而那廣播卻頻頻傳來。今年夏天，正當所向無敵的皇軍集中火力攻克武漢的前夕，這一反日宣傳又以漢口為舞臺每晚播出，對我軍部進行肆意誹謗，向日本的經濟政策發動赤色毒舌。

上月二十七日下午五點半，皇軍威力神速牽制武漢，與此同時，這個惡毒之極的廣播也嘎然截止，蒙面女人長谷川照子的真面目暴露無遺。……（家庭成員略）。

該女人的父親長谷川幸之助悲痛訴說自己對女兒的賣國行為一無所知，他說：『此事著實出乎意外！自從去年元旦接到女兒從香港寄來的短信後再也沒收到她的消息。我相信女兒不會是向自己的祖國發射毒箭的人。倘若這是事實的話，我寧願以日本一臣民的名譽挺身自盡。吾兒（照子的弟弟）患胸疾，無奈的從東京大學土木系退學在湘南療養，大女兒（照子的姐姐）之夫也臥病在床。為此我老夫婦常感嘆在皇軍連戰捷勝中的自身不幸，照子絕非不忠之女。』……。」

長谷川照子是幸之助的第二個女兒，在東京名門麻布府立第三女子高中以首席優秀成績畢業後考入奈良女高師（現在的奈良女子大學）。在學期間與友人長戶恭成立文學小組，熱衷於吟詩作歌。因不滿當時的對外侵略和對內壓制政策，涉足奈良縣左翼文學活動，熱衷社會參與。

時值日本正瘋狂地走向法西斯軍國主義的迷途之際，無論是政治、文化還是生活，都薰染上了國粹主義、軍國主義和極端民族主義的色彩。一九三二年的秋天，臨近畢業的照子和友人長戶恭因受奈良左翼文學活動的牽連，在全國性檢舉「赤色分子」組織的白色恐怖中被警察拘留，其後被迫退學。

一九三六年秋，劉仁與照子攝於東京

照子回到父母身邊後開始學習第二次世界大戰前盛行的世界語，不久參與雜誌《世界語文學》的創刊編輯工作，用世界語寫出了許多詩歌散文，並翻譯了大量的外國世界語文學作品。照子在

這一提倡人類和平、國際和睦、自由平等、尊重人權的世界語活動中燃起了青春的火燄。其後她與同樣熱衷於世界語的中國留學生劉仁相識，進而相戀互愛。

一九三七年的春天，照子不顧家人的反對和朋友的勸阻，隻身渡海赴大陸與戀人劉仁會合，以世界語者的身份投入反對日本侵略的鬥爭。第二年的夏天，經著名人士郭沫若的介紹，她在國民黨中央宣傳部國際廣播科開始了對日軍的反戰播音。

「日本的兄弟們，我誠懇地請求你們不要把自己的鮮血白白地灑在這裏，你們的敵人不在大海的這邊！」（引自高杉一郎著，《中國的綠星 — 長谷川照子的反戰生涯》[朝日選書 169]，朝日新聞社，1980 年）

照子把自己對和平的誠意、對祖國的真摯之愛寄託於無線電波，她由衷地希望被捲入黑暗深谷裏的日本士兵們能覺醒。

照子在日本歷史上被稱做「黑暗的深谷」時期離開祖國，與劉仁相伴流離中國大地，以「綠川英子」為筆名寫下了許多評論、隨筆，登載於中國世界語雜誌《世界》和《中國在怒吼》。其中一些文章由劉仁和其他友人翻譯成中文，轉載在當時的抗日報刊《新華日報》和《解放日報》上。此外還在東北抗日救亡運動名士高崇民主辦的《反攻》雜誌印刷所，劉仁負責主編、照子擔任編輯，積極參與日本傀儡政府統治下的故鄉救亡運動。

日本侵略者把中國大地化為戰場，肆意占領城市、騷擾鄉村小鎮、掠奪民財、放火燒房、殺害無辜百姓。對此，日本國內視之為「輝煌戰果」，每取一勝，舉國上下高掛彩燈、集會慶賀。大多數日本人都沉醉於勝利，確信中國不久將要屈服。而正是在這一時期，照子站在中國一方，堅持反戰，力求和平。

「如果您願意的話，盡管稱我為賣國賊好了，我絲毫也不畏懼。而實際上反以作為不僅侵略他國，甚至不以為然地屠殺手無寸鐵的平民，把他們驅向地獄的日本人感到羞恥。」（高杉一郎著，《中國的綠星 — 長谷川照子的反戰生涯》）

正如日本女作家澤地久枝所說：「照子被打上了『賣國賊』的烙印，而這卻是任何其他日本人得不到的勳章。」

一九四一年七月二十七日，周恩來委員長在重慶抗日文化界集會上對照子說：「日本軍國主義者罵妳是賣國賊，事實上妳才是日本人民的忠實女兒，真正的愛國者。」

同年十一月十六日，在紀念郭沫若文學創作活動二十五周年的大會上，郭沫若為照子在紅色絲絹上揮毫題詞，把她的行為比作黑暗中的一盞燈：

茫茫四野彌黯闇，歷歷群星飛九天。
映雪終嫌光太遠，照書還喜一燈妍。

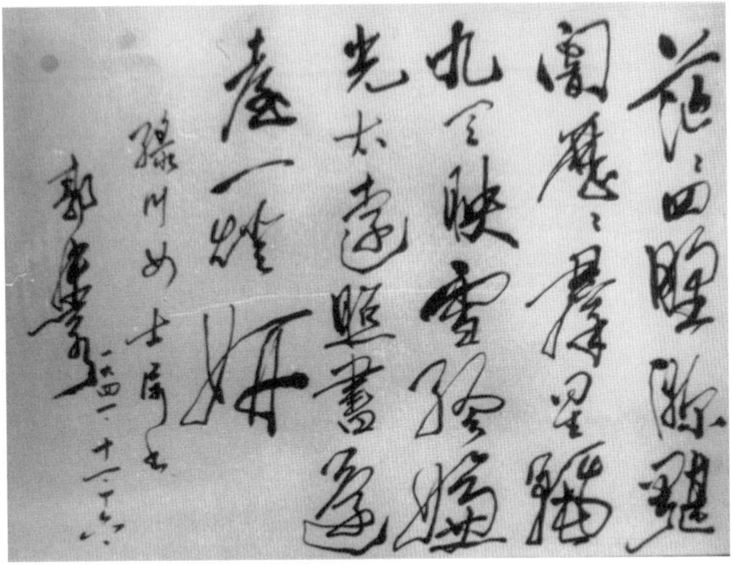

郭沫若 題詞

日本投降後的第二年，按周恩來的指示，照子隨同劉仁北上佳木斯從事戰後復興工作。一九四七年一月，照子不幸因絕育手術失敗逝世，同年四月，劉仁舊病復發故去，留下兩個孩子，男孩兒劉星六歲，女兒曉蘭剛滿一歲。

第一章：
遙遠的記憶

母愛

哈爾濱市內潺潺小溪馬家溝旁有一座白樺和楊樹環繞的深紅色小樓，那是我早年記憶中的家。貧困的建國初期，這座被稱為貴族城堡的大宅是接收黑龍江省、哈爾濱市各級行政幹部子女的特級保育院。我在那裏度過了無憂無慮的幼年時代。

記得馬家溝保育院是寄宿制，孩子們平時住在那裏，周末回家度假日。每到星期六的下午，吉普車一輛接著一輛開進保育院的庭院，小朋友們歡蹦亂跳地被身穿筆挺幹部制服的父親或腰帶手槍的警衛員擁上吉普，保姆阿姨匆忙遞交衣物，揮手致意目送，好不熱鬧。每每這喧鬧時刻一過，阿姨們整理好散亂在室內外的洋娃娃、布狗熊、大積木和小兒三輪車之後都回家去了，大院裏只剩下院長媽媽和我。

我並不曾感到過孤獨，因為喧鬧之後，平時嚴格管理全院的院長脫下單調的制服，換上漂亮的連衣裙，變成我獨佔的媽媽，盼望的自家周末生活開始了。我一直以為院長媽媽是自己的親人，我和小朋友們一樣，周末也是在自家度過，甚至覺得在小朋友們中間，自己是最幸福的。父母親對於我來講不只沒有任何記憶，就連「父母」一詞的含義我也不懂，有非常喜歡我的院長媽媽在身邊，我怎麼會感到孤獨和寂寞呢？

我家的周末生活很有規律，幾乎星期六傍晚固定要去街上遊玩。出門前，院長媽媽給我換上我喜愛的花裙，在我頭上紮上漂亮的綾綢，還從不忘記往我的口袋裏塞滿糖果。

院長媽媽常帶我去奧林特或亞細亞電影院看電影。保育院內可以看幻燈動畫片，但那比不上電影好看。大人的電影我當然看不懂，坐在院長媽媽身邊卻好像明白其中的喜怒哀樂。院長媽媽笑了，我也覺得好玩兒，看她用手絹擦眼睛，我會難過悲哀。不管怎麼說，坐在寬敞的電影院裏，在銀幕光線的明暗交錯中吃糖果，那是再愉快不過的了。周末的兩個夜晚睡在院長媽媽的大床也是規定。躺在院長媽媽身邊，任她溫柔撫慰，伴隨輕柔的歌聲和話語入睡。歌聲中的小鳥和白兔、神話中的仙女仙童是我周末的好友，院長媽媽的音容笑貌和撫摸我臉龐的手的感觸是我心中的慰藉。

我家的另一個定規是星期天早上要去喇嘛臺。哈爾濱市有很多歐式建築，過去一直被稱為「東方的巴黎」，在與蘇聯關係密切的五十年代還被稱之為「東方的莫斯科」。這些宏偉精美的歐式建築至今在形形色色的現代大廈群中仍不失異彩風格，依然是哈爾濱市民的驕傲。在少兒時我的眼裏，其中最出色的應屬那座聳立在市區中心的尼古拉大教堂。我不知道這座被與宗教無緣的市民們稱為「喇嘛臺」的尼古拉大教堂是什麼時候建成的，但聽說過它是被蘇維埃政權驅逐出境的白俄羅斯人禮拜的聖地。

儘管通往喇嘛臺的路不知走過多少遍，可我一次也沒有進過教堂裏面。院長媽媽進去後，我總是在柵欄外邊一邊玩兒一邊等候她出來。教堂牆壁上雕刻著許多精緻的畫，我雖然不懂其意，卻從未看膩過。神秘莫測的壁畫似乎在向我講述院長媽媽從不擔誤去那裏的原因，讓我乖乖地等候她出來。也許正因如此，比起那些奇異的雕刻壁畫更令我難忘的是，院長媽媽從喇嘛臺的正門出來時，她那慈祥、虔誠，時而又是憂鬱、深沉的面容。

如果說哈爾濱時代是我的珍貴記憶，喇嘛臺便是那記憶中的一顆明珠。我曾在數十年後特地重返舊地，漫步兒時住過的院宅、走過的大街和穿梭玩耍過的小巷。漫長的歲月中，舊地的房屋、路旁的林蔭、甚至空間的氣味，一切似乎都變了，但又好似沒變，令我流連忘返。站在市街中心環視四周，突然發現座落在記憶中喇嘛臺位置上的是雜草叢生的花壇。難道那出類拔萃的藝術精華真的被毀掉了嗎？我不禁攔住過路人詢問。回答是令人遺憾的，喇嘛臺果真在動亂時期被曾把它視為驕傲的市民們砸毀，修建成偉人塑像，而在隨後的潮流變換中，偉人塑像又被砸碎，代之而起的是花壇。珍貴的明珠被時代的風暴摧殘，沈淪了。我茫然失措地傍依花壇石柱沈思，竭力從記憶中找尋喇嘛臺的蹤影以安慰自己。於是，大教堂那勻稱卓絕的雄姿和精湛無比的雕刻壁畫冉冉浮現在花壇上空，襯托在教堂正門前的是院長媽媽那張慈祥、虔誠、

時而又是憂鬱、深沉的面容。

保育院時代還有一位令我懷念的人，她是那裏的醫生。醫生阿姨的家在院外附近，她那兩個淘氣的兒子是我要好的朋友。我常去他們家玩兒，書架上擺著許多童話小人書，最吸引人的是《賣火柴的小姑娘》、《醜小鴨》和《水晶鞋》，醫生阿姨念多少遍我也沒聽膩過。我很喜歡這個長相漂亮的醫生阿姨，經常在她面前調皮撒嬌。依稀記得有一次我患眼病，為防止傳染需要隔離，醫生阿姨抱著我去隔離室的時候，我大哭大鬧不肯聽話。可是途中，我在她的懷裏突然感到一種溫柔的感觸，不由止住了哭鬧。

這是我四、五歲時的記憶，究竟它是幻覺還是事實，現在無從追溯確認。但彷彿記得當時念念不忘那個奇異的感觸，以至使我一看見醫生阿姨就會產生渴求那溫柔的衝動。懂事後我常想，那奇異感觸或許正是我十個月襁褓中的記憶，一定是醫生阿姨的溫柔懷抱喚起了我嬰時哺乳的記憶。

至今依稀還記得醫生阿姨把我放到床上，給我蓋好被子，輕輕地撫摸我的臉說：

「不要怕，乖乖地睡，睡好了給你念畫書。」

這是一件令幼小心靈感動的記憶。多麼溫柔的胸懷呀！多麼親切的細語呀！說不定當時我會感謝患病，感謝眼病使自己得到醫生阿姨的懷抱；也可能躺在隔離室裏期望眼病不要好，這樣醫生阿姨還會抱我，還會在我身邊細語。我一生中僅感受到一次的這個奇異感觸，也許正是人們常說的「母愛」吧。

我在馬家溝保育院生活了四年，上小學後我常回去玩兒。不知從什麼時候起看不到院長媽媽的身影了，醫生阿姨有時還帶兩個兒子來學校看我。記得有一次她說要收我做乾女兒，我雖然很喜歡醫生阿姨，但生性乖僻沒有坦率答應。最後一次看到醫生阿姨是小學二年級的時候，以前她總是帶糖果來，可那次帶來的是一條天藍色的花裙。臨走時，醫生阿姨把我拉到身邊，用我熟悉的動作撫摸我的臉龐，理齊我的亂髮，細聲囑咐我要聽老師的話。那時，早已淡漠的記憶油然復甦，渴求患眼病時感受到的那一溫柔感觸的衝動再度生起。我後悔沒答應做醫生阿姨的乾女兒，更沒想到那條花裙竟是永別的紀念。

上小學以後生活在充滿歡樂的校園裏，身邊有了新的朋友和老師，馬家溝保育院的記憶漸漸遠去，對那裏人們的愛自然也淡薄了。儘管如此，我仍然以為馬家溝保育院是自己的家。每當被人問起：「妳老家在哪兒？」時，我會毫不遲疑地脫口而出：「馬家溝保育院」。至今我仍舊像懷念遙遠的故鄉一樣思念著馬家溝保育院，對給予我溫暖的人們的感激之情也一如既往。漫長的歲月裏，無論是在失意中尋求慰籍的時候，還是在期望與誰共享幸福時，腦海裏首先浮現的總是白樺楊樹環繞的深紅色小

樓，還有穿連衣裙的院長媽媽和懷抱著我的醫生阿姨。在那裏她們給予我的母愛永遠珍藏在心間。

時代的幸運兒

一九五二年的夏天，剛滿六歲的我進了哈爾濱市東北烈士子弟小學。新中國建國初期，抗日戰爭和國內戰爭中為保衛祖國犧牲了的人們被稱作「烈士」，他們的家屬得到國家的保護，生活中受到地區政府的關懷照顧。哈爾濱市東北烈士子弟小學是為把烈士遺孤培養成革命繼承人而設立的學校，我進去的時候，有幾百名來自黑龍江省各地的孤兒生活在那裏。國家還很貧困，小學教育剛開始普及，省、市政府努力投資把這所小學辦成設備完善、師資雄厚的全省教育界矚目的樣板。當時，社會上還有很多孩子為了填飽肚子不得不幹活，許多兒童無家可歸夜裏流落街頭。可是生活在哈爾濱市東北烈士小學的孤兒們與貧困無緣，因為這裏不必擔心吃穿住，這裏是充滿歌聲和歡笑，醞釀著幸福的樂園，孤兒們除了上課學文化以外，還經常接待省市幹部的視察和來賓參觀，參加各種社會活動，愉快地生活著。

然而，維持這個龐大的機構對於市政府來講是很困難的，加之社會上批判這裏是培養特權階層的輿論很強，我上三年級的時候，大多數學生被分散送回家鄉，只剩下二十幾名無親戚收養的人，我是其中一個。從此以後，這所樣板校不再是寄宿制，改成接收上層幹部子弟的重點學校。因地處霽虹橋（現在的一曼橋）旁，校名改為「哈爾濱市霽虹小學」。

由於人數大減，繼續過富裕的生活不成問題，留下來的孤兒們成了幸運兒。孤兒們的宿舍換成校園裏最優雅的白洋樓，放學後操場、遊戲室、音樂廳可以自由使用是我們的特權。吃的也很奢侈，每天早餐吃俄羅斯麵包、豬肉香腸、喝牛奶、中午吃米飯和白麵饅頭，晚飯是麵條和包子。食堂的飯菜吃膩了，我們就背著老師把饅頭包子夾在腋窩下帶出來和同學換玉米麵餡餅吃。高幹子弟的同學們帶到學校的高粱小米飯或玉米麵餡餅，對於我們這些幸運兒來講是新鮮的食品。

借父輩「烈士」之光，孤兒們被看做當然的革命接班人，享受著優厚的待遇。我們常被選為班上的代表參加學校的各種活動，有時作為學校代表出席市裏的集會。我們這一群男生身穿筆挺的列寧服、女孩身著漂亮連衣裙的幸運兒，無論去哪兒都受到親切的接待，無論什麼時候都會遇到羡慕的目光。我們自己也以此為榮，並珍視這一榮譽。

記得五年級的暑假，烈士遺孤們受特邀參加過一次市政府在著名觀光地江北太陽島舉辦的大型集會。那是一次表彰市優秀黨員幹部、模範市民、先進工作者的野營活動。被譽為哈爾濱王冠的太陽島很美麗，尤其到了夏天，松花江畔的曙光、微風掀起的碧波、陽光下的沙灘和異國風情的帳篷吸引著大量的遊客，能出席這次大會是無上的榮譽。

野營活動連續兩夜三天，幾百名市級優秀黨員、模範幹部、先進工作者匯聚在一起，表彰會、經驗交流會、領導訓話、軍事演習、遊泳比賽、營火晚會，項目豐富多彩。烈士遺孤們做為全市小學生代表組成合唱隊，在各項目開始前高唱前奏曲：

萬里晴空下展現著無限的未來，
我們是幸福的一代。
寬廣無邊的大地是奮鬥的戰場，
我們擔負著祖國的未來。
啊！共產黨，您是我們的恩人！
啊！毛澤東，您是我們的父親！
我們誓死忠於您，我們永遠跟著您！

讚美共產黨的歌聲迴盪在松花江上，歌頌毛主席的旋律響徹太陽島的上空。人們的期望和無垢的驕傲使烈士遺孤們熱情洋溢，我們全力執行自己的重任。大會在第二天的晚上達到高潮，大人們無休止地跳著交際舞，我們不斷地將劈柴投入火中。篝火映紅了臉，照亮了心，我們確信，沒有比烈士遺孤更可信賴的，我們才是祖國的可靠接班人。大家手拉手圍成圈，仰望明月高懸的上空，宣誓以忠誠之心迎接每一個明天。

儘管還是貪玩的孩童，然而這次營火大會在童心中燃起的熱情是神聖的。每一個幸運兒都深信不疑自己的祖國是世界楷模，每個人都立志做祖國的優秀公民。或許，我對「祖國之愛」這一觀念的認識正是在那個時期萌芽成形；或許，要為祖國奉獻自己的一切正是那時童心裏描繪出的第一幅宏圖。

伴隨幸福的迷霧

新中國建國初期是值得緬懷的。

中國人常以自己的悠久歷史而驕傲，可是中國人民正是從那漫長的歷史中呻吟、掙扎過來的。屢屢發生的改朝換代從來沒有改變過百姓的貧窮和落後，舊的王朝被推翻

了，代之而起的依然是封建專制，中華民族的歷史一直在這樣的周而復始中延續著。

然而，一九四九年成立的中華人民共和國不同，她是人類理想的社會主義國家，毛主席和共產黨領導下建立起來的新中國給中華民族帶來了希望。幾百年來一直遭受外族歧視和壓迫的「劣等民族」終於持自己的尊嚴屹立於世界之林，平民百姓揚眉吐氣開始掌握自己的命運。八年抗戰和四年內戰使四億五千萬人民的生活陷入貧困深淵的邊緣，但只要有共產黨和毛主席的領導就一定能戰勝困難，平等富裕即將展現眼前。

對此堅信不疑的每個公民都全力以赴投身於新中國的建設中去，中華大地煥然一新。「路不拾遺」、「扶老攜幼」、「夜不閉戶」等很多流行語恰如其分地反映了當時的社會風尚。幾千年來一盤散沙的民眾為實現建設富強之國的共同目標，顯示出了未曾有的團結。無論在城市還是鄉村，也無論是男女還是老少，人人意氣風發、鬥志昂揚，大家互相尊敬、互相信賴、互相幫助。人們說這段時期是中華史冊上最美麗的一頁。

我正是在高尚的社會風氣成功地抑制了感情萎縮和理性鈍化，限制住了世俗惡習的這一時期，在與世隔絕的純潔環境中，受到品格優秀的人們親切關懷下度過了孩童時代。

我懷念哈爾濱市霽虹小學的往昔，無論什麼時候回憶起來，內心總是激起似喜悅又似哀傷的波動，帶我重溫舊情、感悟人生。因為，究竟哪兒是自己的家，究竟自己的故鄉在哪兒，這些全然不知的我是在霽虹小學度過了最需溫存的孩童時代。母校是我兒時的家，老師和同學是我的親人，在那裏我充分享受了「家庭氣息」與「和睦親情」。

我忘不掉母校的校牌，更忘不掉門前的階梯平臺。臨街的階梯平臺曾是讓我歡喜和感慨的聖地，那裏孕育著幸運兒們的紅彤未來。每當外出遊玩時，我們在那裏集合整隊出發；省、市首長來校視察時，我們在那裏列隊歡迎，傾聽首長的褒獎和教導，向他們宣誓繼承革命遺志、為共產主義奮鬥終生。校門兩旁的綠蔭也記憶猶新，筆挺健壯的大樹曾任我穿梭、擁抱。我相信，現在棲居在樹下草叢中的螳螂、蟋蟀和毛毛蟲一定是當年常和我玩耍的那些傢伙們的孫兒孫女，倘若我還像當年一樣蹲在草叢前的話，這些小傢伙們也會識別出我的氣息。幸運兒們的宿舍 — 那座白洋樓還健在，現在則被做為市少年兒童圖書館使用。即使半個多世紀的遷移改變了周圍的環境，而且歲月的流逝也毫無例外地在它身上同樣刻印了無情的皺紋，我確信，白洋樓的每一塊磚石和每一扇門窗仍記憶著我們的笑語歡聲。母校的一切景物刻鑄了我人生最初的心靈影像。

我懷念撫育過自己的人們，銘記著不斷叮囑我「無論在何時何地都要正直、誠實」的老師們。在我眼裏他們是真、善、美的化身，其中史老師的印象最深。記得每當進入寒暑假，校園裏除了輪流值班的職工以外只有我們這些無家可歸的孤兒和管理生活的史老師。史老師好像是獨身，四、五年間一直陪伴在我們身邊，孤兒們都把她當成自己的

保護人。在史老師面前我們常常任性，有時甚至為了讓她注意，自己故意犯些小錯誤。早晨假裝貪睡不肯起床，寫作業的時候佯裝打瞌睡，想花招讓她來到跟前拍自己的屁股、揪自己的耳朵。讓史老師關切自己似乎是每個孤兒的心願。

史老師做的飯菜很好吃，吃膩了食堂的飯菜時大家就掰著手指頭盼假日的到來，只有在假期她才給我們做自己拿手的餛飩、餃子什麼的。史老師給我們做飯的時間非常愉快，她喜歡邊哼歌曲邊扭豐滿的腰身，而身穿小圍裙的我們興高采烈地合著那曲調在她身後瞎忙呼。「快拿水來！」、「給我拿白菜來！」史老師一發話，大家就爭先恐後地呼應著。誰都希望聽史老師的誇獎，誰都願做她的懂事孩子。

夏天坐在夜來香樹下、冬天圍在暖爐旁聽史老師講童話，《一千零一夜》、《格林童話》、《伊索寓言》、《安徒生童話》的主人公們在她那清脆的嗓音伴同下來到我們的小心房。故事有時使我們捧腹大笑，有時會讓我們傷心落淚。每當這時侯史老師就說：「人的一生啊，既有苦是又有甜，既有悲是又有喜。」時間久了大家記住了這個順口溜，故事講完了史老師一張口說：「人的一生啊……」，我們就齊聲接上：「既有苦是又有甜，既有悲是又有喜。」說完還互相面對面微笑眨眨眼，彷彿我們這些幼稚的孩童已經理解這順口溜的涵意，似乎每個人都在認真地思考自己的人生。

在我的心靈影像中也刻印著一些模糊不清的霧斑。

記得一九五三年春天的一天，我和同學在院子裏盪鞦韆玩得正開心時，突然班主任老師叫我們到禮堂集合。禮堂裏擠滿了人，早到的人站得很整齊等待開會，禮堂的氣氛異常，好像發生了什麼事情。

「靜下來！」

校長向呼哧呼哧直喘的遲到學生說道，

「現在向大家傳達一件不幸的消息。」

禮堂一下子鴉雀無聲，校長清了清嗓子接著說：

「我們最敬愛的導師、我們最親愛的父親、我們最信賴的友人史達林統帥逝世了。」

校長摘下眼鏡，拿出手絹擦眼睛。

「在抗日戰爭和解放戰爭中，在我們最困難的建國初期，給予我們無條件支援的史達林統帥與我們永別了。」

校長的聲音沙啞了，話講不下去了。這時，不知從哪個方向傳來了哭泣聲，緊接著聽到女生的尖叫，於是人們像受到指揮似的一個接著一個大哭了起來，有的甚至撲倒在地，禮堂裏哀聲震盪，一片混亂。

史達林是誰，因為從小聽大人講，所以我知道。建國初期不只在學校，街上的宣傳欄、公園、電影院，無論什麼地方都並列高掛著馬克思、恩格斯、列寧、史達林和毛澤

東的畫像。那時期恐怕沒有人不知道這五位偉大的革命導師。

可是，我還不能理解眼前發生的事情。突如其來的混亂、越來越響的哭聲、接二連三倒下去的人們讓我不安、恐懼。我戰戰兢兢地轉過身子找史老師，看見她站在隊伍的後面，手捂著臉，好像在哭。我越發不安，縮著身子穿過人縫向她走去。還好，史老師發現了我，伸出雙手把我摟在懷裏。看著她眼裏的淚花，我想：史老師這麼難過，史達林一定是個大好人，於是偎依在她的懷裏放聲大哭。

這是我還沒有判斷能力、沒有主見、遇事不知如何是好，只能依賴大人的小學一年級時的事情。我並不真正了解史達林，更不懂得「嚎哭大會」的真偽，但那天我好像初次體會到了人生中最寶貴的情感——信賴。史老師不僅是關心我的鈕釦是不是脫落了、襪子露洞了沒有、考試及格沒及格的保護人，而且是自己感到不安的時候最可信賴的人。

還有一件事好像發生在小學三年級的秋天。一天，學校裏來了三個陌生人，說是要把我帶回日本的親戚家去。從小我就有個外號叫「小日本」，所以多少覺得自己和「日本」有點兒什麼關係。雖說如此，當校長問我願不願意和那幾個人去「日本」時，我嚇壞了！這些人是誰？「日本」在什地方？為什麼校長要把我交給這些陌生人？我慌忙躲到在場的史老師身後嚷道：

「我不去！我哪兒也不去！老師，我不跟他們去！」

我緊緊揪著史老師的衣服不放。

「老師，求求您了，別讓我離開您！」

史老師什麼也沒說，只是靜靜地握住我的手，為我擦掉臉上的淚珠。後來那三個人還說了什麼，什麼時候離開辦公室的，一點兒也沒印象。這些都與我無關了，只要留在史老師的身邊我就放心了。

很多年以後，我從文獻（宮本正男、大島義夫 著，《反體制世界語史》，三省堂，1974 年 10 月出版）中了解到那三個日本人中有一位叫由比忠之進的人，他是世界語者，一九六七年十一月為抗議當時的日本首相佐藤榮作支持美國的越南戰爭政策而燒身自盡。由比忠之進曾在牡丹江紡織廠工作，在那裏認識我的一個親戚，因受那個親戚委託，故在回日本前來到哈爾濱市霽虹小學。

這是我人生中第一次面臨的抉擇。我當然和任何一個不願離開父母的孩兒一樣，不肯離開自己最信賴的人，拒絕和那些日本人去陌生的地方。

實際上，我從小一直被「RIBEN」這個詞兒苦惱著。保育院時代我常聽周圍的人說：「這孩子是日本人」、「她是混血兒」。我還不會思考，根本不理解這些話的含義。上小學以後更加頻繁地聽到這個詞兒。和同學們玩兒過家家跳皮筋兒的時候，輸了的同學

便嘲弄我「小日本」，罵我是「日本鬼子」。不久，「小日本」成了我的外號。這當然是不太愉快的，可是自己輸了的時候也常說對方的壞話，何況沒過一會兒大家就和好，又在一起唱呀跳呀，誰都無真惡意，誰也不太介意對方的態度。

在小學，抗日戰爭和解放戰爭的歷史教育非常受重視，教科書裏這部分內容所占比重尤多。日本軍國主義者是怎樣侵略中國的，國民黨政府何等腐敗，這兩個時期人們的生活是怎樣困苦，共產黨又是怎樣領導人民打倒敵人的，這些內容不止在教科書，在電影、雜誌、戲曲和小人書中也占主導地位，是愛國主義教育的重要一環。學生們除了在課堂上接受教育之外，還經常走出校門參觀歷史博物館和烈士紀念館，看實物展覽，聽在戰爭年月中受害的人們講述過去的遭遇。

哈爾濱市霽虹小學的左側曾是當年日本關東軍的憲兵警察局，建國以後改建成東北烈士紀念館。那裏除了展示在抗戰中勇敢獻身的英雄們的事跡資料和遺物外，還展有日本警察拷打殘殺抗日遊擊隊員的刑具和模型圖片。霽虹小學的少年兒童們經常身穿白上衣藍褲子，脖子上配帶鮮紅的領巾，排著整齊的隊伍去烈士紀念館打掃衛生、參加愛國宣傳，有時還協助引導參觀者、介紹講解。

每天前來參觀的人絡繹不絕，有學生、市民、工人、農民、還有來視察的省、市幹部。日本鬼子的殘忍暴行和中國人民遭受的迫害使每一個參觀者憤怒，人們懷著沈痛的心情參觀一個又一個的陳列室。我還記著館內的最後一句講解詞是：「同志們，日本軍國主義在侵略戰爭中屠殺了千百萬中國人民，日本法西斯給中華民族帶來了慘痛的苦難。同胞們，請不要忘記這一歷史，我們誓死要報祖國的雪恥，除民族的大恨！」

這段話是全體參觀者的共鳴，它銘刻在每個人的心裏。歷史教育人們戰爭是殘酷的，而最為甚者莫過於日本的侵略戰爭，烈士紀念館裏陳列的物品就是證據。雖然那裏陳列的資料僅僅記載了日軍的「殺光、搶光、燒光」政策給東北地區帶來的苦難一斑，但它足以使人們聞到侵略戰爭的血腥氣味。少年兒童們在這些社會活動中培育了純真的愛國之心，每次活動結束離開紀念館時都要舉起右手宣誓：「永遠不忘中華民族的仇恨，誓死保衛偉大的祖國！」我也是其中一員。

隨著在歷史教育中對日本侵略的認識加深，我逐漸了解「日本」是我國的敵國，對中國人來講，「日本」和「日本人」是「惡魔」的代名詞。我內心深處產生了自己與他人不同的意識，開始為自己的「身世」感到難為情，對同學叫外號感到不快，有時甚至反感。「日本」一詞常常像投石擊盪平靜的湖水一樣，在我心中掀起層層波紋。終於有一天發生了一件我想忘但卻無法忘掉的事情。

事情發生在四年級下學期。那天是全校憶苦思甜教育活動。這種時侯全校學生不帶午飯，在學校一起吃憶苦思甜飯。中午，為了讓學生們不忘過去的苦，所以吃糠皮草根

玉米餅，晚飯則是讓大家領略今日的幸福，加深對黨和毛主席熱愛的大會餐。學校一年只有兩三次會餐，所以學生們就像過節一樣快活、興奮。住宿孤兒更是如此，因為每次來賓到學校一定參觀我們的宿舍。寬敞明亮的房間、紅色的地板、雪白的床單和整潔的被褥是霽虹小學的驕傲。那天正好輪到我負責陪同來賓。

吃完憶苦飯後，學生們把凳子搬到操場，整齊地坐下等候開會。聽老師講，來做階級教育報告的是市勞動模範，她經常到市內各中小學校現身說法，對青少年進行階級教育，是市裏的名人。報告的內容是這樣的：

婦人的丈夫是抗日遊擊隊隊長，在一次戰役中他帶領的部下全部犧牲，他隻身堅持戰鬥，擊退了日本鬼子的屢次進攻。最後只剩下一顆手榴彈時決定自決，不幸腹部中彈被捕。因為他是掌握軍情的重要人物，敵人施用苦肉計試圖讓他投降。婦人帶著一男一女兩個孩子東躲西藏，可是最終還是沒能逃出憲兵特務的魔掌。兒子被帶到拷問室當著父親的面槍殺，未滿十二歲的女孩被鬼子們姦汙，後來不知去向。遊擊隊長堅強不屈，至死也沒透漏軍情。孩子們被抓的那天婦人剛好外出，等待她回來的是地獄。隱藏她孩子的親戚們被刀砍死，房屋被燒毀。婦人悲痛得快發瘋了，在投奔他鄉的途中，萬沒料到又遭日本兵輪姦。她失去生存的勇氣，想投河、要上吊。但是一想到被殺害的丈夫和孩子，她咽不下這口氣，發誓要報此仇。後來她參加了遊擊隊、加入共產黨，英勇地與日本侵略者和國民黨作戰。解放後也一直積極參加社會主義國家的建設，是優秀的共產黨員。

婦人的話講完了，接下去是高呼口號，她沉著面孔沙啞著嗓子帶學生們呼口號。「打倒日本軍國主義！」、「打倒國民黨反動派！」、「毛主席萬歲！」、「共產黨萬歲！」的口號聲響徹校園的上空。

婦人喝了幾口為她準備的茶水潤了潤嗓子後低聲說：

「你們多幸福啊！」

她的聲音比做報告時柔和了許多。

「身穿整潔的衣服，吃著大米白麵，在明亮的教室裏學習，你們多幸福啊！」

婦人哭了起來。

「可是我兒子被日本鬼子殺害了，我那可憐的女兒呀，你現在在哪兒呢？是不是還活著啊……」

婦人的聲音像似從體內壓擠出來一樣，充滿悲哀和憤怒。

「殺人連屍首都不還的日本畜生，不是人的日本鬼子！可憐的孩子呀，你在哪兒呢……」

婦人的悲哀和憤怒感染了學生們，會場上傳出女孩的抽泣聲。我也很難過，悄悄地

抹掉臉上不斷流下的淚水。

「這傢伙是日本鬼子！她是小日本！」

突然，一個男孩子高聲嚷叫起來。一瞬間會場上的哭聲停止了，可怕的寂靜穿過院庭。我不由抬頭一看，周圍的人全都在注視著自己。頓時我覺得像被無數支箭頭射中不能動彈，劇烈的顫慄襲擊著全身，腋窩兒下汗水淋漓。我慌了，想躲開同學們的目光，竭力抑制自己不讓臉紅，然而卻做不到。儘管這一切僅僅發生在幾秒鐘之內，但覺得是那麼漫長、那麼難熬。困惑中我想說句什麼為自己辯護，可是沒找到合適的話；想用什麼表示自己對婦人的同情，然而也不知應該怎樣做，我只能咬緊嘴唇忍受著憎惡的視線。

後來大會是怎麼結束的，我記不清了。謊說頭疼讓別人替換自己接待來賓參觀宿舍，盼望已久的思甜會餐也沒吃上幾口就溜出了食堂，跑到院子的角落裏躲藏起來。

「晚飯吃好了嗎？」

不知什麼時候史老師來到身旁。

「今天的菜香不香？」

別哭！別哭！我用勁兒壓低頭、不想讓史老師看見自己要哭的面孔，可是淚水不聽話一滴一滴地掉到地上。我從小就怕人安慰，一聽到親切的安慰反而忍不住要哭。史老師好像沒有走開的意思，她蹲下來揀個樹枝和我一樣玩起了泥巴。

「剛才一定很難過吧？」

我沉默不語。

「牟牛的話你不要太介意，妳又不是不知道他的脾氣。」

牟牛就是大會上指責我的那個男孩子的外號，他也是烈士孤兒，人很耿直。

「聽說牟牛的爸爸也是被日本鬼子殺死的，是勇敢的將官，被捕後受到極其嚴酷的拷打，但是始終沒有屈服。」

「我知道！可是，可是……」

說實話，父親被殺害的人的心情是超過不懂父愛的我能理解的範圍的。可是我也認真地聽婦人講述，真心為她的遭遇難過，憎恨迫害她一家的惡魔啊！剛才被牟牛指責時我就想這樣說來為自己辯護，但那時沒能理清言語。現在對史老師也想這樣說，然而還是沒能說出口。一想到自己是惡魔的孩子，就不能不失去自我辯護的勇氣。

「史老師，我爸爸媽媽是誰？我真的是日本人的孩子嗎？」

「我也不十分清楚。對了，妳還記得去年來學校的那幾個日本人嗎？據他們講妳媽媽是日本人。但她一定不是壞人，要不妳也不可能進這個學校啊！校長說過，黑龍江省黨委大書記高崇民是妳父母的生前好友，因為有他的關照妳才被送進特級保育院，後來

又保送到這個重點學校的。妳媽媽一定是好人。」

史老師盡量好言安慰我。

建國初期戶籍制度還不健全，我從小被當成烈士遺孤享受優厚待遇，但是父母是誰？叫什麼名字？做什麼工作的？什麼時候死的？怎麼死的？周圍的人也許除了頂頭幹部誰都不清楚。只是「這孩子是混血兒」、「她是日本人」這些莫名其妙的話總是隨我走到哪兒跟到哪兒。解開這團迷霧不知要待何時？

「曉蘭，妳的皮膚白白的，因為妳是日本人的孩子。」、「曉蘭是混血兒，所以腦袋聰明。」過去，院長媽媽把我抱在膝蓋上給我梳頭髮的時候經常這樣說。這些話究竟是什意思我當然不懂，卻覺得院長媽媽是在誇獎我。內心深處多少有點兒「日本人」和「混血兒」的優越感，喜歡聽院長媽媽嘮叨這些。

然而，憶苦思甜的那天我被猛擊一掌！這一撞擊使我徹底理解自己外號的真正含意，同時切實感到了被叫做「小日本」的自己身上負載的重荷，意識到在與同學們一起學習抗日戰爭歷史的同時，必須忍受那重荷的壓抑。

晚風涼颼颼地吹起來了。

「快到晚自習時間了，回教室吧。」

史老師扔掉樹枝擦淨手上的泥土後輕輕地拍了拍我的頭。一下子，我覺得渾身一股熱流湧上來，再也克制不住，淚水涮涮地滾了下來，和著鼻涕掉到地上。我竭力壓住哭聲，使勁地用樹枝攪拌被淚水浸透了的泥土。史老師嘆了口氣慢慢地站起來說：

「曉蘭會成為一個好人，老師相信，妳一定能頑強地成長起來！」

說完又拍拍我的頭走了。不知究竟哭了多長時間，也不知流了多少眼淚，但那過後心裏輕鬆了許多。那天發生的事無疑刺傷了我嫩弱的心靈，但並沒使我墮落，我承受住了人生最初的打擊。雖然以後也發生過多次雷同的不快，但我從沒因此怨恨過同學，也從未哀嘆過自己的身世。這是因為，當我最初面臨這種墮落危機的時候，史老師的安慰和信賴給予了我克服這一切的力量。

然而，不得不承認的是，自從那以後我內心發生了異變，我被一種自己也無法解釋的感情捉弄著，開始暗戀「日本」。我不願承認這是事實，但越是想否認就越覺得這一思戀已潛入自己的體內無法排除，越覺得盡管自己對日本侵略的認識很清楚，可內在深處的那一絲優越感卻在執拗地滋長著。

我對日本的事物發生了興趣。當時有關日本的書籍和資料相當少，一般人的生活中很少能接觸到日本的東西。上地理課的時候，我常注視日本地圖和國旗，還把不知從哪兒弄到手的穿和服的日本女人的畫片夾到書本裏不時地偷看。我常想：日本是什麼樣的地方？日本人真的皮膚白嗎？「日本」成了我心中的秘密。

第一次看到昭和天皇與美國占領軍司令麥克阿瑟的合影時可以說是又一個衝擊。參觀抗日戰爭圖片展覽時，同學們沖著那張照片大聲嘲笑：「醜小日本！」、「醜八怪日本鬼子！」當時我又羞又怒，臉上滾燙，真想找個洞子躲起來。的確，與身材魁偉的司令官麥克阿瑟相比，戰敗的天皇顯得唯諾是從、瘦弱不堪。我竟莫名其妙地好似自己不成氣候的親人被嘲笑了一樣，難堪之極。

學校看抗日戰爭影片的機會很多，八路軍的英勇和日本兵的殘忍在影片中刻畫得淋漓盡致。螢幕上出現的鏡頭—日本鬼子用槍托翹開被殺死了的中國人的頭顱、用軍靴踢血淋淋的屍體、在旁邊獰笑的日本將官，這些正是惡魔作怪的形象。

日本兵進村掃蕩的畫面一出現，螢幕上響起日本軍歌，伴隨著這個旋律，日本國旗—被同學們取笑的「膏藥旗」搖搖晃晃登場。於是，電影院裏響起一片口哨和尖叫聲，隨之而來的是幾百名學生的跺腳聲。在處理日本將官切腹自盡或者被八路軍處刑的鏡頭時，有時也會藝術性地播上一段日本民樂之類的曲調。於是，全體學生的喊叫聲、拍手稱快聲響徹整個昏暗的電影院。

少年兒童是看著這類影片長大的，沾滿鮮血的日本刀、如狼似虎地追捕女性村民的鬼子兵、覆蓋原野的屍體把仇恨的種子撒進孩子們的心裏，而那種子又在無休止的刺激中生根、發芽、成長。為什麼日本人非侵略中國不可？為什麼日本人如此殘忍？每當看電影的時候我都不能不暗自思索。

與此同時，日本軍歌的旋律闖入我的內心，像呼嘯著的旋風一樣，無情地捲走我的無憂無慮，留下難以名狀的悲傷和寂寞。那旋律像高亢的使命曲，又似哀傷的思鄉曲，讓我情不自禁地想像「日本」這一民族的強勁和纖細。每當聽到這一旋律，那怕很短，也會使我受到一種不可抑制的激情蕩擊，身不由已地想要跪在一個無形的偶像面前，渴望在她腳下撒下淚水，為她奉獻自己的一切。

這究竟是怎麼一回事兒？日本兵不正是在這一軍歌的伴隨下侵入我神聖的國土的嗎？日本鬼子不正是在這一旋律的激勵下殺害了成千上萬的我國同胞嗎？為什麼我會對它產生如此強烈的情感？為什麼這旋律讓我喪失理智去思戀根本不存在的故鄉？我無法解釋，思索也沒有答案，只能在嘈雜的昏暗中悄悄地抹去不斷湧出的淚珠。

我害怕別人發現自己的異常，喜歡日本軍歌無疑是異端，自己也覺得這一情感是可怕的、是醜陋的。我努力隱藏自己的秘密，對誰也不曾透露過絲毫。從那時起我就清楚，這一情感無法得到他人的共鳴，尋求他人的理解和同情是徒勞無益的。

就這樣，我懷著這個秘密在抗日愛國教育中度過了一年又一年。「我是日本人」這一不確實的意念以及對「日本」的思戀，在漫長歲月中因得不到證實而日益深化強固，它侵蝕著我以至成為心靈的苦惱。我在苦惱中與自己鬥、與外界鬥，同時又往往從其中

感到期望、得到慰藉，直至很久很久以後……。

上五年級時我周圍發生了變化。日常生活本身依然如舊，烈士遺孤的待遇仍然豐厚。只是四年間朝夕相處的史老師遠離了我們，生活管理的職務被別人代替了。平時，鞋襪破了央求史老師買新的，鉛筆丟了向她索取，頭疼腦熱時找她撒嬌，換新裝時不和她商量就無法確定顏色款式。史老師不在身邊對我來說可非小事。自從見不到院長媽媽和醫生阿姨後，史老師就是最親近的人了。困惑中我發現她已降職為清掃員了。

那年秋天，社會上大搞什麼「反右鬥爭」，校園裏貼滿了「打倒地主階級！」、「打倒資產階級！」、「打倒反革命分子！」的橫幅標語，走廊裏的大字報上常看到史老師的名字。大人們常常教育我們「勞動光榮！」、「勞動萬歲！」可是那陣子卻說史老師出身不好，是壞人，應該幹髒活進行思想改造，還禁止她與烈士遺孤接觸。我還不懂政治，對這些事情不大關心，況且這點兒事也根本不足以使我改變對史老師的愛戴。

然而，史老師的態度令我費解，她好像故意躲避我們。平時明明看見我們卻裝著沒看見，只顧低頭打掃廁所；向她打招呼，她也不理睬，有時甚至莫名其妙地點頭哈腰，從不正視我們。沒法子我們就故意在走廊裏跑跳吵鬧，想引起她的注意。可這也沒用，史老師簡直就像沒聽見一樣。以前她根本不讓我們在公共場合喧嘩，違反了要狠狠批評。看著她默默掃地的背影我常想，對我們的淘氣竟會置之不理的史老師一定是發生什麼大問題了。

當然，要真正察覺出附在史老師身上的陰影，對於剛滿十歲的我來講是不可能的，只是越來越遠的距離使我感到難過，有時甚至不滿。史老師已不再是從前的親人了，她竟然不管也不理我們了。這種不滿可能正是小孩兒在受到父母冷落時產生的單純埋怨。

六年過去了，我要離開霽虹小學了。臨近畢業的前幾天，我就像已成了大人似的興奮地準備迎接新生活。雖說如此，並沒忘記應該與史老師道別。可是那陣子被定為「右派分子」的教職員工們被關進「反省室」裏，很難看到史老師。畢業典禮和告別宴會上也沒見到她的身影。與史老師不辭而別該多難過啊！記得有一次我因擅自闖進那間「反省室」挨了教導主任的狠狠訓斥。

畢業的那天，全體畢業生在校門前的階梯平臺上整隊集合等待出發。突然史老師出現在前面的大樹下，我喜出望外，衝下階梯向她跑去。

「史老師，我要走了，謝謝您多年的培育。」

這一次史老師笑了。啊，有多久沒看到這可親的笑容了！史老師把一個日記本塞到我手裏，之後就像怕誰看見似地溜走了。翻開日記本的第一頁，上面寫著：「從今天起，自己的事要由自己來決定了，希望妳能正確地走自己的路。」望著那清晰漂亮的字跡，

我模糊地意識到有人庇護的兒童時代結束了，今後將一個人走向未知。就這樣，我在母校門前，在史老師的「目送下」邁出人生的第一步。

第二章：光影交錯之中

新的生活

一九五八年的秋天，我升入哈爾濱市第十一中學。這是一所普通中學，入學不久，還昏睡在安樂窩餘溫中的我就被吵醒，吵醒我的是寄生蟲虱子。

保育院和小學的生活很有規律，洗澡、更衣、理髮，樣樣事都按規定進行，有專職保姆和阿姨管理，自己洗過的東西大概只有手絹和紮辮子的綾綢之類。上中學後生活完全變了，位於西郊的第十一中學設備很簡陋，沒有浴室，每周只有兩天下午供熱水，學生們在宿舍裏用臉盆洗頭、擦身代替洗澡。

開始我覺得新生活挺有趣，到時間就打水洗頭擦身換衣服。沒過多久漸漸變懶，一玩兒起來就錯過供熱水時間，「洗澡」只好拖到下周。衣服髒了不以為然，頭髮和身上散發著臭汗味兒也不介意。身上癢了用手一抓，覺得好像有什麼在動，我害怕了，趕快叫同學玉梅給我看看。農村出身的玉梅從我身上捉住一個東西放到手上，然後用兩個拇指指甲一擠說：

「沒什麼大驚小怪的，妳長虱子了。啊，頭髮裏也有！」

她好像滿有趣兒似地從我頭髮裏找出一個又一個小蟲，放到我手上叫我弄死。以前

上衛生常識課時見過虱子的說明圖，現在真的與這討厭的傢伙面對面了。看著那鼓溜溜蠢動著的樣子，我不由得周身起雞皮疙瘩，使勁地把那傢伙往地上甩。

「別扔！用指甲掐死。曉蘭真是膽小鬼，連虱子都怕。」

玉梅笑了，繼續在我頭上身上捉然後讓我處理後事。

「妳真沒出息，虱子有什麼可怕的？我媽說，是人都長虱子，不長虱子的人沒人味兒。」

「真的嗎？」

我半信半疑，覺得這話似乎有道理，但還是有點兒討厭。那天不供熱水，我用冷水洗了頭，擦了身子。北國的初秋已經有些涼了，我感冒了，夜裏發高燒，躺在床上翻來覆去睡不著。宿舍的床是用木板搭成的大鋪，十來個人被子挨著被子擠在一起睡覺。聽說一周回一次家的農村同學都長虱子，不注意要招來的。一想到在自己頭上做窩的虱子，想著從別處爬來的寄生蟲，身上越發癢得難受。

「妳怎麼啦？」

我的頻頻翻身把玉梅吵醒了。玉梅是我上中學後的第一個朋友，住宿生抽簽兒定床位時，我抽到裏面靠牆的位置，旁邊是玉梅。這個什麼時候都是笑瞇瞇的女孩兒性格溫柔，我們很合得來，很快就成了好朋友。早晨起床、吃飯、上教室總是在一起，連晚上去廁所也統一行動。廁所在外面，離宿舍二、三十米。傳說第十一中學這裏原來是墳地，一到夜裏就出現鬼火，刮風下雨天還會遇到抓替死鬼的幽靈，女生們誰也不敢在夜裏一個人去廁所。

「是不是想上廁所？」

比我大兩歲的玉梅就連說夢話聲音都很柔和。

「不是，頭疼得厲害。」

「啊，好燙呀！」

玉梅摸了摸我的頭，一下子從被窩爬起來，拿起臉盆就往屋外走去。不一會兒她端著一盆水回來，把毛巾放到水裏浸濕後墊在我的額頭上。深夜的自來水很涼，毛巾冰在頭上我覺得舒服多了。

「快進被窩兒，別著涼了。」

秋夜的氣溫相當低，我擔心玉梅也感冒。

「用不著操心我，妳快點兒好，別耽誤上課。」

玉梅一次又一次地把毛巾放到冷水裏浸涼，給我擦臉擦額頭。

「剛才去外面時妳沒害怕嗎？」

我想起了住宿生中流傳的幽靈和鬼火。

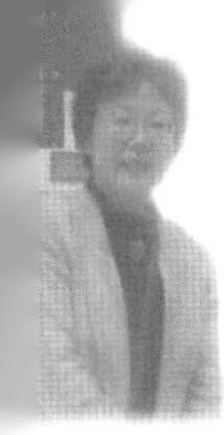

「那有工夫害怕啊，腦袋裏光是妳發燒的事兒了。其實沒什麼可怕的，幽靈也不都是壞傢伙。我媽說，幽靈不抓好人當替死鬼，妳又沒做壞事，用不著害怕鬼神兒。」

嗯，有道理。玉梅的媽媽說的話好像都在理，令人信服，我想什麼時候一定要見見這個聰明的媽媽。說也奇怪，自從和玉梅說悄悄話的夜晚以來，我不再那麼怕虱子和幽靈了。第二天，燒退了，但渾身還是疼，沒去上課，迷迷糊糊睡了大半天。躺在大板鋪上，仰望著被煤煙燻黑了的天花板，回想起從前生病時照顧自己的那些阿姨和老師，不由感懷。起身找出史老師送的日記本翻開第一頁，我明白了「今後自己的事必須由自己決定」的現實，已經取代了昔日飯來張口衣來伸手的生活。

班裏傳出「劉曉蘭讓虱子嚇病了」的閑話，我的外號又多了兩個。叫我「膽小鬼」還不太在乎，可叫我「嬌小姐」實在難以接受。嬌小姐是資產階級敵人，對於革命接班人來講沒有比這更不名譽的了。為了挽回名聲，我經常裝著不以為然的樣子給同學捉虱子。當然心裏還是有些膽怯，尤其是用指甲擠那傢伙的感觸和聲音無論如何也適應不了。儘管對「不長虱子的人無人味兒」這一說法比較信服，但還是不願意讓這討厭的寄生蟲在自己身上做窩。我開始注意洗頭、擦身和更衣，再也不敢偷懶錯過「洗澡日」了。

上中學後我的生活條件不再是全供給制了。當時，家庭生活貧困的學生可以得到助學金，有烈士遺孤身份的我享受最高額助學金。每到月初，班主任老師發給我當月的食堂就餐卷和一定數量的零花錢，除此以外，每年還從學校所在區政府領取兩次衣物換季補貼。生活雖然比以前差多了，但我沒感到有什麼不滿不足。這是因為，迄今為止隔絕社會的供給制生活使我缺少對物品價值的判斷能力，同時由於很少接觸現金，沒有養成花錢的習慣。

同學中出身貧苦農家的人很多，建國初期國家也不富裕，能夠享受助學金的人並不是很多，所以我還算是寬裕的。一到月底，我用多餘的餐券買很多小菜和同學一起吃，用剩餘的零花錢和要好的人去看電影，月底和好朋友過「共產生活」是一大樂事。每月老師都發給我足夠的生活費，所以既不用發愁下個月怎麼辦，也不懂把剩餘儲存起來。

我從同學們那兒得到的也很多。住在同一個宿舍的人幾乎都是同班同學，星期日下午從家裏回來的人帶來許多好吃的。傍晚，大板鋪上擺滿了烤地瓜、燒玉米、黏豆包和菜餃子等各種鄉土料理，晚飯就像是會餐，大家相互品嚐各自「母親的風味」。玉梅常帶給我喜愛的醃土豆和酸辣蘿蔔，有時還給我炸上一小瓶大醬。

那年夏天，毛主席發出「十五年內超過英國，二十年後趕上美國！」的號召，全國掀起了「大躍進」和「人民公社」的政治運動熱潮。學校立即做出響應，給學生們創造參加運動的機會。我們揹上簡單的行李去附近的農村，幹莊稼活兒，聽貧下中農憶苦思甜，既沒作業，又不用擔心挨老師批評，社會活動大受歡迎。

收穫的季節到了，農村出身學生多的第十一中學，每年都有「秋收假」讓學生們回家幫忙，我到玉梅和另外兩個同村的同學家度假。去的路上，玉梅對我說「我家又窮又髒，可別見笑」時，我沒太理會，可是當看到她家又黑又矮的磚土房、炕上堆的破爛被褥、陳舊不堪的衣櫃時，沒能掩飾住驚訝。我從書本上知道農村還很貧窮，但自己同學的簡陋家境遠遠超過了我的想像。

農家人好像習慣把家畜放任自由，院子裏到處攤著雞屎豬糞，蒼蠅在上面嗡翁亂轉。有人去廁所的時候，豬呀鵝子跟著過來在旁邊等候，解完大手一起身，牠們就把糞便一搶而空。吃飯的時候，這些傢伙們也要湊在旁邊撿掉在地上的飯渣。因為沒有桌子，我和玉梅及她的四個弟妹坐在地上吃飯，那些可恨的雞鵝毫不客氣地把嘴伸到我的碗裏。牠們好像挺聰明，知道我害怕，所以光欺負我。玉梅的弟妹們嘲笑我膽小，只有玉梅的媽媽過來幫我哄趕家畜，還訓斥孩子不准欺負客人。

自從玉梅對我講虱子和幽靈的事以後，我想玉梅的媽媽一定是很聰明的人，實際上她還是個非常勤快能幹的主婦。早上天矇矇亮就起身，為準備下地幹活的丈夫燒水做飯，然後忙著餵家畜、放家畜，把燒飯的柴灰撒在家畜的糞便上，清掃雞窩豬圈和屋內外。接著可是大活計，只見她把一個又一個的大麻袋從院子角落裏扛到院子中心，倒出裏面的玉米和土豆，讓風溜日曬。為了渡過漫長的冬季，東北地區的農家要儲備大量的糧食和蔬菜，入冬之前，不斷重複白天吹曬剛收穫的糧食、晚上再裝回麻袋以防夜潮。這是相當繁重的體力勞動，可是在玉梅媽媽手裏簡直輕而易舉。看著那颯爽英姿，我越發被她迷住了。

中午，玉梅媽媽帶我們去地裏送午飯。那兩年風調雨順莊稼的長勢很好，眼下正豐收在望。一望無際的高粱玉米地像金色的海洋，隨著秋風掀起一陣又一陣的泥土馨香，鄉村景色浪漫迷人。吃過午飯，我學著玉梅把大人挖出來的土豆和掰下來的玉米運到地埂上，把男人們割好的高粱捆綁結實堆成三腳架。地裏的活兒幹累了，就和玉梅的弟妹們一起撲蜻蜓和蝴蝶、抓蛐蛐和蟑螂，把牠們捉弄一陣子後再放生，玩得痛快的時候，把幹活的事兒都拋到腦後了。

太陽快落山了，村子裏冉冉升起煙霧，飄來炸油炒菜的香味，一天中最愉快的時間到了。玉梅家的廚房竈火熊熊，柴煙裊繞，玉梅蹲在竈臺後把高粱稈和玉米稭折成小段扔到竈火裏，媽媽淘米洗菜在屋裏屋外轉個不停。母女倆忙活兒的身姿、孩子們的戲笑、關在圈裏的雞鴨鵝的咕咕聲、還有那跳躍著火燄和充滿空間的菜香味，構成了一幅和平的畫像。

在田裏玩兒累了的孩子們，不知什麼時候都老老實實地坐下來等候開飯。玉梅媽媽在竈前調理菜味兒，一會兒哼哼民謠，一會兒又向我們擠擠眼睛，簡直就像在故意拖延

開飯時間，那樣子又可親又可恨。「啊，快一點兒吧，好媽媽！」孩子們捂著肚子叫嚷著。晚飯是煮玉米和豆莢燉土豆，新鮮的農產品真香，我啃了一個又一個的玉米，吃了一碗又一碗的豆莢燉土豆，大大地滿足了饞嘴巴和空肚皮。

農村沒有電燈，為了節省燈油，睡覺前我們在屋外玩兒。院子被月光罩上銀白色，一點兒也不顯得暗。我和玉梅、還有同村的另外兩個同學坐在高高的柴堆上，仰望著滿天的星座，暢談理想和未來。在老師身邊長大的我立志當一個什麼都會、什麼都懂的教師；課後常到醫務室幫忙的玉梅想當護士，她常給我講沒有醫師的農村人在生病時多麼困難；小尤想成為技術員，她渴望自己的家鄉也和城市一樣便利舒適；另一個同學想當農藝師，讓鄉親們也能常年吃到大米白麵和各種蔬菜。

少女們的理想像夜空一樣深遠，少女們的心願像星月一樣純潔，生長在新中國的這一代人的面前展現著寬闊的道路，優越的社會主義制度孕育著這一代人的無限可能。我們四人互相傾吐，互相勉勵，直到深夜。

農村人睡的是火炕，我和玉梅姐妹們並排睡在炕頭。天熱時，通大竈的道口用鐵板石塊堵塞，整個夏天不通火的炕蓆下面潮濕發黴，棲身著許多跳蚤。可恨的跳蚤也欺生，我被咬得渾身是包睡不著。仰望著窗外的明月，耳聽在廚房裏忙活的玉梅媽媽的腳步聲，心想：明天要多幫玉梅媽媽做些正經事兒。

我在小尤家住了兩天，她媽媽一年前在生孩子時中產風去世，沒有主婦的家更顯髒亂無序。小尤的爸爸身體不好，我在尤家的那兩天，患嚴重哮喘病的爸爸整天坐在掛滿玉米的門前戳玉米粒，代替他參加集體勞動的是剛滿十六歲的哥哥。

小尤的哥哥很善良，也許是因為負擔過重，不太愛說話，每天下地前和放工後總是一個人默默地挖地窖。但是他抽根煙休息時，看著滿院子跑跳的弟妹們的眼神非常溫柔，用汗衫前襟給最小的胖弟弟擦鼻涕時的動作裏充滿著疼愛。母親去世時，他立刻停學承擔起照顧全家人的重擔。小尤本來也打算像哥哥一樣棄學務農，但遭到反對。小尤知道哥哥疼愛自己，她努力學習，以優秀的成績考上了中學。她是好妹妹，也是尤家的驕傲。

在另一個同學家裏住的那天，她媽媽帶我去參加「地頭會」的學習。實行人民公社集體化制度以後，在地頭開會學習毛主席教導、聽上級傳達下來的指示、輪流發表意見成了村民的日常活動。

「現在能過上這個好日子全靠毛主席的領導啊，俺到死都跟著他老人家！」

一位中年人講完之後，另一個婦女接著說：

「我爺爺、爺爺的爺爺連高粱玉米也沒吃飽過呀！現在我家每天都能調換著，吃得好，吃得飽。毛主席是我的恩人，他老人家說人民公社好，我相信。每家的小土地併到

一起，不就成了大土地了嘛！」

建國以來，為了盡快改善農村的落後狀況，黨中央不斷地摸索制訂了一系列的改革措施。一九四九年掌握政權後，沒收地主的土地平均分給貧下中農；一九五一年成立合作社，土地收回歸合作社所有，農民按勞動貢獻領取報酬和口糧；一九五八年，毛主席一聲號令成立了人民公社，廢除報酬制，實行全民所有制，農家的生產工具和產品完全共有，日常勞動統一化。

「私有制是萬惡之源，必須根絕私有制。只有人民公社才能抑制資本主義在農村的發展，這是毛主席的教導。毛主席萬歲！共產黨萬歲！」

村民的發言有點兒千篇一律，但沒有念過什麼書的人能那麼流利地說出自己的感想已相當不簡單了。看到農民們如此熱愛毛主席、擁護黨的方針政策，我非常受感動。幾千年來一直被壓在社會最底層的農民終於有出頭之日了，儘管還只能吃高粱玉米雜糧，我相信明年、後年會更好！秋收假一晃過去了，我曬得黑黑的好像壯實了許多，為了祖國美好的明天，自己必須加倍地努力。我把這些感想寫進作文裏，沒想到還受到老師的表揚，這是上中學後第一次取得的好成績。

天冷下來了，深秋的哈爾濱有時夜裏氣溫只有幾度，到了十月底，宿舍中間的大火爐終於可以點火取暖了。中午運劈柴和煤炭、傍晚點火、夜裏填煤壓火、早上清除煤渣，這些是一直到第二年一月中旬放寒假前每天要做的事。輪到我值日時淨是失敗，不是升不著火就是夜裏把火壓滅，臉盆裏的水都凍成冰塊。同學教我也長進不大，再說這工作又不是能等人慢慢學會的事兒，沒辦法只好向同學求援自己打雜。我喜歡乾淨，擅長收拾整理，運劈柴和煤炭、清掃煤渣倒是幹得蠻好的。當時沒有塑料布，清除爐渣時灰塵滿屋飛滿床鋪，很讓我發愁。同學們教我清除煤渣前往冷卻了的渣滓上潑水浸透，這樣可以防止灰塵飛揚；還提醒我在清掃前把被褥捲起來，過後擦淨板鋪上的灰塵。果然這樣一做，被褥確實乾淨了許多。實踐中我吸取了不少生活智慧，體驗到了勞動的喜悅。

學校的紀律非常嚴格，尤其早上的軍事訓練和下午的政治學習，我常因動作遲緩和態度不夠嚴肅挨批評。但愉快的活動也很多，去市內看展覽、到野外遊玩、看電影話劇、年底還舉行大型文藝晚會。為了得到全校師生的好評，各年級各班早在十月下旬、期中考試一過就開始排練節目，熱心背臺詞、練動作，誰都不甘心落後。西曆年三十一日的下午，大會表演和教室巡迴演出著實是各顯其能，向科任老師們表示敬意的詩歌朗誦更是傑作。那天的晚餐當然是最豐盛的了。餐後大家聚在教室裏聽歌曲、打撲克、玩兒棋類，熱熱鬧鬧迎新年。學校規定只有那一天走讀生才可以住在宿舍裏，於是，元旦鐘聲一過，餘興未盡的學生們把晚會剩餘的瓜子兒、花生和糖果帶回宿舍，比平時增加了許多的女孩兒們擁擠在本來就窄小的板鋪上，吵吵鬧鬧直到天明。

就這樣，儘管還缺乏足夠的能力，但我已逐步融入新生活，在樸素簡潔的環境中享受友情，從同學那裏學到各種知識，開始適應溫室外的風吹雨淋了。

嚴冬的錘鍊

一月中旬，學校開始放寒假了，我從宿舍搬進教學樓收發室旁邊的教室裏。位於北緯四十六度的哈爾濱冬季漫長，為了節約燃料，寒假比暑假長是學校的一貫方針。新年一過期末考試完畢，傳統的春節要到了，學生們都回家去了。四十多天的假期裏，校園內只剩下我和另外兩個男生。

建國初期，六、七歲能上小學的兒童並不多，來自鄉下的烈士遺孤中，有的人小學畢業時已是十五、六歲的大姑娘了。我的母校霽虹小學是重點學校，哈爾濱市軍官學院的學員們常來演習，我們也經常去那裏接受教育。身穿筆挺軍服、肩佩明亮軍銜徽章的軍官學員非常帥氣，是女孩子們崇拜的偶像。於是，不知什麼時候我還不懂的戀愛故事就發生了。

當時參軍入伍要查祖宗三代，當軍官大概更嚴格了。即將肩負軍事重任、掌握國家機密情報的軍官學員，結婚對象的親屬關係也要經過嚴格審查，那怕是遠親，稍有一點兒問題也可能被上級否決。這種情況下，服從組織決定是鐵的原則。正因為如此，霽虹小學的烈屬和幹部家庭的女孩子們成了軍官學員追求的目標。小學畢業時有好幾對戀愛成功，和我一起上中學的兩個人也中途退學去當新娘了。

結果只剩下我這個誰也沒看上的醜丫頭，有生以來第一次感到寂寞的就是這個寒假。那年冬天好像特別漫長，尤其夜裏北風呼嘯，有時嗚嗚咽咽讓人想像幽靈的哭泣。學校對面是結核病院，夜裏時不時地傳來死者家屬的哭啼，淒慘的哭聲對於從夢中驚醒的我來說，簡直就像來自地獄的呻吟。好不容易靜下來了，又飄來火化屍體的氣味久久不散。難以入睡的夜裏躺在用課桌拼起來的「大床」上，扯住被子捂上臉，蜷縮著身子在短小得連風也遮不嚴的被窩裏胡思亂想鬼神的世界。

寂寞使我想念史老師，我決定回霽虹小學看望她。時隔半年重返母校，我又激動又興奮，可是史老師好像仍舊不太自由，她猶豫著請示了領導後把我帶到自己的住處。

史老師的住處換了，不是原來那個寬敞明亮的房間，而是從前我們捉迷藏時常鑽進去的那間樓梯下放掃除用具的小倉庫。低矮的小門上鑲著一塊巴掌大的玻璃，透過微弱的光線我看到小屋裏只擺著一張床和一個臉盆架，只是裏面充滿著我熟悉的氣味。坐在

「咯吱」、「咯吱」直響的床上，望著史老師憔悴的臉，我心裏湧起一股說不出的滋味。

「您最近身體還好嗎？」

「嗯，就這個樣吧。」

史老師蒼白的臉上露著微笑，雙眉間出現了不熟悉的深紋，從那兒我好像看到史老師的無盡疲倦和陰鬱。

「在這樣的地方再會，真有些不好意思。」

史老師用雙手摸著自己的臉自嘲地說道，她坐下來似乎比從前瘦小了許多。我那時還是一個對事物看不太清楚的稚兒，但學校裏的政治課和思想教育使我多少知曉世上正在發生什麼事，眼前史老師的變化告訴我她的處境相當不好。看著她勉強打起精神裝著若無其事的樣子，我胸口一陣隱疼。

我向史老師訴說了自己的現狀，史老師笑著說：

「這就放心了，我一直擔心妳的生活是不是穩定。現在雖然比不上過去在這裏，但周圍有很多比自己還困難的同學，應該知足了。」

看著史老師的笑容，聽著那和從前一樣的話語，我感到分外親切，心想：今天來看史老師太好了。

「曉蘭，聽說了嗎，妳父母的生前好友，那個黑龍江省委大書記高崇民的事兒？」

史老師的語氣有些嚴肅，聽得出她在擔心什麼，我點了點頭。那陣子，中央上層的「高崗、饒漱石反黨集團事件」在東北地區引起大規模清洗，高崇民因與高崗關係密切受牽連，正在停職接受審查。

「曉蘭自幼失去父母，但一直過著無憂慮的生活，這全靠高崇民為妳確定的『烈士遺孤』這一身份。現在他處境困難，也許不再能為妳做什麼事兒了，但他是妳的恩人，千萬不要忘記。另外，如果以後有機會，一定設法向高崇民了解妳父母的生平。不知自己的雙親可是人生一大憾事啊。」

「我知道，不會忘記的。現在的安定生活也是托高崇民伯伯的福。老師，您就放心吧，中學的生活確實很愉快，享受最高助學金，不感到有什麼不便。說心裏話，我非常想讓院長媽媽和醫生阿姨知道自己的近況，她們一定也會為我高興。可現在她們在哪兒呢？問過去的保姆阿姨們，誰都說不知道，還提醒我不要再打聽遣送回鄉勞改的人。」

當時，比起自己那與日本有關的父母，我更關心自己身邊的人。我一直惦念著院長媽媽和醫生阿姨的處境。

聽了我的話，史老師輕輕抖動了一下眉頭，這是幾年前我們犯大錯誤時她常顯出的表情。我不安地望著那張突然暗下去的臉，後悔在自顧不暇的史老師面前提及令人擔憂的話題。史老師拉了拉我那已稍短了的上衣柔聲地說：

「忘掉過去的事吧，如果有一天我也被遣送回鄉的話，妳就不要再打聽我了。世上的事兒很複雜，妳能記住我的話嗎？」

那天史老師的話不多，只是反覆地叮囑著我。望著從前諄諄教導我們無論什麼時候、無論在哪兒都要正直和誠實的史老師那張擔心的面孔，我只好把湧到喉嚨上的「為什麼？」咽回肚子裏。

「告訴我，曉蘭，初中畢業後打算怎麼辦？妳考慮過了沒有？」

史老師好似不願繼續剛才的話題，笑著問道：

「現在還說不準，聽說錄取率很低，但我還是想上高中，將來爭取考師範大學。」

「師範？」

史老師的嗓音一下子高了許多。

「是的，我想當教師，一直是這樣想的，成為像您和保育院院長媽媽一樣的人是我的理想。再說上師範減免學費。」

「曉蘭，這是真的？」

史老師把眼睛睜得圓圓的，顯得很高興。當時年輕人最嚮往的職業是部隊軍醫、新聞記者、工程師和機關幹部，而教師職業並非熱門。但學校缺少師資，考師範大學待遇好，學費全免，所以競爭還是比較激烈的。

「嗯，是真的。史老師，我很尊敬像您這樣的人，待人親切、為人誠實……我希望將來也能成為像……像您一樣對弱小者親切、受弱小者信賴的教師。」我有點兒不好意思了，不知道自己究竟想說什麼，自己的的心意是不是表達出來了。那天我確實很想安慰史老師，但想當教師並非假話。

「是嘛，是嘛。」

史老師的語氣又似歡喜又似哀傷，她輕輕地嘆了一口氣把臉轉向窗外。然而，透過小窗本應該能看到的庭園卻被通往樓上的階梯遮去了一大半。連觀覽外面都受限制的人那寂寞無主、失意茫茫的眼神刺痛了我的心。

「我今天真高興妳來看我，我已經有很久沒這麼高興了。可是曉蘭，我並不像妳想的那樣……，我出身不好，是地主家的人……。哎，不提這些了。我何嘗不想做誠實的人，我也一直努力了。但是，做人太難啊！誠實和正直的標準原本應該在什麼時候、什麼地方都是一樣的，不是嗎？」

史老師自言自語地囔囔著把臉轉向我。聽著那淒弱的話音，我不知應該說什麼才好。已經隱約感到世上培育正直和誠實的良識正在被什麼愚弄的我直覺到史老師在受苦，但還弄不清究竟是什麼使她痛苦。儘管如此，那天我感到從沒體驗過的哀情騷擾著心房，令我擔憂。四、五年間一直生活在史老師身邊，聽著她的話語成長，可以說她的

生活態度、習慣和思考方法已經自然地滲入我內部，即使說史老師是兒時的我與世間相連最主要的紐帶也並非過分，那麼我怎能對她的境況鈍感麻木呢？

然而，我無論如何也沒想到那天竟是最後一次見面。後來再回霽虹小學時她已經不在了，我找到從前與她要好的地理老師詢問原委。

「惡霸地主出身的史○○啊，她不在了，送回老家勞改去了。」

地理老師望著辦公室裏的其他人冷淡地說道。當他把我送到校門口時低聲對我說：

「地主出身的人是階級敵人喲！妳可得注意與這類人劃清界線，以後不要再問她的事兒了，這可是為妳好啊。」

「史老師犯什麼錯誤了嗎？為什麼被遣送勞改？」

我還不死心，但地理老師好像沒聽見我的問話，他面向太陽不停地搓著鼻子不語，過了好一會兒才轉向我出了口長氣說：

「沒有，她沒犯什麼錯誤，只是運氣不好出生在壞人家裏而已，而且好像還是什麼基督教徒。」

我不願意接受這個不近情理的答覆，但無奈那時我也看到周圍有一些人僅僅因為家庭出身不好而失去工作或離開學校，同時多少知曉在錯綜複雜的世間，人們有時不得不為了生存需要明哲保身。我只能悵惘地接受這個事實 — 史老師也從我身邊消失了，沒有告別，沒有音信，也永遠不知去向。

人們常說孤兒可憐，可我不以為然。當然，失去雙親不知父母之愛，從小寄人籬下的孩子即使能過奢侈的生活也不能說是真正幸福。然而，我是在那個年代並不是誰都能得到的清潔富裕環境中生活，受到責任與義務的保護，在親切和溫暖中成長，這應該說是不幸中的大幸吧！正因如此，我不能不熱愛自己的母校，也不能不深深感謝那些曾關切過我的人們。

沒受過世間污塵薰染且一直在單純和平坦中長大的我，對周圍人的不幸和困苦往往是鈍感的。如果當時盡可能地多安慰史老師，如果上中學以後能經常回小學和保育院看望她和與她同樣因出身不好而受屈辱的院長媽媽、醫生阿姨該多好啊！一想到再也看不到這些親愛的人，終生無法向她們感恩道歉，我就後悔不已。

寒假中學校裏白天有值班人員，住在附近的教職工每天輪流來學校值班順便照看三個孤兒，早上為我們熬稀粥、騰饅頭、準備簡單的小菜。假期吃兩頓飯，下午近處的飯館送來定餐，主食是平時不常吃的純大米白麵，中午還有些小點心，學校對我們的照顧很周到。

晚上負責打更警衛的是平時在學校菜園幹活的張大爺。這個人好像很謹慎，平時很

少說話，但上生物課協助科任老師做實驗時動作非常準確、麻利而不喧賓奪主。張大爺的謙遜態度在學生中評價很高，我也喜歡在星期天閑暇時到菜地看他除草澆水。寒假中，張大爺每天到我和另外兩個男生的房間來看爐子，我們三個人也喜歡晚上去收發室聽他講故事。張大爺雖然是幹農活的，可講起故事很風趣，語言也非常豐富、簡潔幽默。他給我們講《三國演義》、義和團、美國的南北戰爭、羅馬十字軍遠征、神秘的金字塔和可怕的死海三角洲等有趣的事，這使我的夜晚好過了許多。

張大爺的工作是從點檢收發室和我們房間的爐火開始，每天一到學校首先查看爐火是不是旺啊，煙囪堵沒堵啊，開窗換氣了沒有，一天也不忘。然後上樓檢查各個教室的門窗，去後院的宿舍倉庫巡查，返回來時天都黑黑的。有時天好一點兒，閑得無聊的三人也跟著張大爺去後院。黑暗中我們縮著頭，兩手插在口袋裏，腳踏著張大爺在雪地裏踩出來的雪窩，拼命地追逐他的後背和手電燈光。哈爾濱冬天雪不融化，沿著厚厚積雪的腳窩窩跑起來「咯吱」、「咯吱」直響，還挺有意思。可是，巡查全校每個角落的工作並不輕鬆，張大爺無論刮大風下大雪從來沒間斷過巡查。許多年後我在鄉下幹夜班活兒的時候，常回想起當年張大爺的背影和手電燈光。記憶中的那背影可能比實際上的小，手電的燈光也說不定暗淡了些，但那誠實人格寫照的記憶卻成了我一生的借鑒。

大年三十那天下午，張大爺好像知道我們在盼著他的到來，比往常早來了許多。他說，逢年過節更不能大意，那天花了好長時間仔細地檢查前後院各個門窗和院庭角落。

「今天是年三十兒啊，咱們爺兒幾個一起過。」

好不容易回到收發室的張大爺，笑著對早就坐在那裏等待的三人邊打招呼邊從提包裏拿出飯盒。我們喜歡和張大爺在一起當然是因為他很會講故事，還有一個小理由就是他常給我們帶來好吃的。當時東北地區的主食雜糧多，副食也淨是鹹菜大醬。城市戶口人的定量大都是高粱米和玉米麵，每月只有兩斤白麵和一斤大米，過年過節會多配給一兩斤細糧。好心的張大爺有時把妻子給自己做的白麵包子和餃子分給我們吃。

爐子上烤著飯館兒送來的燒麥和張大爺家的餃子，餡兒裏滲出來的油滴在火上發出「吱－－吱－－」的響聲，散發著香噴噴的氣味。我們三人忍不住咽下口水，張大爺笑著說：

「別急，再等一會兒就好了。嚐嚐我老伴兒做的，可比飯館兒的好吃多了喲！」

燒麥和餃子烤得焦黃，迎新春的晚餐開始了，四個人邊吃邊聊更加親近。閑談中我了解到張大爺過去是高中歷史教師，可能因為出身不好或者學術意見分歧被趕下講臺成了雜務工。不知為什麼，知道張大爺的身世後，我對他越發尊敬、越發信任了。

在張大爺的影響下我開始喜歡讀書了。聽他講歷史故事後想知道更多的有關事情，我到圖書室裏去找書。寒假中，圖書室的鑰匙放在收發室，我們可以自由地出入。書架

上擺著馬克思、恩格斯、列寧和毛澤東的著作，還有不少思想教育雜誌。我的視線落到堆放在角落裏的外國文學上，那是被定為「毒草」平時禁止外借的書籍。

我不知不覺地陷入這個有毒的世界，在那裏與果戈裏、托爾斯泰、契訶夫、杜斯托耶夫斯基、莫伯桑、雨果、喬治桑和高爾基等人相遇。開始只是為消磨閑暇，沒想到卻被這些人牢牢吸引住了。他們的作品中有喜劇也有悲劇，我在笑與淚中感到深不可測的涵義和無法抗拒的魅力。莫非這就是人們常說的「毒素」嗎？我作為一個受社會主義教育熏陶出來的紅色少女畢竟還具備一定的警惕性。儘管如此，終究沒能抵禦住那一魅力，我像旱地裏的禾苗一樣貪婪地吸吮著甘美的「毒汁」。

毒汁滋潤並啟發了我，我開始懂得小學時代史老師常掛在嘴上的那個順口溜的含義——世間並不像童話中善一定戰勝惡、美一定戰勝醜那樣充滿光明，也不像傳說裏所講的正義必定能征服卑劣那麼單純，誠實的道路絕不平坦，那裏長滿著荊棘。

回顧我的「初次一人的寒假」，寂寞和偶然把我引入禁區，讓我有機會遇到「毒草」。如果說，當時我還是個剛離開隔絕世間環境的無知兒，那麼可以斷言，與這些書籍的相遇是幸運的，因為那時我的頭腦還是一張沒有沾染塵埃的白紙。無論是誰內心都存在著良心與惡性、義務與罪欲的糾葛，也許正因為世間有善和美，與自身本來的惡性及隨時都可能產生的罪欲鬥爭才是真正的人生價值。在總結生涯的今天，我領悟到，給予我清晰的感受力、給予我在茫迷中識別方向的能力和強韌的執著的正是那些書籍的啟蒙。

春節過去了，嚴寒依然殘存著，北國春天的腳步聲還遠遠聽不到。中午積雪的融化、房頂雪水滴落的聲音、雪底露出綠頭的嫩芽，這些報春跡象的顯現要等到二月下旬呢。期盼是多麼難熬啊！我一個勁兒地讀小說，有時幫助修理課桌椅的木工師傅打打雜，單調地打發一天又一天。

終於寒假的最後一天來到了，那天早上一睜開眼睛就聽見被積雪覆蓋了一個多月的庭院裏傳來說話聲。啊，住宿生回來了，明天要上課了！我一咕碌從被窩裏爬出來，穿上衣服跑出教學樓。操場上出現了一條條新的足跡，宿舍前面有人在清除積雪，雪地上面的蒸氣在陽光下閃爍著虹一樣的彩色，寒雪的融化給大地帶來了生機，沉睡許久的校園甦醒了。春天來了！同學們就要回來了！我興奮地跟在教職工的後面打開宿舍的窗戶，撕掉教室的封條，忙忙呼呼轉個不停。

「溫室裏的花」度過了嚴寒成長起來了。以前，我是個非常貪玩、學習成績很不好的學生，偶爾得了四分周圍的人會說那是「瞎貓碰死耗子，撿著了」。中學一年級的下學期，出乎意料的我開始喜歡學習，各科成績直線上升，期中考試數學分數竟躍居全年級的前列，還獲得參加市裏數學競賽的資格。不止是學習，因為喜歡唱歌，被推選為文

藝委員，經常組織大家合唱讚頌黨和毛主席的歌曲：

「東方升起紅太陽哎，人民齊把公社辦！
人民公社是幸福路，指引我們向未來。
社會主義無限好喲，全國人民逞英豪。
感謝領袖毛主席！感謝偉大的共產黨！」

「大躍進．大煉鋼鐵」的狂騷

那年春天，毛主席繼「十五年趕上英國，二十年超過美國！」的號召之後不久，又發表了「我們完全有可能七年趕上英國佬，力爭十五年超過美國佬！」的豪言壯語。於是，大煉鋼鐵的運動在全國蓬蓬勃勃開展起來。

第二次世界大戰後的復興時期，鋼鐵生產量是國力強大的象徵，如果在鋼鐵生產量上趕上或超過資本主義強國，那麼我國將無敵於天下。這是毛澤東主席的信念。為了把毛主席的號召傳達給全國人民，黨中央發動一切宣傳機構，利用所有的報紙、雜誌、電影和戲劇展淳樸的中國人民渴望擺脫貧窮落後，相信只要有共產黨和毛主席的領導什麼願望都能實現，短期內趕上或超過英美的奇蹟也不在話下。四億五千萬人民意氣風發、鬥志昂揚，男女老少齊心協力，舉國上下熱火朝天。中華大地呈現了前所未有的壯觀，用土石建成的「土法爐」一夜之間布滿了方圓九百六十萬平方公里的城市和鄉村。

執行黨中央指示的行動是迅速的，農民把鋤頭鎬子砸壞扔進土法爐，工人把鐵製機械零件投入煉爐，市民們也紛紛捐出自家的鐵盆鐵罐。人多力量大，沒過幾個月，從上面傳來鋼鐵產量已達當年指標一倍半的喜訊。大好形勢下，中央政府把原訂的一九五八年生產指標由六百二十萬噸提高到一千零七十萬噸，計劃一九五九年為高指標一千八百萬噸。

教育機關也不甘落後，掛滿「全民大煉鋼鐵，猛追英、法、美國佬！」的橫幅標語，校園裏也修起了土法爐，教職員工們不分晝夜地在爐旁添煤加柴煉鋼鐵。在老師的積極熱情帶動下，學生們也奮起參戰，走出校門去大街小巷尋找鐵皮、廢鐵釘、舊齒輪和鐵管。為了增加煉鋼的原鐵量，甚至不放過垃圾堆、髒水溝、院腳牆根，四處奔波找鐵製品。我們雖人小但志氣大，積極為趕超資本主義國家做貢獻。肩挑校園煉出的「鋼」，跟在老師後面到區政府報捷是學生們愛國之心的最高表現。

大煉鋼鐵的熱潮逐漸升高，《人民日報》頻頻發表社論宣傳「人民公社」、「大煉鋼鐵」和「大躍進」的成果。吹牛皮的戰地報導、說大話的散文詩歌、粉飾誇張的戲劇像洪水一樣湧現出來。宣傳機構和文藝舞臺出現「一邊倒」、「紅一色」的局面。人們在這種渲染中，無論贊同與否都身不由己地傾向了不可抗拒的洪流。看著從土法爐流出來的鐵水冷卻凝固成的鐵跎子，稍有一點兒常識的人都會不禁想問：難道這玩藝兒果真能派上用場嗎？然而，沒有一個人敢說出自己的疑惑，沒有一個人提議：停止這自欺欺人的作法吧。人們表現出來的只是面對沸騰的鐵水高呼：「毛主席萬歲！」、「共產黨萬歲！」所有大人的面孔都呈現著十二、三歲的少年少女還識別不清的「一本正經」。許多年過後，我在日本文豪太宰治的作品中看到這樣一句話：人在說謊的時候，臉色總是一本正經的。回首往事，的確如此！

狂熱的風潮持續著，在「堅決服從黨中央指示」的強力牽引下，為了造爐架火煉鋼鐵，農村的田地荒蕪了，工廠的機器轉動停止了，先祖留下的城牆土門挖塌了，丘陵山林光禿了，機關教育界也處於主副業不清的半癱瘓狀態。「鋼鐵是強國之證」、「鋼鐵會帶來富有」……這些國家領導人的偏執和千篇一律的宣傳使人們喪失了識別真偽的能力，也失去了說實話的勇氣，十九世紀格林童話《皇帝的新衣》的故事在二十世紀的社會主義中國堂堂再現。那段時期的狂騷究竟給人們帶來多少災難，到底使中國造成多大損失，這個疑問至今沒有明確答案。也許，人們在被政治宣傳愚弄的那一期間失去的東西，尤其是失去的健全良識是無法用數字來統計的，因為那正是造成其後重重災難的大禍根。

在狂熱的全民大煉鋼鐵的旋風中，不知不覺迎來了中學一年級的暑假。這期間，我周圍已出現了災禍的陰影。然而，對於在黨和毛主席的哺育下成長起來的我，要看清這一陰影的實質還需要相當的錘鍊。

兄妹重逢

中學一年級的暑假是在父親的弟弟劉維二叔家度過的。

話要稍微追溯回去，我是在小學五年級的冬天認識二叔的。記得那年快放寒假的前幾天，聲稱是我二叔的中年人突然出現在眼前。

「我是你叔叔喲，是你爸爸的大弟劉維。啊，長這麼大了，越長越像媽媽了。」

我被叫到校長辦公室時，這個陌生的男人正在和校長說話，他一看見我跑進來便笑

瞇瞇地盯住了我的臉。

「曉蘭，這可真是好事兒，妳有親戚了，還有哥哥呢！」

校長很替我高興，看樣子我來之前他們已經交談了許多。校長告訴我，劉維二叔正是兩年前來訪的三個日本人中，叫由比忠之進的那個人在牡丹江紡織工廠認識的我家親戚。

「曉蘭，咱們回家去，跟二叔一起坐火車回家去。」

突然有了親戚，突然有人對我說「回家去」，我又高興又不安。

幼兒時期常聽周圍的人說：「這孩子真可憐，一個親人也沒有。」每當這時，我總是在心裏嘀咕：「才不是呢，我有星哥！」因為我牢記著哥哥。

記憶中有一天，總在身邊的星哥突然不見了。我哭著鬧著要哥哥，阿姨們哄我說：妳哥哥上學去了，一會兒就回來。可是左等右等也不見哥哥的影兒。這時大人們又說：別著急，哥哥一定會來接妳的。

一天、一個月、一年過去了，哥哥沒來接我。漸漸地我忘了等哥哥放學回來的事兒，但卻沒忘記自己有一個哥哥。我不再向大人吵著要哥哥，也再沒聽人們提起他，只是一直在心裏等待著哥哥來接自己。

跟這個人去說不定能見到星哥，我動心了。我相信校長的話，並不懷疑眼前這個陌生人是自己的親戚。可是他家在哪兒？是什麼樣的家庭？我還能回學校嗎？從來沒有離開過學校，畢竟有些不安。

「不用擔心，明天老師送妳上火車，寒假完了去車站接妳。」

校長看出了我的心思，親切地安慰我。就這樣，我跟著劉維二叔踏上了有生以來第一次回家的路途。

二叔家在公主嶺市，從哈爾濱坐快車大約五、六個小時，在公主嶺的火車站二嬸和四個堂兄妹迎接了我，卻不見星哥的身影。

「剛接到你哥哥的來信，說是為了考重點高中要學習功課，不能回來了。」二嬸看出我的失望，溫和地解釋著。

公主嶺是一座美麗的中等城市，二叔家和其他四、五家共同住在一個日本式大庭院內。二叔的家比較富裕，也很乾淨，他是農業專家，當時任吉林省農業科學研究所主任。研究所離家不遠，一到下班時間，我和堂兄妹們就去接二叔。二叔每次走出大門都把迎上來的五個孩子摟到一起，問我們冷不冷呀，作業寫完了沒有，還給我們買糖葫蘆和凍梨。星期天全家人去商店、逛市場、放鞭炮看火花、逛廟會，長大以來第一次在校外過的寒假和春節非常愉快。只是因為我還年少吧，二叔從沒提及過父母的事兒。

熱熱鬧鬧的假期一晃眼就過去了，啟程返校的那天二叔全家送我上火車。汽笛響

了，火車開動了，望著在月臺上邊跑邊揮手的親人們，我忍不住哭了，我有些留戀初次體驗到的家庭溫暖。

「別難過，明年還接妳回來過春節。」

二叔向坐在車窗旁邊的我喊道。夏天過去了，冬天到了，可是二叔沒來。一年又一年過去了，還是不見二叔來。

中學一年級快要結束了，正在考慮這個暑假怎麼過的時侯，意想不到收到二叔的來信。信上寫道：「由於工作的關係，不能去接妳，自己回來吧，妳哥哥也回來。」隨信還寄來了火車票錢。

到了公主嶺，一下火車就看見二叔的大兒子和一個青年站在檢票口。這個人的嘴和鼻子、還有那透過眼鏡望著我的目光怎 那麼熟悉，我突然心跳了起來。是哥哥！沒錯，是我的星哥！青年的面龐與我幼兒時期的朦朧記憶重合在一起了。

「我是劉星。」

沒等堂兄介紹，青年就把手伸向我。這是時隔十一年的重逢！記憶中突然從身邊消失的星哥，時隔十一年後終於來接我了！十一年的歲月是多麼漫長啊！那珍藏在心裏的稱呼——「星哥」好像被歲月的流逝帶走了。自從接到二叔的來信後，我一直偷偷練習叫「哥哥」。現在，哥哥就在眼前，我卻羞得叫不出口。當被那溫厚而有力的手握住時，我好像又重溫到小時候星哥拉牽著自己的熟悉感觸，心頭一熱，淚水湧上眼眶，慌忙轉過身去。

聽哥哥講，父母去世後，剛滿一歲的我和六歲的哥哥離開佳木斯被送進牡丹江市幼兒園。後來，在牡丹江紡織廠工作的二叔因調轉去瀋陽，臨走時把哥哥帶走了，這可能就是我記憶中不見星哥的那一天。

「曉蘭小時候胖乎乎的，可好玩兒了。」

哥哥常給我講小時候在一起的事情，我邊聽邊想，哥哥記得那麼清楚，這些年來肯定一直掛念著我。當然，和這個突然出現在身邊的青年說話有時不免有些羞怯，但還是希望聽他講更多更多的事，願意坐在他身旁像從前一樣撒嬌。

哥哥很愛學習，早上在院子裏念英語和俄語，午前看大人的報紙，到了下午捧著小說看個沒完。哥哥的額頭很寬，那時我還不知道這是禿頂的兆頭，以為是腦袋聰明的特徵。哥哥的確很聰明，數理化什麼都行。我和幾個常為暑假作業發愁的堂兄妹非常高興有了一個好的家庭教師，把哥哥佩服得五體投地。哥哥的口哨吹得很好，尤其他吹的俄羅斯民謠《大草原》和《三套馬車》棒極了。每當聽他吹這些曲調時，我都忍不住流淚。在我眼裏，哥哥不只是親骨肉，還是有見識、帥氣的青年。

與哥哥重逢的這個暑假裏，發生了幾件難忘甚至可以說對我影響很大的事情。

有一天，我和兩個大一點兒的堂兄妹因為報紙上的一則新聞爭論起來，在旁邊看書的哥哥插嘴說：

「你們太小，還啥都不懂。我看報紙是用眼睛後邊的眼睛來看，聽上面人的講話是用耳朵裏面的耳朵去聽。印油是骯髒的，話裏是有話的，再過幾年你們才能懂。」

這句話對於在正統教育環境中長大、從沒懷疑過別人的我來講無疑是個重音符，它久久地縈繞在我的腦海，留下清晰的印記。哥哥與我不同，分別後我被送進哈爾濱特級保育院，而他一直生活在不安定之中。哥哥被帶到瀋陽以後在育才小學讀書，由於內戰的關係，二叔工作不穩定，家庭比較困難，曾以政府出生活費為條件寄養在一個沒有孩子的人家裏。具體情況沒聽哥哥講過，但可以想像照管一個十來歲的男孩子不是太容易的，哥哥也免不了要受些委屈。後來他離開那家人，靠政府的補助過獨立生活，轉學到北京以後也一直是過這種生活。從小獨立自主生活在充滿金錢利害關係的社會中，既知道世間的香甜，也嚐到了其中苦澀。哥哥遠比我堅強、也深懂事故。

使我感到吃驚的是，二叔家發生了很大的變化。兩年前他家住的是寬暢舒適的日本洋房，這次來換成小土磚房，房間少不說，又窄又暗。二叔的工作也變了，是清掃員。

五十年代中期，曾在建國初期許諾給國民自由和民主的共產黨發生了變化，寬容漸逝，專橫呈露。中央發起「反右鬥爭」，對與自己意見相左的人、政策上有分歧的人實行報復；把出身不好的人、國民黨投降官兵、留過學的知識分子以中資產階級毒素太深為藉口打成「右派分子」。全國被定罪的六十多萬個右派分子大都是在建國初期人才極缺時作出貢獻的學者、教授、工程師、技術專家，現在他們成了階級敵人，遭到批判，被迫從事重體力勞動或遣送回鄉，嚴重者被打入牢房，長年不得見天日。

二叔的「罪行」是去日本留過學，熟練的知識技術來自帝國主義；家庭出身當然也是一條，在舊中國，能送孩子去留洋的家一定不是地主就是資本家；更被認為不可饒恕的是他在日本軍國主義發動侵華戰爭後還不回國，其間說不定在敵國做些不利於中國的行為。按著這種革命式的推理，劉維這個人既使不是日本間諜也是賣國賊，今後還有可能做壞事。早在兩年前二叔就被定為右派，剝奪主任職務，住宅被調換，工資降到最低級別。二叔不願意讓孩子們看見自己掃廁所打雜的慘相，他禁止我們去研究所附近，但在家裏依然和藹可親。二叔是讓我體會到親人之愛的第一個人。

臨近暑假結束的一天，我們和鄰居的女孩子在院子裏一起跳格格玩兒，因為什麼一點兒小事吵起嘴來。鄰居家的女孩兒翻臉了，朝著我和堂妹大聲罵道：

「誰跟右派家的人玩兒！誰理妳這個臭日本鬼子！」

我和堂妹被這麼一罵，只好灰溜溜地往家走。正在這時，哥哥從屋裏跑出來，二話沒說照著那個女孩子的臉就是一巴掌，那孩子捂住臉哭著跑回自己家。不一會兒，她媽

媽拉著女兒闖進二叔家，不分是頭是臉舉起粗大的拳頭就往哥哥狠狠砸去。哥哥毫不畏懼，用勁往鄰家的胖女人身上撞。在廚房燒飯的二嬸聞聲跑來，插到打成一團兒的兩個人中間勸解。右派分子的妻子當然無權過問孩子們吵架的原因，只是不住地弓身陪禮道歉。鄰家女人哪肯罷休，無奈的二嬸返回廚房盛了一碗紅燒肉遞給她，胖女人這才住了手，理所當然地接過菜碗，朝著哥哥「呸！」的一聲破口罵道：「雜種X的！臭日本鬼子！」之後扭著胖身子走了。哥哥還想衝過去，身懷第五個孩胎的二嬸含著眼淚拼命地攔住了他。

那天的紅燒肉是二嬸為歡送我們兄妹返校，用全家一個月的副食品配給做的佳餚。降職降薪後生活很艱難，整個暑假為了讓我們吃好玩兒好叔嬸二人費了不少心思。

至今我對同學叫我「小日本」雖不高興，但從沒因此鬧翻過臉。看到哥哥鐵青著臉、拼著命反抗這種嘲弄不禁暗暗吃驚，同時他是那麼不顧一切地護著我們，我感動得哭了。也許和小時候一樣，那天坐在哥哥身邊沒完沒了地哭。

當天晚上，二叔把我們兄妹兩人叫到裏屋，沉著臉說：

「你們倆兒好好聽著！」

看到二叔嚴肅的臉色只有這一次。

「是的，你們的媽媽確實是日本人。」

從來也不跟我們提起父母之事的二叔終於開口了。

「我去過日本也是事實。你們的爸爸常對我說，知識救中國，受了他的影響我於一九三四年的秋天去了日本。你們爸爸比我先去的，我在選擇專業時徵求他的意見，他說，中國是農業大國，培養農藝人才是當務之急。我本來就挺喜歡植物研究，所以聽從了他的意見進了東京農業專業學校。能當上農業專家，應該感謝你們的爸爸。東京留學的時候我們經常在一起，你們的父母相識戀愛的事我都知道，他們死的時候我也陪伴在他們身旁。你們記著，你們的媽媽雖然是日本人，但她是來參加抗日的日本人，你們的爸爸也是非常值得尊敬的人。相信我的話，你們應該為自己的父母感到驕傲。」

與一直忌諱談日本母親的我不同，哥哥想知道更清楚的事情，央求二叔再講詳細一些。但是因為當時日本在中國人的印象中非常差，只要和日本有關係就免不了招嫌，況且二叔自身的處境相當不好，言行很謹慎，那天晚上他沒再多說什麼。

「人早都死了，過去的事兒知道也沒啥用。你們現在作為烈士遺孤受到政府優厚待遇，生活有保障，這就挺好，我也放心。再說你們父母的婚姻比較複雜，待長大後再詳細告訴你們。平時用不著提及父母的事，努力學習就行了。但應該記住他們的名字，你們爸爸叫劉仁，媽媽原名叫長谷川照子，來中國後叫綠川英子，一九四七年因手術失敗去世，不久爸爸也相繼病故，兩人都葬在佳木斯。」

二叔叮囑我們一番之後從櫃子裏取出一本發黃了的相冊子，裏面有父母的訂婚照，他們和友人在東京、橫濱、重慶的相片以及我們兄妹小時候的合影，還有他們去世時的拍照。有生以來第一次看到父母的形象。相片上的父親很帥，挺有氣魄；母親年輕時身穿和服比較健康，在重慶鄉下的時候身體瘦小、纖弱，看樣子來中國以後受苦不少。雖說我對父母沒有實際情感，但二叔的話和照片的印象在我內心留下隱痛。相冊子裏面還夾著一枚紅綢詩絹，二叔說那是著名作家郭沫若先生在重慶時寫給媽媽的題詞。

「戰爭年代，為保存這些照片吃了不少苦頭。你們父母留下來的東西不多，這些遺物等長大了還給你們。」

二叔守約了，只是實踐這一諾言是在經歷重重苦難的二十幾年之後。被懷疑為日本間諜的二叔在動亂中是如何隱藏這些完全有可能被當成證據的照片，我沒有機會問過，他在恢復自由後來北京時，把父母的遺物交還給了哥哥。

二嬸、維箴三叔、劉維二淑

那年暑假是我學生時代最後一次去二叔家。不久政治局勢越來越緊張，被定為右派分子、日本間諜兼反動專家的二叔處境也愈加困難了，他被趕出公主嶺，離開家人到偏遠地區勞動改造。那一年的年底，我收到二嬸的來信，說是家裏背景不好，公安信檢很嚴格，不要輕易寄信，免得遭受牽連，有什麼事兒時和本溪橋頭老家的劉維箴三叔聯繫。從此以後，我和二叔家的聯繫中斷了。

紅色衝擊

暑假過後不久季節突變，幾天之間，瑟瑟秋風把樹上的葉子掠得一乾二淨。不知從什麼時候開始，「大躍進」和「大煉鋼鐵」的熱氣冷卻下來，大街小巷的橫幅標語被摘掉刷洗，校園裏的土法爐成了垃圾箱。「國庫糧食存蓄快空了」之類的小道消息滿天飛，建國以來渴求富裕而辛勤勞動的中國人民所意想不到的糧食危機，以毫不掩飾的可怕形態步步逼進日常生活。一向注重面子的中央政府甚至不得已向全國發出為保存體力「要最大限度地控制各種活動」的通知，同時還接二連三地頒布「糧食統一分配」規則和「限制糧食自由買賣」等條款。全國城鄉呈現蕭條，社會前景一片暗淡。

學校恢復了正常教學，但除了上課之外沒有任何活動。課程表上的「體育」和「實驗」被政治學習取代，課後的文藝活動和社會見習完全中止，學生們的笑語歡聲消失了，校園裏死氣沉沉。食堂餐券還照常發，但食物已由高粱米飯和玉米餅變成菜根摻雜的糟糠窩頭兒和野草混合的玉米粥。農村戶口的同學配給減半，他們要從家裏帶來食品以補不足。因營養不良被抬到醫務室的人，由於家裏拿不出吃的不得已退學的同學漸漸多起來。眼看著周圍發生的事情我也心感難過，但還不認為問題已相當嚴重，堅信黨中央不久就會拿出解決方案，照舊為了數學競賽埋頭於代數和幾何的題海中。

就這樣，我在沒能意識到身邊陰影的險惡，不曉得它正在給自己的同學帶來不幸之中迎來了六〇年的寒假。那年寒假是在本溪橋頭度過的。我在接到公主嶺二嬸的最後一封信後，按著她告訴的地址與父親的故鄉——本溪市橋頭鎮的劉維箴三叔取得了聯繫，三叔立即回信叫我回老家過春節。

維箴三叔家是大家庭，我去的那年三嬸正懷第九個孩胎。三叔也是很溫和的人，他常對我說：「我可比不上妳爸爸，不識幾個大字。」實際上三叔的毛筆字可棒了，算帳記簿也非常清楚。三叔是油糧加工廠的職員，被公認是廠裏的技術老手。

那年寒假，糧食危機已相當深刻，常聽人們傳說安徽北部已經餓死十幾萬人，河北一帶的樹皮和草根已被剝光，甚至傳說甘肅省出現賣死人肉包子的事。究竟是真是假，誰也說不清，反正我不太相信，至少橋頭鎮沒那麼嚴重，我沒看見街上有快餓死的人。

三叔家的日子還不錯，身在油糧加工廠，近水樓臺先得月。用廠裏分的大豆做豆腐、發豆芽、磨豆粉還真解決不少問題。加上用豆渣和豆皮做飼料養了一口豬，春節美美吃足了在學校幾個月也沒吃到的豬肉，比起流言蜚語中的困難地區，可算是天堂的日子。返校的前一天，三嬸擔心我路上餓，又是烙甜豆餡餅，又是炒大豆，忙乎著做了許多我愛吃的東西。

「現在世上不安寧，一路可得小心啊！吃東西的時候一點兒一點兒地拿出來，別太惹人注意。」

三嬸一邊為我收拾行李，一邊還得叮囑我這個不大懂世故的侄女。從橋頭到哈爾濱要在瀋陽轉車，坐直快大約需要一天的時間。上午三叔家的親人送我上火車，下午順利地到達瀋陽。瀋陽車站亂極了，來的時候還比較安穩，一個多月間不知從哪兒湧進來大批的經濟難民——當時稱做氓流。車站前面的廣場上擠滿了人，不少氓流就像被遺棄的屍體一樣，裹著席子一動也不動的在零下十幾度的嚴寒中橫七豎八地睡著。進門受限制的候車室裏也不安靜，縮著腦袋來回亂躥的人、衣衫襤褸討吃的人、對著爐子烤肚皮的人、躺在椅子上睡覺的人、還有一些故意找岔鬧事的人，整個空間混亂異常。

我坐的接續列車晚點了。當時幾乎沒有正點列車，可一晚就是七、八個小時，真讓

人吃不消。我想利用這個時間到瀋陽市內轉轉，但沒敢去。離開橋頭前三嬸再三叮囑我說：「途中哪兒也別去，這年頭不知道誰是好人誰是壞人，碰上搶劫殺人的壞傢伙可不是鬧著玩兒的。」我膽小，可聽三嬸的話了。

候車室的椅子都讓難民們佔滿了，我實在轉累了，找到一個人腳下空著的一點兒地方擠著坐下來，這才想起已經好幾個小時沒吃東西了。我悄悄從提包裏拿出甜餅要往嘴裏放，突然，一個黑影從眼前掠過，接著手裏的甜餅不見了！簡直就像光閃電擊，我還不明白發生了什麼事情，抬頭一看，三、四米遠的地方站著一個頭髮蓬亂、衣衫襤褸的男人，手裏拿著我的甜餅。我本能地站起來喊道：

「還給我的——」

話沒說完就頓住了。眼前那不敢相信的光景卡住了我的喉嚨——那個男人正朝著我的甜餅「呸、呸！」吐了兩口唾沫。然而，畢竟是搶了小孩兒的東西，而且是用這種卑劣的手法，或許那男人感到自己太沒出息，他沒有咬甜餅，握著餅的手停在半空中，呆呆地僵在那裏一動不動。他死死地盯著我，眼睛似乎在說：我快餓死了，實在對不起啊！望著那充滿悲哀和自疚的眼神，我不由打了個寒顫。

家鄉的樹皮、草根、甚至貓狗都被吃盡，為了活命，離鄉背井，四處流浪，可是至今仍沒找到能糊口填腹的東西，前面依然是饑餓的深淵。剩下的路只有一條，那就是偷和搶！即使如此，這些氓流並沒完全失去人的本性，沒有忘記羞恥和內疚，他們到底也是有著尊嚴的人。那男人的目光像一塊重鉛壓在我的胸口上，我感到憋悶，眼前浮現出因饑餓病倒和退學的同學。假期裏吃得油光滿面的人被拉回現實，我終於認識到：現實是令人毛骨悚然的嚴冬。

轉身向四周一看，有好幾個氓流圍在附近，眼睛盯著我的提包。我慌神兒了，但沒有勇氣逃開，衝動之下，從提包裏掏出甜餅和炒豆分給那些人。看著他們像餓狼一樣啃著餅，大口大口地嚼著炒豆，還有那些一湧而上以迅速得可怕的動作爭奪掉在地上的豆子的人們，我又害怕又難過。這些氓流正是從至今我仍不願意相信的那些「流言蜚語」中，連貓、狗、甚至死人肉都不得不吃的地方逃出來，在九死中尋求一條活路的。與他們的相遇對於地地道道的紅色少女來講無疑是致命的打擊。

「把我國人民拖到這般地步的究竟是什麼？」、「黨中央領導人為什麼到現在還拿不出解決方案？」這些疑團縈繞在腦裏，伴隨著火車的車輪聲攪得我歸途煩躁不安。

中學二年級的下學期在毫無生氣的春日裏開始了，我和平常一樣每天上課、做題目，然而內心卻不安寧。開學快一個月了，可玉梅沒有返校。放寒假前她說過媽媽病了，也許為了照看媽媽脫不開身。又是一個月過去了，她還是沒來。終於在四月底的一天，回到宿舍看見玉梅坐在床鋪上收拾東西，我高興得嚷了起來：

「妳幹什麼了？馬上就要期中考試了喲，妳也太慢性子啦！」

玉梅低聲對我說，家裏沒有給自己往學校帶的口糧，只好退學了。我驚呆了，我已經失去好幾個同學了，已感到被漆黑的陰影壓得透不過氣來，再也不願失去誰了。

「妳不是說好努力學習將來當護士嗎？口糧的事兒還有我呢，咱倆兒吃一個半人的配給，好歹也能渡過這個難關呀！」

我竭力勸說，然而，在冷酷的現實面前，友愛和同情是無力的，我註定要失去最親密的朋友。望著默默不語整理行李的玉梅，我想找一些貼心話安慰她，可是一句也沒找到。經我再三挽留，玉梅終於同意最後在學校住一夜。第二天，我帶上兩天配給量的乾饃送玉梅回家。

一年半沒見的玉梅媽媽變了，身上瘦骨如柴，臉上卻膀膀大大的。大概因營養不良患了浮腫，膀腫的臉是在笑還是在哭難以分辨。看著那張臉，想像在爐臺前給孩子們撈鍋裏的米粒，自己喝剩下稀湯的媽媽，我明白玉梅家的倉庫早已空了。拿出帶來的乾饃分給玉梅的弟妹，孩子們也顧不上說聲謝謝就狼吞虎咽地吃著，旁邊媽媽的臉上流著大顆大顆的淚珠。

「我家已有兩個多月沒吃上這樣的乾糧了。」

玉梅媽媽邊擦淚水邊努力笑著，可臉上浮現的不再是一年半前那迷人的笑容，而是絕望的悲哀。聽了她的話，我心裏突然湧起一種從來沒有過的情感。那是內疚 — 是對不起供給我口糧的農民的內疚；那是羞恥 — 是奪了別人的口中食還假裝慈善的羞恥，我不敢正眼看玉梅媽媽了。

早在一年級期末就已退學的小尤家更悲慘，我去看望她的時候，弟妹們正守在剛煮好的糟糠野菜粥鍋旁等著大人分飯，看見我進來他們點頭示意了，但卻是沒有笑容。那最小的胖弟弟瘦多了，眼珠發黃，好像在生病，小尤的爸爸已成皮包骨躺在炕上。聽小尤說，爸爸因為淨吃玉米棒粉稀粥，大便拉不出來，肚疼發作打滾時幾個人都按不住。站在那個瀰漫著死神即將來臨的陰暗氣氛的屋子裏，看著氣息微弱的病人，我半晌說不出話來。

簡直難以置信！眼前這地獄般的光景果真是一年半前那充滿豐收喜悅的農家嗎？這兩年不是風調雨順嗎？儲藏下來的糧食都到哪兒去了？我忍不住問低頭坐在屋簷下抽著乾草煙的小尤哥哥。

「這種事妳去問上帝吧！」

小尤哥哥對我的一連串兒愚蠢問題不屑一顧，他的態度是冷漠的，臉上顯出對我的鈍感非常不快，聽得出語音裏也充滿著怨恨。是的，如果用自己眼睛後面的眼睛看看每天發生的事情，用耳朵裏面的耳朵聽聽周圍的聲音，怎麼會不知道事態的究竟呢！

小尤是我們班最先退學的人。

「我恐怕畢不了業，我家窮得快揭不開鍋了。」

一年級下學期她曾向我透露過自己的苦惱。

「窮才更應該努力學習呢！」

不懂世故也不懂「貧窮」真意的我只會說冠冕堂皇的話。更不應該的是，以前小尤給我講媽媽生前為孩子們想辦法做新衣、變著花樣做好吃的往事時，我竟不理解她思念亡母的心情，驢頭不對馬嘴地給她講霽虹小學幸運兒們吃的麵包、香腸，穿的花裙和毛衣等。我並不是有意炫耀，是真心想安慰朋友：只要努力，不久誰都能過上那樣的好日子。我不知道自己的「安慰」曾怎樣傷了朋友的心。

一年級最後一次考試結束之後，小尤告訴我下個學期不來學校了。

「再咬咬牙挺一挺嘛，別忘了去年秋收假的約定，妳不是想當技師嗎？」

我想勸阻她退學。

「沒忘呀，可那只不過是一個幼稚的幻想而已，現實中我和妳不一樣。」

小尤看我有點兒激動，淡淡地笑著說：

「妳和我們不同，妳是無論什麼時候、在什麼地方都有保障的優等公民，妳根本不懂過了今天不知明日的貧窮是什麼。」

我了解貧窮同學們的苦境，但那時對小尤嘴裏的「貧窮」之怨無法完全贊同。難道不正是因為貧窮我們才有理想，為實現理想才在努力奮鬥嗎？現在窮一點兒沒什麼可怕，也不可恥，大家應該平等互助為將來熬過眼前的貧窮。我是這樣想的，也願意這樣做。現在，面對同學家的貧苦境況終於明白了那只不過是虛偽的空想，平等也是虛無的。現實是自己過著飽食終日、無憂慮的生活時，同學們的親人卻被饑餓逼向死亡。小尤家的絕境讓我為自己的虛偽慚愧，為自己的優越地位羞恥。

一年多來的「大躍進」和「大煉鋼鐵」運動使農田荒蕪了，為了煉鋼，農具被扔進了火爐，時間全浪費在土法爐旁。「人民公社」奪走農家人的私有財產，儲備糧被迫繳公，農村實行共產制，吃大鍋飯，幹多幹少收入一樣。在這種「萬人平等」的制度下，農民喪失勞動熱情，以至無視老天爺的恩賜，連自然成熟的果實也沒人去收穫，任其腐爛在地裏。

說是煉鋼優先，可是農民還得向上繳公糧。眼下國內國外形勢都很緊張，西藏叛亂、西北新疆騷亂不斷、中蘇關係惡化、越南邊境冷戰激化，這些問題促使政府加緊糧食徵收。為了討好中央拍上級馬屁，省級領導、縣級幹部、公社頭頭、大隊狗腿子濫用職權，向上誇張成績、謊報產量、隱瞞事情；向下敲詐勒索、威脅恫嚇，逼迫農家交出存糧。農村基層幹部要保全地位和私利就必須揮舞刀劍榨取農民身上的血和汗，「只有多交

公糧才是忠於黨和毛主席！」、「只有多交公糧才是熱愛人民公社！」這些誰也不敢說「不」的口號就是幹部手中的刀劍。在這些赤色兇器的庇護下，什麼卑劣的手段都正當化了，挑撥村民相互揭底、強行抄家搜倉都成了合法必要的措施。

舉世渾濁黑暗，我卻問：「既然生活已無出路，為什麼不團結起來向上告發這些貪官污吏呢？」小尤的哥哥瞪了一眼缺神經的我，憤然地說：

「世上哪有農民的公道，啥時候也沒有我們說話的地方啊！天下烏鴉一般黑，上級頭頭、下級官吏都是黑心腸！」

一向麻木不仁的我那時立刻感覺到了：這是從心底發出的怨怒，它凝結著對黨中央的失望；那眼光裏閃爍著仇恨，它映射著對幹部和像我這樣不勞而獲的「優等公民」的憎惡。看著眼前痛苦著的玉梅媽媽和等待死神召喚的小尤爸爸，望著失去笑容的孩子們，我怎麼能再繼續鈍感下去呢？羞愧和自疚的皮鞭抽打著全身，我無地自容。

那天夜裏靜悄悄，天空和一年半前一樣月明星亮，然而卻好似無限寂寞、惆悵。陪伴我仰望夜空的不再是美好的理想，而是深沉的鬱悶。躺在炕上，默默傾聽四周，忍受著窗外草叢小蟲的微弱啼泣和玉梅媽媽嘆氣聲的折磨。世間真有上帝嗎？毛主席不就是我們的上帝嗎？黨中央究竟能不能救中國？不，不能懷疑！否則怎麼能渡過眼前的難關？鬱悶中我動搖不定，同時又禁不住對產生疑念的自己感到恐懼。

次日清晨，我和玉梅難捨難分，沿著附近的小路轉來轉去。村子裏不見人影，也聽不到雞犬的叫聲，死氣沉沉。

「在學校可別直不楞登亂說了，也不要和同學瞎爭論『為什麼』、『為什麼』的，自己在心裏想就是了，我媽可擔心妳的直脾氣了。」

望著荒涼的農田，玉梅輕輕地說。世道早就變了，懷疑社會制度已被視為異端。善良的玉梅媽媽知道我身邊沒有告誡傳授渡世哲學的大人，不懂得要說表面話，叫玉梅警告我。我不由心頭一熱，緊緊握住朋友的手。

離別的時間到了，玉梅全家送我到大路口。坐在公共汽車上，我看見玉梅媽媽不停地擺手，臉上分辨不清是笑還是在哭，瘦弱的身子好像就要被風吹倒一樣，我心中的淚水源源不斷地湧出來滲向全身。

十四歲的反抗

從那以後，表面上我每天正常上課、做題目，但內心混沌、怠惰、苦悶。我對生活

開始厭倦，對自己越發不滿。大饑荒在我的人生里程上留下了傷痕，僅在半年之間，周圍發生的一件又一件的事情像狂暴的波濤衝擊著我，傷害了正值多愁善感年齡的脆弱之心。紅色衝擊中我從夢裏驚醒，迄今為止那些引以為驕傲的出身現在變成沉重的包袱，迄今為止那些虔誠的信仰如今變得渾濁不清。變化使我搖擺猶豫，讓我沮喪頹廢，對共產黨的篤信、對毛主席的摯愛、對人生的渴望、對道德和友愛的追求，一切都變得毫無意義、毫無價值。

失去朋友的生活是多麼枯燥，沒有笑聲的校園是多麼無聊！漸漸地，我連最喜歡的數學也討厭了，解難題的熱情消失得無影無蹤。今後愛怎麼著就怎麼著，未來已不重要，只是內在的反抗和對現實的不滿無處傾訴，著實鬱悶難熬。

就在這時候，牡丹江市蠶業學校來招生了。當時高中還沒普及，初中生大都畢業後或就職或進中專。為了招收質量好的新生，各中專學校在後期期考前後就派出專員捷足先登。來我校的專員很會宣傳，他鼓吹在歷史上為我國作出巨大貢獻的紡織業一定會在擺脫現今的困難中發揮新作用。我被這鼓吹感動了，決定退學上中專。

奪取農民的口中食，不付任何代價就可以吃飽穿暖，這種無憂無慮的生活已經夠了。我想自立，想努力幹活報答養育自己的人民，樸素且強烈的願望促使我打定主意。夏日的一個傍晚，剛滿十四歲的我心懷混沌的嚮往，拒絕班主任老師和同學的勸阻，與高采烈地和幾個初三畢業生同伴奔赴牡丹江。

然而，不久我就發覺現實與自己的嚮往不同。蠶業學校周圍既沒有一塊桑田，校園裏沒有一間養蠶實驗室，開學後也沒上過一次專業課，每天做的事只是沒完沒了的政治學習。聽人傳說，這裏只不過是一個農村幹部訓練所。我膩煩了，沒過上一個月，偷偷在一個黃昏提上簡單的小包溜出學校後門，乘上去哈爾濱的列車。

火車晃晃蕩蕩地在鐵軌上滑行，望著徐徐向後退去的樹木和土丘，凝視著漸漸遠離的住宅燈光，我心中忐忑不安。好不容易鎮靜下來一想，才覺察到自己簡直是在胡鬧。回哈爾濱做什麼呢？哪兒是自己可去的地方呢？左思右想當然沒有答案，可怕的孤獨襲擊著我。若是有家的話，看見不守本份的女兒回來，母親再生氣也會燒鍋開水、做碗稀飯迎接孩子。但我是孤兒，無家可歸，近處也無親人，回到哈爾濱投奔誰呢？啊，沒有父母確實悲慘！有生以來第一次體會到了人們常說的：孤兒實在是可憐！

列車在黑夜中奔馳，載著沒著沒落的我不停地向前奔馳，搖晃中我感到肚子餓得慌。每到一站，月臺上都有不少叫賣的，可是糧食困難時期的食品貴得不是窮學生能問津的。我只能眼巴巴地看著別人吃熱騰騰的包子，在後悔中忍受饑餓。

退學後，哈爾濱市的戶口立即註銷，糧食配給和助學金當然也停止了，第十一中學不可能接收沒戶口的人。忽然，我想起霽虹小學和馬家溝保育院，真恨見不到史老師和院長媽媽她們。對了，生活了六年、一直當成自己家的母校裏還有很多恩師在，求求他們或許能找個出路。這麼一想，心裏豁然開朗，我重新打起了精神。

火車到達哈爾濱的時候剛好是雨後的清晨，我出了車站直奔霽虹小學。走近霽虹橋，看見小時候不知數了多少遍的橋燈柱，還有那在旭日照射下翠綠閃光的林蔭樹，我興奮了。可是來到學校附近隱約看見校門前的階梯平臺時突然緊張起來，不由停下腳步。冷靜一想，去找誰？哪個老師能幫沒戶口的黑人？再說自己怎麼好意思去見恩師呢？我躊躇了，腳上像被重物拖住似地邁不開步子。橋下的鐵道列車一輛又一輛地馳過，身後的有軌電車叮叮噹噹穿梭不停，我呆呆地站在橋上，望著母校門前的臺階不知如何是好。

去哪兒呢？今後怎麼辦呢？我在思索不定中漫遊。不知瞎逛了多久，猛地抬頭一看，自己站在第十一中學校門前。已經是中午了，吃完午飯的學生陸陸續續朝宿舍走去，該睡午覺了，我躲在大樹後羨慕地望著三三兩兩的同學們。當初報名去中專時，班主任老師和同學是怎樣真誠地勸阻自己啊，可是自己無視這一切，根本不聽，現在還有什麼臉面見他們啊！無可奈何，只好又轉身離去。

我漫無目的地走著，最後終於累得坐在地上。雨後的空氣非常清爽，碧藍的天空深邃得令人傷感。撿根樹枝沾點兒坑窪的雨水在地上亂劃一陣後抬眼望去，西邊的太陽正在無情地落下，薄薄的黑紗已籠罩上空。自己的去路只有一條，那就是回到同吃、同睡、同學習的人們身邊。我不再猶豫，站起來理齊蓬亂的頭髮，擦淨一天沒洗的灰臉，然後徑直往第十一中學走去。

鼓足勇氣回到了學校，可是一旦來到班主任老師的宿舍門前，心臟劇烈跳動、手腿瑟瑟發抖，我害怕遭到拒絕。記不得究竟在那裏站了多久，也不知道是怎樣舉手敲門的，只模糊地看到一張和藹親切的笑容。

班主任老師和同學們向狼狽不堪的我伸出了溫暖的手，當他們把熱乎乎的饅頭和稀飯端到我面前時，感激和慚愧之念猛烈地衝擊著周身，無法控制的淚水奪目而出。那時我懂得了，世上的確有無論怎樣努力也不可能挽回的懊悔。

恢復戶口註冊手續花了一個月的時間，這期間我吃老師和同學的配給口糧，在蠶業學校還沒寄回行李之前，穿同學的衣服，睡在同學的被窩裏，此時正是饑荒最困難的時期。這個時期一旦註銷的城市戶口再想恢復、重新領取糧食配給一般是不可能的。班主任老師為了我的戶口、復學和助學金費了不少勁。好在我是烈士遺孤，無人照管，經上級批准，我獲得了一般人得不到的特殊寬待。

當這些繁瑣的手續都辦完之後，班主任老師把我叫到辦公室。其實，我一直等待著這一時刻。雖說已從冰冷的惡夢中回到了溫暖的世界，精神也基本恢復正常，然而內心

的慚愧和懊悔並沒消失。學校將做出什麼處分我沒太在乎，畢竟自己犯了錯誤。我介意的是怎樣向老師和同學賠禮道歉，等待著老師的召喚，希望挨老師一頓狠狠的批評。因為這一過程不結束的話，我心裏是不可能真正恢復平靜的。上中學以後，班主任一直是同一個老師，助學金、餐卷、學習用具和衣物，一切都是他為我安排好的。兩年來，儘管我一直努力表現自己的獨立生活能力，但內心非常信任、依賴這位老師。因此，不受到他的嚴厲批評，就不能說自己的愚行得到了原諒。

「手續全都辦完了，再沒什麼可擔心的了，今後和從前一樣努力學習就行了。」

等待的是批評，得到的卻是鼓勵和安慰。我越發內疚，眼淚湧了上來。我是個哭巴精，性格十分脆弱，就怕人說軟話。這次來辦公室之前，曾暗下決心不在老師面前流淚，可還是沒能做到。

「怎麼啦，曉蘭，發生什麼不愉快的事了嗎？」

「沒什麼，只是——」

我拼命地低著頭，不讓老師看見自己那沒出息的淚水。

「只是這次給大家添的麻煩太大了，這麼困難的時候，吃大家的、用大家的，心裏實在過意不去。老師，請您讓我在班上檢討一次。」

我好不容易把自己的想法說完，老師笑了。

「這算什麼麻煩？再說，檢討認錯重要，但比檢討更重要的是，應該從這件事吸取教訓，想想從中學到了什麼。糧食短缺，誰都連自己的肚皮也填不飽的時候，吃別人的配給確實不是好受的。但咱們班的同學是真心實意願意幫助妳渡過暫時的困難，他們拿出自己的口糧給妳，絕不是為了哪一天聽妳的檢討，接受妳的道歉。妳不是也曾拿自己的餐卷幫助過生活困難的同學嗎？這是真正的友誼！咱們班能如此團結一致，我作班主任的非常高興。妳要是以小心眼兒看待這些，那就枉費大家的一片心意了。」

老師的語氣嚴厲起來了，他了解我過於拘泥小節的壞毛病。

「同學們這樣做是為了友誼，妳若真心感謝大家，那今後發揮自己的長處多幫助學習差的人一起進步。其餘的事兒，用不著瞎操心。」

話語裏充滿著愛護，老師擔心這次過錯在我內心留下陰影，他希望我能盡快從拘泥中解脫重新振作起來。

「妳要記住，曉蘭，無論做什麼事都要全面考慮，對自己對別人都要負責，要學會從不同的角度看事物，不能鑽牛角尖，更不能走極端。另外……」

老師略微停頓了一下，然後用比剛才嚴肅得多的語氣接下去說：

「如果妳在今後什麼時候想批判誰，想擺脫什麼，那麼妳必須有離開那個人、擺脫那個環境而能頑強生存下去的能力才行，否則妳將被自己毀掉。」

我點了點頭。然而，真正理解老師這番話的含意是在很久以後。聽著老師的語氣，看著他的神情，至少明白了老師已把我的性格、怪癖看得一清二楚，或許他擔心我今後重犯老毛病告誡著什麼。事後我把這一告誡寫在日記裏，經常思索、再三琢磨。

理解這個告誡對於剛滿十四歲的人來講可能還有些太早，但是，為自己的輕率和迂腐感到羞恥，十四歲應該是具備足夠常識的年齡了。是老師的真情實意把自己從泥沼裏解救出來，辜負與自己共患難的同學們的深厚友誼是絕對不允許的。

經歷半年多混沌幼稚的反抗掙扎之後，內心中那些搖搖欲墜的東西重新堅實起來，校園和教室恢復了從前的光明。糧食危機仍在持續，黨中央的政策使城市居民得到一定的保障，雖然吃的還多是糟糠雜糧，但比起吃草根樹皮的農民們要幸運得多。我沒有不安，也沒有不滿，一切曾打擾學習的雜念都遠去了，整天守在課桌前一心不亂地學習，就像在竭力挽回混沌中失去的所有時間一樣。三年級的整個寒假，我和其他準備考高中的同學一起關在宿舍裏溫課備考。外界已過春分，不久又迎來春暖花開的時節，接著進入中學最後階段，緊張的畢業考試也結束了，剩下的只是高中統考了。正當我和同學沒黑夜沒白天地準備衝刺的時候，學校通知我免試保送升高中。

第三章：
平穩的高中時代

忘恩負義的反省

告別中學時代的那個夏天爽朗而愉快。

當時，能上大學的人不多，大學是人們夢中的理想，高中還只是少數人升大學的跳板。尤其是那些鬧饑荒期間受政府冷落的農村出身的同學，他們親眼看到父母為供自己上學吃盡了苦頭，所以大都首先考慮的是通過就職弄到城市戶口以取得糧食保障。不管怎麼說，大家都平安地度過饑荒，順利畢業了！升高中的、上中專的、就業的，雖不是每個人都得到最滿意的結果，基本都有了切實的著落。畢業前的一個星期，我們像從籠子裏放出來的小鳥展開翅膀飛向藍天一樣，盡情地歡樂、玩耍。

一連幾個月閉門讀書，兩耳不聞窗外事，一心撲在畢業和升學考試上，現在終於解放了！白天，我們走出校門，闖入大街，奔向郊外，在廣闊的天地裏歡聲跳躍；晚上，回到宿舍吵吵鬧鬧徹夜不眠。三年間，同在一個宿舍睡、同在一個教室學習，免不了有些小摩擦。分別之前敞開胸懷，相互坦露心中的秘密，解除誤會和錯覺，進而傾訴今後的打算和抱負。短短的幾天，在共同的生活中建立起來的信賴和友情更加深厚了。

班主任老師預定秋季良日辦喜事，對象是我們的科任老師。全班同學在離開學校的

前一天舉辦了一個小小的祝福會，用自編的詩詞和歌曲祝願三年間辛勤培育我們的老師新婚美滿和諧、白頭到老。班主任老師的謝辭是：「我能找到好媳婦還是托大家的福喲！」臉上洋溢著的慈愛和喜悅令人難忘。那一天，一切都是美好的！天空無比的晴朗，校園比平時更加美麗，老師和同學比以往更可敬可親！今後的道路上還會遇到這樣或那樣的困難，但無論在哪兒周圍總有老師和同學，我既不擔心，也不猶豫，僅懷著感激和期待在歡笑中告別了幼稚和迷茫的初中時代。

我升入的哈爾濱市第三十二高中雖然不是重點學校，但有很多優秀的教師。學生時代誰都有這樣的體驗：遇上不喜歡的老師，學習興趣上不來；相反，遇到性格合得來的教師，學習熱情會大幅提高。高一遇上相當有經驗的理化老師，初中一直拖後腿的實驗課成績上升，我的各科總分數躍居前列。當時全國高考錄取率只有百分之十幾，為了保持和創出較高的升學率，學校抓得很嚴，期中考試和期末考試全學年排榜列名次，每個人都為力爭前列拼命學習。我擔任文藝委員，和同學一起踴躍參加校內外各項活動，那陣子真有些廢寢忘食的傻勁兒，工作學習都不示弱。

充實的生活進入高一下學期的某一天，班裏的團支部書記找我談話，問我想不想加入共青團組織。共青團是黨的後備軍，是信仰共產主義優秀青年們的組織，政治身份是人生的保障，加入共青團對升學和就業很有利，這是當時的常識。

糧食困難已逐漸緩和下來，然而持續兩三年的危機給社會造成的混亂卻相當大。那一時期小道消息滿天飛，謠傳黨中央內部的矛盾激化，國際局勢也不穩定，中蘇邊境、中越邊境日益緊張。中央政府為了穩定人心，社會上加強黨組織的領導，學校裏通過共青團加強青年教育。團支書對我說：

「現在正是向黨和毛主席表示忠心的時候 。」

團支書是共產黨員，比我大三、四歲，多知多識，對班裏的事很熱心，是我這幼稚兒的當然指導者。跟這樣的人物談話我很緊張，也摸不清他的真意，只是老老實實地坐在那兒。團支書拿出團章耐心地給我解釋，然後對我說：

「連續兩年自然災害，我國的處境很困難。可恨的蘇聯修正主義者撕毀條約，停止援助，撤回專家，甚至要求提前還清債務。把我國逼向困境的正是蘇修！劉曉蘭，妳設想一下……」

團支書的臉嚴肅起來，我也跟著挺直了腰。

「如果這次饑荒發生在解放前的話，我們中華民族、我國各族人民將怎樣困苦無望？至少像妳這樣無依無靠的孤兒，別說坐在這明亮的教室裏學習，能不能生存下來都是問題。」

我順著團支書的手勢抬頭環視了一下。教室對於我來講是半個家，每天除了吃飯和

睡覺以外幾乎都是在這裏度過的。同學們也都熱愛自己的教室，把地板擦得光光的，把防寒雙層玻璃磨得亮亮的。教室的正面懸掛著馬克思、恩格斯、列寧和毛主席的肖像，後面的牆壁上張貼著獎狀、優秀作文和決心書等。平時看慣了的教室經團支書一說顯得格外親切、異常清潔、甚至感到莊嚴。

「妳可能不知道吧，毛主席他老人家為了和全國人民共患難已經一年多沒吃肉菜了。」

過去，黨員幹部和團員骨幹可以看到一般人看不到的內部刊物、機密文件和《參考消息》，中央上層的一些事兒他們知道得多些。

「每當廚師把肉菜端上桌來，他老人家就會拒絕說：全國人民都在挨餓，我怎麼能咽得下去呢？」

聽了這番話我很受感動，想到自己曾懷疑如此愛民的領袖，不由慚愧。

「現在黨內刮起一股歪風邪氣，迎合著國內外的反動勢力攻擊偉大的領袖毛主席。妳是黨一手培養起來的，能等閑視之嗎？妳若決心擁護社會主義、堅決捍衛黨中央和毛主席的話，那就應該明確表態，而且應立即採取行動！」

說完之後，團支書站起來拍了拍我的肩膀說：

「我們支部全體等待你的答覆。」

團支書走了，教室裏只剩下我一個人在那兒發呆。共青團組織並不是誰都能簡單加入的，成為共青團員是很多年輕人的志向，大家都為加入這個組織在努力著。現在，團組織的頭頭親自引導啟發我，這說明我已具備了條件。我興奮了，當天晚上一下晚自習，就拉著朋友英琴去談心。

已經快到就寢時間了，教學樓只剩下收發室和一兩個辦公室的燈光還亮著，整個校園一片寂靜，我和英琴在操場上順著跑道一圈又一圈地走著。我已決定申請入團，希望英琴給我當入團介紹人。英琴是我初中時代的好友，早在初三時就加入了團組織，當她知道我已下定決心時，高興地跳了起來說：

「曉蘭，我早就等著這一天了！」

「我討厭組織生活會議，這種場合只能鸚鵡學舌說冠冕堂皇的話，覺得沒什麼意思，我一直認為自己做不出那一本正經的樣子。」

我在講真心話，想讓入團保證人完全了解自己、相信自己，同時也覺得有必要在決定政治生命的時刻清理一下自己內在的混沌。共青團員應該無條件地服從黨，必須絕對擁護毛主席，而自己是否能真正做到這一點，我還沒有足夠的信心。

「還記得我去蠶業學校的事兒嗎？」

「嗯，哪能忘呢！同吃一碗飯，同睡一個被窩兒，曉蘭真是聰明的大糊塗蟲啊！」

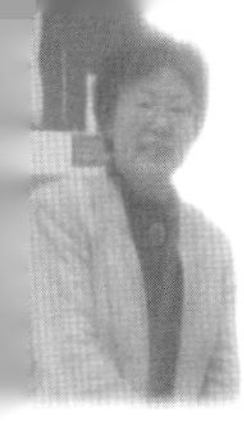

從牡丹江逃回來的時候，對我幫助最大的是英琴。從那以後，我們倆成了無話不談的知心朋友，常常在操場或在學校附近的林蔭道散步交心。

「妳說的對，我的確是個大糊塗蟲。去蠶校之前，我常在政治學習時間說這幾年黨的方針政策有問題，中央應該派人下來做社會調查。這些可能是有觀點性的錯誤，但都是實話。抱有同樣想法的人一定不會少，可沒人敢公開講出來，說出口的只是頌詞和讚揚。那陣子我常想，謊言遍地流的世間是多麼可怕，長久下去這個民族要墮落、要滅亡。」

忽然，我腦裏閃過學習俄語時常和英琴一起讀的十九世紀前期十二月黨人流放者的詩句——祖國，毀滅於人民的靈魂墮落！

黑暗中英琴用力握住了我的手，一定是她也想起了這句詩。是啊，俄羅斯帝國暴政所放逐的受刑者們的神聖愛國之情，給予我們的震撼和薰染怎麼會輕易地煙消雲散呢？

「那段時期我對黨和毛主席的感情的確有些動搖，但那並不是要放棄信仰、忘記恩義，也絕沒有背叛黨和人民投奔階級敵陣的絲毫之念。我只是擔心這樣下去，養育自己的黨和毛主席要失去人民的信賴。妳知道嗎，玉梅她們退學時，我是多麼內疚，有時甚至覺得自己在犯罪。」

英琴也清楚初中班上同學們的不幸。

「養育我的不是親生父母，是人民。人民在忍饑挨餓的時候，我卻飽食終日。每天有成千上萬的人在饑餓中死去，我怎能無動於衷地過無憂無慮的日子呢？究竟誰應該對造成的這一局面負責？是社會體制的問題還是管理制度的錯誤？這些問題不弄清，老百姓怎麼能得救？」

我的聲音不由高了起來，我一心想把這些百思不得其解的疑問理個清楚。

「現在回想起來，也許這些疑問純屬杞人憂天。」

我下意識地說著。然而就在這時我聽到自己的內心在吶喊：「不，這是謊言！」我猶豫了一下，難道自己還在動搖嗎？不，這不是謊言，是真的！我竭力反駁自己的內心，同時緊緊握住英琴的手。當無力擺脫自我矛盾時，我只能依賴朋友，向她求援。

「從前，我以為自己最清楚什麼是感激和忠誠，相信認真考慮國家大事才是感激，真誠指出社會的陰暗才是忠誠。最近才明白這只不過是自作聰明、自以為是而已。我說的都是心裏話，妳相信嗎？」

我不想欺騙自己，更不想對摯友有所隱瞞，我為自己的混亂焦慮。

「我相信喲，也完全理解妳那一時期的心情。」

英琴說著把身子轉向我，用食指堵住我的嘴輕輕地說：

「但是曉蘭，妳聽著，從今以後再也不要提這些了。妳能向我保證嗎？內心有了

矛盾，在沒解決之前，對誰也不要輕易透露。因為即使妳是在反省，別人聽起來也會產生誤解，甚至懷疑，對妳沒有任何好處，也沒必要那樣做。妳已經從濃霧的迷茫中走出來了，今後作為一個共青團員，只要按團章辦事、服從組織原則就行了。」

英琴的手冰冷而且在發抖，她環視了一下四周。操場上靜悄悄的，不可能有什麼人，可她還是謹慎地確認黑暗中是否有人在偷聽。我也不禁睜大眼睛，豎起了耳朵。我的真誠坦白既讓朋友信任，又不能不讓她擔驚受怕。現實中沒有言論自由，也不允許評論社會體制，指責黨和毛主席更是意味著前途毀滅和自身滅亡。

「我可以向妳保證。我確實後悔自己的一時糊塗，反正是最後一次了，今天妳就讓我都倒出來吧。就這一次，行嗎？」

在即將成為一個肩負責任的人之前，我知道今後不能太任性了。正因為如此，我想最後再當一次任性的孩子。英琴知道我的強脾氣，她沒再阻攔。

英琴是優秀學生，是班上的俄語科代表。上小學的時候，母親患病去世父親再婚，她的大姐收養了她。中學二年級時因家裏太窄小，她住進了宿舍。她姐姐人很好，但有三個正在長身體的孩子，所以無暇過多照顧妹妹。每星期天下午，同學們都從家裡帶來好吃的補養食品，英琴拿到學校的總是鹽水蘿蔔。每日三餐都是高粱米、窩窩頭和鹹蘿蔔，到了星期五，鹹蘿蔔也沒有了，她就沾著鹽水下飯。

無論生活多麼艱苦，英琴從沒埋怨過姐姐。在她看來，自己雖比不上吃得好穿得暖的人，但能安心讀高中，向著理想的大學奔，這就是幸福，應該感激大姐一家人。英琴自尊心很強，待人和善，學習又有毅力，是我的榜樣。

「說實話，那時侯我也很害怕。」

夜深了，風更涼了，加上說的是平時不敢公開講的內心秘密，我身子開始顫抖。

「我知道自己的想法是反革命的、是異端的、被揪出去批鬥也是可能的，甚至說不定啥時候會被抓進監獄、送去勞改。」

往事一件一件地湧上腦門，然後無可抑制地湧到嘴邊。英琴默默地傍倚著我，黑暗中，她一定和往常一樣睜著大眼睛在聽我嘮叨。

「餓死了幾百萬人的這兩年彷彿是一場惡夢。妳還記得我跟妳講過的瀋陽車站的那些氓流和玉梅她們家的事嗎？」

英琴沒作聲，只是用力攥了一下我的手。

「這些事就像烙在身上一樣，不時地絞痛著我。那個氓流的眼神是千千萬萬個難民的絕望縮影，玉梅媽媽膀腫的臉是成千上萬個母親的苦難寫照，還有那躺在冰冷土炕上等待死神召喚的小尤爸爸，不知有多少人陷入同樣的悲慘境地。這怎麼能不讓人心痛呢？有天災也有蘇修之人禍，但左思右想對此應負主要責任的還是黨中央。我當然也擔心這類想法招來災難，警告自己不能再瞎說八道，可心裏無法坦然。那些人不時地浮現在眼前，有時覺得他們可能都已經死了，於是跑到體育器械倉庫的角落裏偷偷哭泣。我想閉上眼、捂住耳朵，逃離現實，但無論如何也辦不到啊！」

我說不下去了。英琴把身體靠向我，再一次用食指堵住了我的嘴。饑荒期間她從沒發過什麼牢騷，但她一定也很難過了，我知道她曾多次用發卡扣拉不出來的糞便，也見過她偷偷地傷心落淚。

「可不是嘛，都是過去的事了。現在，我有時還在傻等中央能向全國人民作出適當的解釋。不管怎麼說，前景亮堂多了，黨和毛主席一定正在考慮下一步呢！今天聽了團支書的話才知道自己淨是瞎操心，人們還是信賴、擁護中央的。」

一口氣把話說完之後我舒服多了，覺得坦白和反省可以結束了。

「是的，曉蘭，我們還年輕，知識和見識太少，經驗也淺薄，還看不清人生的曲折和複雜。但只要依靠黨，遇事多想想毛主席是怎樣教導的，就不會出大錯。這也是青年團員的信念和原則，妳既然決定入團，就要牢記這些。今後不知什麼時候，在不適當的場合又犯傻，說些不該說的話，遭到批判、定性為異端，那可是苦難的開始。我並不是在責怪妳的認真和直爽，但人生光靠認真和直爽是填不飽肚皮的，不能把事情想得過於簡單。」

英琴叮囑著我，摯友的厚意讓頭腦簡單、嘴巴不牢的我心裏熱乎乎的。回到宿舍時已經過了十二點，走廊的燈光亮得晃眼，在黑暗中遊蕩三個多小時的我回到了光明世界。有機會信口開河，倒出堵在胸口的雜物，我像長期受原因不明的重病折磨而有幸康復的人一樣，精神煥發、興奮不已。躺在被窩裏睡不著，索性打開手電筒，一筆一劃地填寫了入團申請書。半個月以後，我和另外兩個同學面對團旗舉起右手高呼：

「我宣誓遵守共產主義青年團團章，永遠忠於中國共產黨和偉大領袖毛主席！」

在鮮紅的旗幟前面，我為自己的淺薄和忘恩羞愧，反省了過去的懷疑和動搖。從前，我不認為感激和忠誠與對現實的認真是對立的，也不承認良心與理性是對立的，至少從自己的角度來看，感激和忠誠正因伴隨著矛盾和苦惱才更為真摯，良心正由於受理性指引才更為可貴。尤其讓我全面否認在矛盾和苦惱中度過的初中時代，說這一時期的行為是愚蠢的誤行，那可是痛苦之極。然而，在成為光榮的共青團員的那天，我承認了這一切，認可初中時代險些掉進荒謬深淵是事實。

我常暗中分析自己的弱點和缺欠。或許從小不是生長在正常家庭，而是缺少社會關聯的狹窄寄宿環境，所以成為性格脆弱、容易傷感、輕易懷疑的人。有時甚至以為自己體內的日本血統缺少足夠吸收毛澤東思想的機能，以至思考方法趨於偏激。坦率地說，那段時期我曾產生過自卑，討厭混血的自我。

儘管如此，畢竟已是共青團員了，我確信只要立場堅定，一定能克服自身的弱點和缺欠。我開始面向「新的明天」做努力，每天站在毛主席像前，手撫團徽心中宣誓，時時不忘檢點自己。我閉上了眼睛後面的眼睛，堵住了耳朵裏面的耳朵，直到高中畢業再沒說過錯話，也沒有和同學爭論過任何政治問題，我把全部身心投入學習和工作中。

血氣方剛的先祖們

朝霧像輕柔的白紗環繞著大柏子山，瀰漫著晚夏馨香的山林向四方自由地伸展；細河像在潛心追逐兩岸樸素的鄉土風情一樣，泛起銀白色的浪花流向遠方；一群山雀不時地掠過山頂棲落在遠處的屋頂，但很快地又似留戀般的來回在河面上俯視飛翔；民家的屋頂毗鄰起伏，縷縷青煙冉冉升起，而後消失在上空。

大柏子山和細河養育的這塊沃土是父親的故鄉－本溪橋頭鎮，高中一年級的暑假，我和哥哥先後回到老家。哥哥完全像個大人了，比三年前在公主嶺見到時個兒又長高了，聲音也粗多了，銳利的目光和嚴謹的嘴角顯示著果斷和自負，跟堂弟們說話時流露出的頑皮幽默以及那寬大的額頭越發讓我感到親切和信賴。兩年前哥哥考上北京大學原子物理系，不愧是最高學府的優等生，暑假期間又成了好家庭教師。我和堂姐妹遇到難題就請教哥哥，他啟發我們用力學分析法、幾何推理法、化學元素平衡法思考、解決問題。暑假作業順利完成，剩下的是上山採核桃、榛子，下河遊泳、抓魚，盡情玩耍。時值盂蘭盆節期間，維箴三叔率我們兄妹和九個堂兄弟姐妹上山掃墓來了。

這一帶的山地解放前是劉家的，新中國成立後實行土地改革，私有地國有化，山上田裏的墳墓被掘了，深隱在山裏面的劉家祖墳幸免災難。後來，政治運動一個接著一個襲來，祭祀祖先、上香磕頭、掃墓燒紙被視為陋習迷信，遭到掃蕩。即使在那樣的歲月，三叔還是背著周圍的眼目，每年兩次上山為祖先掃墓點香。三叔是祖父母的掌上明珠，兩個哥哥都離鄉在外求學，後來又遠渡東瀛，所以三叔被祖父祖母限制得從沒離開過本溪。三叔沒辜負父輩們的期望，繼承家業，管理劉家的油糧加工廠和房產維持一家的生計。新中國成立後，加工廠和房屋全歸國有，因三叔有經營技術經驗，所以被允許繼續留職。

劉家的祖籍在山東省登州府牟平西劉家坡。十九世紀中葉，山東連年鬧旱災和蟲災，顆粒不收糧食奇缺，人們大批大批地餓死、病死。劉家祖先為了活命，橫下心挑著兩個年幼的孩子背井離鄉，一路翻山越嶺，千里迢迢來到本溪湖附近的橋頭村。不幸途

中一個孩子夭折，倖存下來的是曾祖父劉藺英。好在運氣不壞，村裏的有錢人留下逃難的父子打雜，就這樣劉家在橋頭落下了腳。

曾祖父勤勉好學，頭腦又敏捷，小時候記住一些中草藥的功能，學會開幾個能治病的處方，為村民醫治了不少急病和外傷。漸漸的曾祖父的名氣大了，遠處的人也前來求醫討藥，劉家的門前掛起「德元堂」的牌子，開起了藥鋪。

曾祖父是孝子，為了照顧父親，五十歲那年才娶上媳婦。第二年——一八八九年，幸得一子，這就是我們的祖父劉漢臣。祖父是獨生子，深受上了年紀的父母疼愛，在識字人還很罕見的當時，曾上多年私塾學堂。生性聰敏的祖父在從東瀛來做生意的日本人家裏當過跑堂，學會一口流利的日語。十七歲那年，橋頭開了郵局代辦所，祖父在那兒就業，後來橋頭成了大鎮，郵局正式開業，祖父被任命為局長。曾祖父去世後，祖父繼承家業，經營商店出售生活用品煙草糖果，同時還辦了一個油糧加工廠，「德元堂」藥鋪的生意也挺興隆。聽三叔講，祖父性格豪爽，為人耿直，對橋頭鎮的公益頗為熱心，他動員鎮上的有錢人成立了「義鄉慈善會」，接濟生活困難的人家，扶助年邁體弱者。劉家從曾祖父時代起深受鎮民的信賴，祖父到中年時被推舉為橋頭鎮商業會會長。

一九三一年「九．一八」事變後，日本軍隊的侵略活動表面化，煤鐵資源豐富的橋頭一帶增加了許多日本人，日本駐軍也多了起來。為了維持殖民統治，日軍方面組織傀儡自治會，他們看中在鎮民中有聲望的祖父，指定其為鎮長。懂日語的祖父為了保護鎮民的利益，盡可能與日軍、憲兵和叫植村的副鎮長圓滑交往，力求與一般日本居民和平共處，但絕不卑躬曲膝。直接有關鎮民利益的事，不管多麼繁雜棘手、多麼惹日方不快，祖父絕不輕易讓步。遇到日本兵闖入民家為所欲為時，他甚至冒生命危險出面抗議交涉。當然，祖父懂得不能拿雞蛋硬往石頭上撞，他為有效地與日方調停費盡了心思。祖父率領鎮上的人和普通日本居民一起修橋植樹也正是這一時期。

山林裏散發著泥土的芳香，小鳥在樹枝上歡跳細語，樹葉在微風中沙沙作響，陽光透過密林照射著劉家祖墳。劉家近代祖先、曾祖父母、祖父母在這裏安睡著。剛才上山時吵吵鬧鬧的眾兄弟姐妹看見三叔動手拔草，都蹲下來開始幹活，大家齊心協力，很快就把墳地上的雜草清除乾淨。三叔燒上香、磕過頭之後，十一個晚輩按年齡順序向祖先們合掌致意。

中午，在山坡上坐下來吃午飯時，我指著對面的山林問正在抽煙的三叔：

「三叔，那片樹林長得真好，是吧？」

那一帶林子茂密繁盛，闊葉灌木和針葉油松參差不齊，隨著季節的變遷，葉子的顏色有黃有綠還有紅，鮮艷奪目地交織在一起，宛如一幅巨大的畫毯掛在晴空之下，就連旁邊的大巖石塊兒也顯得豪邁、莊重。兩年前初次回橋頭時曾聽堂姐說過，那是祖父帶

領鎮民們種的，所以每次來到這裏都有一種說不出的感慨。

三叔一個勁兒地抽著煙，瞇著高度近視眼望著對面的山林。過了一會兒，他熄滅煙火，小心地把煙頭埋在土裏，然後囔囔自語地說：

「嗯……」

「嗯，長得好啊，是這一帶長得最好的林子喲！」

三叔的話語裏充滿了感慨和驕傲。據說很久以前，這一帶曾住著許多人家，可是有一年發生了百年不遇的大山洪，沖壞了山林的生態平衡。從此，每到雨水多的季節，泥石滾下山來造成災害，人們不得不遷居它地。

「要防山塌土流，得多植樹造林。」從常受颱風海嘯襲擊的日本群島來的人對祖父進言。於是，當時任鎮長的祖父每到春天組織鎮民上山植樹造林。在橋頭做生意的日本人協助從日本買來油松樹苗和化肥，他們的家屬也參加植樹活動。三十多年過去了，這些日本樹苗已長高壯大。小學時代常聽人們講日本人如何殘忍、狠毒，然而歷史上並不只有憎惡和怨恨，還有友好和互助。中國人和日本人確實曾在一起和平地生活過，眼前這片茂密的山林就是證據。我似乎能理解三叔的感慨和驕傲，望著這片充滿生機的樹林，不由覺得因憎惡和怨恨而乾枯的心靈，像得到甘露滋潤了一樣舒暢、清爽。

三叔一直默默地注視著對面的山林，那裏曾有著他的幸福童年，也記憶著他的悲哀青年時代，同時還銘刻著苦難的中年。

三叔的童年時代是在祖父劉漢臣全盛時期度過的，由於祖父熱心鎮民的寒暑饑飽，關心大家的婚葬紅白大事，所以深得人心。日本軍隊進駐後仍舊全心全意維護鎮民的利益，每當駐軍與居民發生什麼衝突時，祖父總是慎重靈活地利用公職與日方調停交涉。遠近的居民為了表示感謝，聯名向祖父贈送了「急公好義」的金字大匾。年幼的三叔把這些看在眼裏，記在心上，以此驕傲，深感幸福。

「七．七蘆溝橋事變」爆發了，鎮民和日本人之間的關係一夜間變成了敵對，和平的橋頭鎮呈現出緊張的氣氛。最初，祖父盡可能還像從前一樣處理公務，然而隨著日方軍事活動的激化，日軍和憲兵對戰時管理權限進行嚴格控制，調停和交涉的餘地越來越小。祖父雖然清楚平等的立場已不存在，但為了不讓戰爭的烽火過多的影響居民生活，盡量利用與植村副鎮長的交情，或通過其他日本友人的關係妥善圓滑地處理各項事務。在戰時複雜的局勢中，祖父的存在是鎮民的一大定心丸。

然而，戰爭畢竟是戰爭。因日本駐軍肆意抓人、搶奪民家財物等行為引起的衝突頻繁地發生，公務交涉愈加困難。加上著名的鄧鐵梅將軍率領的抗日義勇軍在橋頭一帶的活動日益活躍，日方的戰時管理越來越嚴厲。祖父是有強烈民族情感的人，他背地裏拿出很多錢支援遊擊隊，想方設法為抗日義勇軍提供方便條件。這使祖父的威信更高了，當然也使日方對祖父加強了警惕，同時又使平時嫉妒他的人越發狠毒。一向對祖父的威望耿耿於懷的橋頭鎮警察局幹事于澤普早就伺機等待可下毒手的機會。

一天，義勇軍的兩個幹部來到橋頭，潛伏在祖父家裏。此事被漢奸特務發覺，于澤普急功近利，當即向正在對遊擊隊活動頭疼不已的日方告密。關東軍奉天（現在的瀋陽）警務廳搜查班立刻包圍了祖父家，那兩個遊擊隊幹部事先得信逃脫虎口，祖父卻被捕了。祖父被秘密帶到駐軍地賽馬集，整整兩天受盡搜查班井上班長的各種嚴刑折磨，拷打中還被問及去日本留學的兩個兒子的下落。

那幾天，三叔為了營救祖父四處求朋告友，拜託關係親近的日本人想辦法。然而這次是一樁有關軍事的案件，無人敢參與過問。結果，日方從祖父嘴裏沒能掏出任何情報，認為他的存在只是禍害，所以決定秘密處決。據說在討論這一決定的時候，與祖父有著很深交情的植村副鎮長也在場。

祖父的死很悲慘，他是被捆在麻袋裏，封住袋口，用鐵棍活活打死的。悶在麻袋裏的祖父雖然失去自由，但至死不斷地扭動身軀，破口大罵日本人的不仁義、不道德、日本侵略的殘酷和非正義。

那個時期談何仁義和道德？！人原本有自然情感、有正常的判斷理性方能知仁義、守道德。然而，殘酷的戰爭使人失去自然情感、理性遭受踐踏。試圖占領鄰國發起戰爭的日本人自然情感已荒廢，人格被扭曲，精神也狂亂了。祖父伸張的仁義和道德在那個非常時期橫遭蹂躪，祖父的慘死在青年時代的三叔心裏留下了悲哀。

具有諷刺意味的是，二十多年後，同樣的謬誤被曾受祖父關照過的鎮民們重複了。受政治運動一而再、再而三愚弄的人們也失去了用仁義和道德判斷事物的能力，為了生存，人們不得不加害於他人。中年時代的三叔每逢刮起政治之風都免不了被追及祖父的「歷史問題」，什麼和日本人親交了呀，什麼把兩個兒子送到崇拜的東洋去了呀，還說什麼效忠皇軍了呀。三叔因此屢遭降職減薪，不時被迫寫檢討接受群眾批判，孩子們的升學就業當然也受其影響，生活很不安寧。

三叔沉默了好大一會兒之後，看著眼前的十一個孩子說：

「不能怨這怨那，也不許說日本人這麼壞、中國人那麼不好。壞的不是人本身，而是時代。人活在世上就是這樣，在時代的潮流中，誰也無法擺脫命運的捉弄。」

三叔說得對，愚弄橋頭歷史與鎮民的是扭曲了的時代，日本侵略時期是殘酷的，但確實鎮民和日本人曾平和相處過；政治運動是橫暴的，但劉家祖墳還是保存下來了。劉家祖墳能免遭接二連三的「橫掃四舊」風暴的浩劫，全靠鎮民暗中包涵。世間有怨恨，但更多的還是值得感激的情義。

收拾雜草的工作開始了，看著一心一意在清掃的堂兄弟姐妹，我心想：他們身上壓

著沉重的歷史包袱，每個人多少都在受其迫害，但他們胸中珍藏著驕傲和敬愛。儘管不能公開為不顧死活伸張正義的祖父辯護，也不能高聲宣揚先祖的功德和尊嚴，但每一個人都確信，至少自己的努力可以讓祖先們安靜地睡在這裏。

午後的林中氣溫上升，樹葉的沙響和小鳥的歌聲使我心曠神怡。醉意中忽然覺得對面隨風擺動的山林似乎在向我訴說著什麼，心中油然產生一個奇妙的問題 — 祖父現在是怎樣看待這片樹林的呢？

祖父劉漢臣死於一九三八年四月二十五日，他的遺體被親人偷偷運回家埋葬是那悲慘事件發生後的第二年。一九八六年，祖父由本溪市人民政府恢復名譽，獲予烈士稱號，他的事蹟載入了《本溪文史資料》第三輯裏。漫長的半個世紀過去了，迎來這一晴天朗日的維箴三叔已年屆古稀，他在兒孫滿堂中幸福地度過了晚年，九四年逝世，享年七十八歲。

聽說那年沒過多久，公主嶺的劉維二叔也相繼去世。

我與二叔家恢復通信聯繫是在一九七五年，而再會是在那很久以後。我去看望二叔的時候，他已經衰老了許多，頭腦好像不太靈活了，離開別人的幫助站立都不方便，只有溫和的笑容與從前一樣。望著那滿臉的皺紋，我痛感二叔與我同期度過的三十幾年間，他的歲月遠比我的漫長艱難得多。原本打算好好向二叔了解父母的生平諸事，因為親戚中只有他最了解父母的情況，可是看到那虛弱的樣子，不忍再煩惱他老人家。

一家人圍在桌前邊吃邊聊天時，側身靠在旁邊的二叔總是目不轉睛地盯著我的臉，不時自言自語地嘟囔：「和照子長的一模一樣，曉蘭和媽媽是一個模子出來的。」、「我啊，對不起你爸爸呀！」

老人的話語意外清晰。苦難的記憶已隨著腦子的老化漸漸淡薄消失，然而，遙遠過去的大哥的臨終囑託依然牢記在心 —「維弟，這兩個孩子就托付給你啦！」結果二叔沒有能力撫養我們兄妹，但他並沒忘卻，一直惦記著我們。反右鬥爭期間二叔被趕出公主嶺，孤零零地在沒有溫暖沒有慰藉的山村生活了十多年。別說養活家人，連自己的存在對妻兒老小都是累贅。那年月連坐罪是天經地義的，有政治問題的人對於親屬來講是一張符咒，孩子們的前途多因此遭受曲折。一想到二叔的苦難和不安，我就後悔自己什麼忙也沒能幫上。

「二叔，好好兒保重身體，過幾年還回來看您。」

這一次二叔沒有守約，他老人家沒等我回去。一九九五年的秋天，我收到堂妹寄來的訃告，信上寫著：

「本來打算自家人辦秘葬，沒想到當天來了許多早年的同事和友人，不少勞改時認

識的鄉下人也特意趕來，在棺材面前傷心落淚。看著這些人的真情實意，我懂得了什麼是真正的名譽和尊敬。長春市的報紙也介紹了父親的事，說是非常出色的農業專家，是在北國試種各種蔬菜水果的人中貢獻最大的實踐家。讀了這些報導，真想問問上級領導，父親受的二十幾年的苦難應該怎樣解釋？父親究竟是幸運還是不幸，我感到茫然。」

聽堂妹說，外表溫厚內心剛強的二叔認為自己在同時代人中算是幸運的。他生前總說：「我一生確實受不少苦，尤其被誤認為是日本間諜，為此忍受的責難和歧視不是一般人能想像的。但是，遭受同樣苦難、忍受同樣屈辱的人不計其數。在那二十多年的黑夜裏，僅因政治迫害致死的人不是成千上萬嗎？」

二叔說自己算是幸運的還有一個理由，那就是在還有千千萬萬的人過著「有了今日食，不知明日餐」的舊中國，自己有幸脫離文盲環境去國外學習喜愛的知識，後來雖然遭遇政治歧視，但幸得能發揮自己能力的一席之地，在山村用含辛茹苦的實踐換來了值得後人感激的成果，這是同時代絕大多數的中國人連想都不敢想的幸運。能如此正視自己人生的劉維二叔不愧是血氣方剛的家族一員。

父母的生涯

這個暑假我認識了一個意外的人。回老家在橋頭下火車時，來接我的親人中有一個不熟悉的中年婦女。三嬸向我介紹說：「這是妳媽媽。」

以前聽三嬸對我講過父親的前妻，現在突然相見就要叫媽媽，我怎麼也張不開嘴，只是不好意思地點了點頭。

我的生身母親長谷川照子實際上沒能成為父親劉仁的正式妻子，因為他們相識時父親早就是已婚人了。

父親劉仁生於一九〇八年，是漢臣祖父的長子。舊中國，有錢人家為了生子抱孫、傳宗接代，盡可能讓兒子早些結婚。祖父是獨生子，盼望兒孫滿堂，所以長子剛滿十三歲那一年，便自作主張迎來鄰村的十八歲大姑娘當兒媳婦。名叫楊春暉的這姑娘品貌雙全，又上過兩年私塾，勤勉賢惠，頗受劉家人喜愛，可成婚後的頭幾年父親還小，對她不太感興趣。

父親中學畢業後，離開本溪去營口市水產中專上學，寒暑假回鄉探親。不久，兩人之間生下一個女兒。後來，父親中止水產專業的學習，到較遠的奉天東北大學攻讀法

律。從那以後，直到東渡日本去留學，期間很少回家，家書中也不再提及自己的妻子。隨著在世間廣遊見識增多，父親漸漸對自己的封建婚姻感到羞卻難堪，閉口不談有妻小之事，對摯友也不曾透露過絲毫。

父親的友人們在回憶錄（以下有關均引自《本溪文史資料》）中說，劉仁體格健壯，長相英俊，學習成績優秀，很受女生們仰慕，可他本人情感淡泊。父親愛好體育，喜歡足球和遊泳，學校組織去海上遊泳時曾營救過兩個溺水遇難的同學，此事在全校譽為美談。他很有朝氣，思維敏捷，熟知世界史，雖性格暴躁頑固，但正義感很強。他經常在課堂上問老師或跟同學議論國家大事：為什麼日本人的火車在我國的領土上橫衝直撞？為什麼我們的木材和煤炭不斷運往國外？

父親轉入奉天東北大學改讀政法是經過深思熟慮後決定的。他早年就很注重歷史學習，認為歷史和現今是相關的。「辛亥革命雖然推翻了幾千年的封建王朝制度，可是獲得政權的人不還是以別的形式繼續著封建統治嗎？」；「軍閥混戰無休無止，百姓的生活仍然貧困不堪。這樣腐敗的政治狀況什麼時候才能夠改善？」；「清朝屈辱條約失去的領土何時能回歸祖國？」面對萎靡不振的中華民族，先祖的熱血在體內沸騰，父親逐漸傾心於社會問題。

日本獲得東北後並沒有滿足，隨著偽滿政權的穩定，開始虎視眈眈垂涎華北、華東地區。一九三一年秋，不甘心當亡國奴的父親棄學，離開滿洲國赴北平，參加以高崗和高崇民為首的愛國青年同鄉組織「東北民眾抗日救國協會」，到市內外近街遠鄉舉辦宣傳集會、印製救國雜刊、散發抗日傳單。活動中父親發覺自己對日本了解很少，缺乏知識和經驗，決定留學。一九三三年夏天，他考取官費留學資格，在東京高等師範（現在的筑波大學）攻讀英語，第二年協助劉維二叔到東京高等農業專科學校進修。

留學期間，父親閱讀了大量明治、大正時期的日本名著以及近代無產階級文學作品。他常常向二叔推薦渡邊政之輔、小林多喜二和藤森成吉等人的著作。除了攻讀專業以外，他還經常涉足於社會，閑暇時參加日本世界語先驅者秋田雨雀和中垣虎兒郎等人主辦的世界語學習班。在那裏，父親與母親邂逅相遇。

有關父母在東京以及在上海、武漢、重慶等地的活動，我是在步入中年的七十年代後期才逐漸了解的。抗日戰爭期間，父親幾乎沒和家鄉取得任何聯繫，多少知道一點兒底細的劉維二叔又長年勞改無音信，國內有關父母的資料一直積壓在檔案館深處。一九七八年《中日和平友好條約》簽定後，日本世界語者友好人士從日本帶來很多有關資料填補了我人生的這一空白。

母親長谷川照子出生於一九一二年三月七日，原籍是群馬縣沼田。外祖父幸之助在東京世田谷區土木建築科任職，偕家眷赴山梨縣猿橋修築水庫時生下照子。母親上有一

長谷川照子

姐幸子，下有一弟弘。母親在東京府立第三高等女學校（現在的駒場高校）以首席優異成績畢業後，同時考取東京女子大學和奈良女子高等師範（現在的奈良女子大學）。性格奔放的她選擇了離家較遠的奈良女高師，攻讀文學。

在學期間，母親與同班好友長戶恭組織了文學小組，熱衷於吟詩、寫短歌和創作徘句。由於不滿日本當局的對外侵略和對內壓制的政策，她和長戶恭接觸了奈良縣左翼文化活動組織。一九三三年，日本國粹主義猖獗，鎮壓左翼運動的白色恐怖橫行，大四那年臨近畢業的時候，母親和長戶恭受奈良縣大檢舉的牽連而被警察拘留。

釋放後當然不能繼續在名門就讀了，母親被迫退學返回東京。愛好和平渴望自由的她開始潛心攻讀當時在國際上盛行的世界語，兩年後著手從事世界語翻譯工作。她經常把來自國外的世界語通訊報導翻譯成日文，提供給國內左翼報社和雜誌社，而更多的是把日本左翼文學、散文詩和短歌的譯文寄往當時設置在柏林的世界語總部，同時用世界語撰寫稿件，向國際社會介紹日本工人、農民的生活以及婦女的現狀。她的工作獲得好評，被公認為是當時日本世界語界的佼佼者。

長谷川照子及家人

世界語是由波蘭華沙的一位猶太人眼科醫生柴門霍夫於一八八七創作的語言，這一人工語言從誕生的那一時刻起就明確宣布自己的宗旨是維護全人類和平，綠星是它的象徵。第一次世界大戰中，這一維護平等、反對人類相互廝殺的國際語言發揮了特殊作用。幾乎同時，傾迷於世界語超越民族、主張人類平等信念的中日兩青年相愛了。

父母在結婚問題上的苦惱很深，當時日本人非常歧視中國，母親與父親的戀愛遭到家人的反對，而父親雖有心願，但他知道日本的婚姻法律與可以娶三妻二妾的中國不同，打算學業完畢回鄉辦理離婚手續後再與母親正式結婚。父親性格雖豪爽卻沒有勇氣向母親坦白自己因封建傳統已有妻女的事實，而十三歲娶親之事尤其難於啟齒。他害怕因此被嘲笑，常提醒身邊的二叔不要說漏嘴。一九三六年，兩人在二叔和友人的鼓勵下終於定下婚姻。

一九三六年，劉仁、照子攝於橫濱

一九三七年初，日本軍國主義的野心已暴露無疑，戰爭迫在眉睫。父親不願在祖國危機之際袖手旁觀，決定回國。母親沒有與父親同行，她要在日本等待自己的生日。因為日本當時的法律規定兒女的婚姻須得到父母的同意，但二十五歲以上的人有權自己決定終身。那年三月，母親剛好滿二十五歲。

四月八日，回橋頭老家探親的二叔收到母親發來的電報：「學校有急事，速回。」二叔連忙返回東京幫助迫不及待的母親弄到出國的護照和乘坐英國客輪的船票。四月十五日，母親手提一臺世界語打字機和簡單的衣物，在朋友們的掩護下擺脫了特高課警察的追蹤，由二叔和最支持自己的幸子姐姐及另一個親戚的陪同下來到橫濱港。為了愛和自由，她告別了祖國，登上開往異國的渡輪。

到了上海，父母開始了在中國大地的苦難生活。他們決定暫時留在上海參加抗日活動。當時，上海湧進大批從北方戰地逃來的難民，別說像樣的職業，就連糊口的臨時工也很難找到。原本想參加抗日活動的心願也無法實現，因為不可能有誰肯輕易收留日本人夫婦。沒有工作，交不起房租，連吃早點的小錢也沒有。母親在隨筆中寫道：「這樣的生活要持續到何時？有時甚至覺得絕望，像一枚鉛塊堵壓在心頭。」（以下均引自高杉一郎著，《中國的綠星 — 長谷川照子的反戰生涯》【朝日選書 169】，朝日新聞社，1980 年）。

父母還是幸運的，不久他們找到了能實現自己心願的立足之地。在一次偶然的機會中，他們與「上海無產階級世界語聯盟」取得了聯繫。讓母親出乎意料高興的是，聯盟的負責人是她在日本曾多次向中國世界語雜誌投稿時建立起通信友誼的葉籟士先生，葉

先生向這兩個無著落的年輕人伸出了熱情的雙手。父母加入世界語聯盟後立即投入正在籌備出版的世界語新雜誌《中國在怒吼》的創刊工作，母親用「綠川英子」為筆名負責編輯撰寫文章，迅速向世界發出聯合反戰呼籲。

同年六月，上海各界人士組織遊行示威，要求當局釋放著名愛國人士「救亡會七君子」。父母加入了這一行列，據說母親是這次在中外引起巨大反響的示威遊行中唯一的日本人。日本當局的「大東亞共榮圈聖戰」宣傳欺騙著善良的人們，尤其作為日本人，要在刺刺不休的謊言中看透政府的侵略擴張陰謀並非易事，而要站在敵國一方反對祖國則更需要勇氣。世界語的宗旨給了母親非凡的判斷力和勇氣，她認為愛好和平的人沒有理由不加入反戰的隊伍，置身中國的自己同樣有權也有義務要求釋放愛國者們。她毅然投身於示威的行列，與成千上萬的中國人手挽手高聲呼喊正義。

母親懂得自己獻身的是「徹底摧毀近百年帝國主義列強侵略進而取得中華民族獨立的解放事業」，也確信「這一事業的成功將意味著整個亞洲未來的光明」。為了讓同胞們能理解抗日戰爭的意義，她把描寫「西安事變」前後中國的名著《花兒為什麼開放？》譯成日文，寄到東京的《日本評論》雜誌社。這部譯文是母親在中國開始文學創作的代表作。

「七七蘆溝橋事變」後，局勢突變。世界語雜誌《世界》和《中國在怒吼》在國民黨與共產黨的錯綜複雜關係中發揮綠星的中立作用，不斷向世界發聲，傳達時局戰況，為盡快停止戰爭呼籲國際聲援。母親為自己是世界語者而慶幸，她常對友人們說：「在日本帝國主義侵略戰爭中，能找到捍衛和平的一個小天地且不是多餘的人，這全托福於世界語的燦爛綠星，我不能不以世界語者的身分而驕傲。」

八月，日本向上海發動進攻。親眼目睹八月十三日日軍空襲的母親當即寫了世界語散文〈愛與憎〉，向世界揭露侵略者的殘忍暴行：「日本的戰鬥機在空中狂轟亂炸的同時，在地面，士兵們向無辜的百姓身上發射瓦斯槍彈，他們封鎖道路，用機關槍掃射走投無路的市民。美麗的城市變成廢墟，屍骨堆積如山，其中不少是婦女和嬰兒。不幸的是，這些屠殺中國人民的士兵本身也將成為日本法西斯的犧牲品」。這篇文章是母親在中國公開發出的第一聲，它凝結著母親對戰爭的深惡痛絕，傾吐了她對同胞士兵的愛，是被愛和憎苦惱著的人的吶喊。

九月，母親在世界語雜誌上發表了一篇題為〈中國的勝利是全亞洲通往明天的關鍵〉的告日本世界語者公開信，呼籲日本世界語者聯合起來反對戰爭，並表明自己參加抗日鬥爭的決心。這篇文章由父親翻譯成中文登載到抗日統一戰線機關報《新華日報》和《解放日報》上。當時正是日軍高唱凱歌連連告捷，日本國內張燈結綵慶賀戰績之期，大多數日本人幾乎不懷疑自己的勝利。

隨著戰火的蔓延，抗日運動在全國蓬勃發展，反日情緒日益高漲。娶有日本妻子的中國人不得已以各種理由離婚或勸妻回國。父母雖沒打算離婚，但因為母親是日本人，他們的處境十分艱苦，日常生活困難重重。為了避免麻煩，他們不得不經常變換住處。短短幾個月曾三番五次因缺錢或懷疑而被拒絕租房，外出時被人盯哨或指責漫罵也是常事。平時用世界語交談，有人問及時，父親只能謊說母親是馬來西亞或越南人。隨著日軍的暴行升級，中國人對日本人的憎恨愈加強烈，遮掩自己的真實身份也愈加困難。儘管如此，母親能理解中國人的感情，「當今，誰也無權要求中國人去理智地判斷哪個日本人是好人哪個日本人是壞人。」她對侵略者鐵蹄下的中國人表示了高尚的同情。

母親既愛自己的故國也熱愛著丈夫的祖國，但現實是殘酷的，思念家鄉親友和忍受中國人誤會的心情是沉痛的。然而，這些沒有使她屈服，她把糾葛和不安隱藏在內心，與丈夫並肩致力於反戰宣傳，與世界語者友人們共同籌辦世界語誕生五十周年紀念活動。苦惱和糾葛與熱情和信念融為一體，使這一時期的母親煥發奪目光彩。

十一月，上海被日軍佔領，父母撤退到廣州，與在東京有著深交的世界語者們重逢。在這些友人的協助下，父母在廣東省政廳政治宣傳部國際協會世界語部獲一職得以安身。他們與志同道合的世界語者齊心協力編製國外世界語團體通信聯絡簿，發行《廣州世界語》新月刊，把廣東華南地區的抗日運動現狀傳向海外。在葉籟士先生的建議下，母親和另一位日籍反戰人士鹿地亘一起創辦了介紹在華日本人反戰活動的刊物。母親把這項工作視為是在華日本人的特殊義務，因為她知道，「即便這刊物的力量是微弱的，只不過是幾個日本人的弱小呼聲，但它肯定是自己國土上既不敢怒也不敢言的同胞們的真實之聲，是愛好和平的日本民眾的心聲。」刊物的發行和其它工作都很順利，短短的一個多月，一直消沉的廣州世界語界呈現出欣欣向榮的局面，廣州的綠星重燃光芒。

然而天有不測風雲，好不容易安頓下來的父母又遭苦難。一天，母親在上班途中用手帕擦汗的時候被警察逮捕，她被以向空中飛行的敵機發送聯絡信號之嫌疑遭到立即驅逐出境的處分。母親被押送至香港，父親同時接到當局的通緝令，要他立即與妻離異。父親採取的行動是 — 火速前往香港與深含屈辱的母親會合，在貧民窟相依熬渡四個月之久。這期間，他們面臨的不僅是衣食住無保障的窮困，還有因為是日本人所以隨時都可能遭受暴力襲擊的危險。為之獻身的中國不容納自己，自己又無可歸的祖國，母親像受四面圍攻的小兔一樣無藏身之地。放逐期間，父親的愛對於母親來講是何等寶貴，這也許不是他人能體會的。

被中國當局驅逐出境，這對獻身中國抗日鬥爭的母親來講無疑是最大的屈辱，但香港的經歷在母親的著作中沒留下任何記載。母親為什麼沒有寫下這段生活的記述，不得而知。也許，性格倔強的她不願回首屈辱，像她沒有留下自己曾如何忍受來自日本當局

方面的屈辱的任何記述一樣。

後來，父母在世界語者友人的鼎立相助下返回廣州。一九三八年秋，國共兩黨雙方同意聯合加強對戰地敵軍的宣傳工作，當時主持國民黨三廳工作的知名人士郭沫若，招聘母親在中央宣傳部國際科進行對日軍的廣播工作。這是抗戰期間首次用日語對日軍進行的反戰播音，第一次廣播正值蘆溝橋事變一周年前夕，當時日軍氣焰囂張，中華民族正面臨全國領土將被侵略者的鐵蹄蹂躪踐踏的危機時刻。

母親知曉身為日本人的自己若如此行動將招致什麼後果，但深感責任重大，她義不容辭地走向麥克風。她曾寫道：「作為一個世界語者，作為一個愛好和平的人，我能被允許公開參加抗日鬥爭而感到震撼性的喜悅。」每到傍晚七點，母親堅定地站在麥克風前，向正在中國的領土上為所欲為的日本士兵發出呼喚：

「這裏是中國廣播電臺，現在開始對日本士兵進行廣播。」

接著她說：「一想到遙遠戰場上的日本士兵，我心裏就湧現出說不盡的話語。」當然，她最先說出的也正是她最想讓同胞士兵們覺醒的話，她希望士兵們清楚，「你們正在為自己的敵人殺害近鄰，同時又在白白地淌下自己的鮮血。」「同胞們，你們不要錯誤地灑下自己的熱血，你們的敵人不在大海的這邊！」「殺害無辜人們的人必將導致自己的死亡，真正的愛國之心絕不與尊重他民族的精神相對立！」

正是這愛與憎複雜的心境孕育了她後來發表的一首名詩——〈失去的兩顆蘋果〉。無論苦惱有多深，無論糾葛多麼難解，母親堅信親族之愛、故鄉之愛、祖國之愛，全人類是同樣的，她把世界語的這一信念寄託於電波，在日本特務追蹤的危境中熱切地傾訴這一真理。真情實意怎能徒勞無益，據重慶日本兵俘虜教育所的人講，聽到母親的播音後，哭泣的士兵不少，甚至有人放下手中的武器。

一位叫西宮直輝的通訊兵戰後發表過一首短詩，這首詩寫於一九四一年秋的一個夜晚，描述了筆者聽到母親播音後的心情。

「日本童謠伴隨話語打破夜空，
中國廣播回旋長沙戰場。
靜聽電波傳來清脆的女中音，
雖不知她的容貌和身世，
然流暢的日語令我無法平靜。」（引自《反戰世界語者長谷川照子作品集》，宮本正男 著，亞紀書房，1979 年）

後來人們說，「綠川英子的播音重如軍師」，對日軍的日語反戰宣傳像一把利刃插

入侵略者的心臟。這組廣播開始後不久，引起日方當局的警覺，一九三八年十一月一日，日本東京《都新聞》第 18379 號刊以

「嬌聲賣國奴的真面目

操流利的日語

面向祖國惡言毒語

赤色敗類長谷川照子」

這一醒目標題咒罵母親是賣國賊，用大篇幅文、章記述了母親在中國進行反戰宣傳一事，並以真名實姓報導了外祖父全家，外祖父一家因此頻招辱罵和威脅。

武漢陷落後，父母輾轉流離長沙、桂林、重慶，與中國人民並肩堅持抗戰長達七年。在當時的抗日中心重慶逗留期間，一邊繼續對日軍宣傳，一邊主持東北救亡反戰同鄉會《反攻》雜誌的編輯、印刷和發行工作，同時經常參加以郭沫若為首的文化人街頭演說。母親的世界語者工作也沒停止，她翻譯

一九四二年重慶街頭演講

了著名日本作家石川達三的《活著的士兵》，連載在世界語要刊《中國報導》上，並主辦世界語學習班，培養了許多年輕的世界語者。母親還向「在華日本人反戰同盟」傾注了心血，與鹿地亘、青山和夫共同組織日語講習班，指導對日宣傳工作。此外，她經常冒著危險去重慶郊區的日本士兵俘虜教育所，在那裏進行和平講演、發布反戰教材、與俘虜們促膝交談。

重慶時代是母親身患疾病的多難時期，也是她文學創作的旺盛時期，她的大部分詩歌和散文都是在這段時間誕生的。〈戰鬥在中國〉、〈暴風雨中的細語〉、〈一位暴風雨時代的詩人〉等都登載在世界語雜誌上，同時由父親和友人譯成中文轉載到抗日機關報和《反攻》雜誌上。《新華日報》、《解放日報》母親的文學創作活動得到父親的全力支持，父親是母親的忠實支持者。

一九四一年，劉仁、照子攝於重慶

父親不善於流露感情，但在母親的作品集出版發行時寫下深情的序文：

「照子寫的東西也許不是美好的詩歌，也不是卓越的戰時記錄，或許只是一些輕淡敘事。然而對於我來講，這些記述珍愛無比，如同我自身寫的一樣。」

在我眼裏，這正是父親對母親真摯愛情的吐露。

長年累月東西奔波、流離失所，貧困、疾病、不安和煩惱像影子一樣糾纏著父母。國民黨與共產黨的相互傾軋、日本特高課警察的追蹤、在華日本人之間的不和……這種種情況時時使他們感到窒息。父母之所以沒有因苦難而氣餒，沒有因挫折而退卻，也許正是因為有「反對戰爭、捍衛和平」這一綠色信念和深厚愛情在支撐著他們。一九四一年年底，他們的第一個孩子——我哥哥出世了，被命名為希望之「星」的嬰兒誕生，無疑給身處不見一絲光明的「霧都重慶時代」帶來歡樂。父母兩人同心同德、患難與共，直到自己嘔心主編的《反攻》雜誌完成歷史使命，最終刊「勝利號」發行。

一九四五年八月十五日，日本無條件投降，中國人民終於迎來了抗戰勝利。

「那時綠川比誰都高興喲！」

父母重慶時代的友人曾在時過三十多年後對我回憶說。「綠川」是母親的愛稱。

「只是後來的幾天常看到她一個人在江邊漫步，有時把雙腳浸到水裏，默默地望著東流的江水。那背影是寂寞的，綠川一定是在憂慮著戰敗的祖國，思念著父老鄉親吧。」

日本投降時母親的心情是複雜的，八月十五日那天她留下一首詩：

——思念故鄉之情，憂深莫過於今日！——

東京《都新聞》登載的那篇報導曾被譯成中文轉載在內部文件上，其中透漏的外祖父的悲嘆、自決的哀念以及對女兒的情意，母親是可能知道的。那麼，她怎能忘記這些呢？怎麼會不為因自己而受苦遭難的親人擔憂呢？母親對戰敗祖國的思念和憂慮也許是任何人都無法完全理解的，是誰的安慰也不可能完全慰藉撫平的。聽父母的生前好友告訴我，母親臨終前發高燒說胡話幾乎全是日語，其中最清楚的是呼喚「媽媽」。母親的思鄉之情是深不可測的，內心的苦惱也一定是沉重無盡的。

抗戰勝利了，然而中華民族卻不得不忍受接踵而來的災難，內戰開始了，光明再度遠去。一九四五年底，按上級指示，東北地區出身的幹部回歸北上，展開復興建設工作。當時國共兩黨爭奪文化人、知識分子之戰很激烈，父母也是被爭取的對象。他們北上途經武漢時被國民黨尾隨，為了纏住父母的手腳，哥哥星兒曾被特務誘拐數日。從武漢到上海，再經海路北上秦皇島，父親和懷孕中的母親不得不終日躲藏在貨船底艙，想方設法甩掉跟蹤。一路跋涉艱險，困難重重，到達奉天時已是第二年的春天。

父母在奉天逗留期間住在日本人家裏，這家主人偶然同姓，是著名的醫學蠟模技師長谷川兼太郎先生。一家人待母親很好，常幫助照看星哥和剛出生不久的我。

橋頭老家的維箴三叔聽說大哥回到東北，立即帶著大嫂趕到奉天。父親的妻子原本懷著喜悅來到丈夫身邊，不料丈夫卻對同居的日本女人介紹自己是親戚表姐，這當然使她傷心。儘管如此，她還是溫和地對丈夫說「不必介意我」之後就返回橋頭了。可以想像奉天三人相對而視的那一幕一定很尷尬，雖然誰也沒有直言挑開真相，也沒發生口角和爭執，然而父親早已成婚的事實再也遮掩不住了。母親是敏感的人，也許早就有所感知，只是沒有明言而已。無論母親怎樣清楚自己是被深愛著的，奉天的一幕終究免不了鑄成內心的創傷吧。

三叔勸大哥回家看看，但父親考慮到內戰混亂時期辦理離婚手續困難，所以謝絕了弟弟的好意。母親既沒實現回到丈夫家鄉的願望，又不能加入當時的日本人歸國行列，她只好委託長谷川兼太郎先生捎回一封家書，然後隨父親繼續北上。同年秋天，在熟知東北形勢的二叔帶領下，父母安全通過戰區來到哈爾濱。後來內戰激化，兩人又轉移到佳木斯，在當時的東北大學任課，主辦地方政府機關幹部培訓班，到市民中宣傳呼籲停止內戰，積極籌備戰後復興工作。由於父母堅持世界語者的中立身份，兩人被任命為東北行政委員會社會調查研究員，真正的復興工作開始了。

歷經滄桑、飽嘗艱辛的父母做夢也不會想到曙光到來之時竟是自己的終焉之日。我出生六個月後母親又懷孕了。在物資極其短缺的當時，雖說行政幹部待遇還算不錯，但供養兩個孩子已感拮据，實在沒有再添一口人的條件，何況眼下要做的工作極為重要，於是父母決定拿掉這個小孩。當時做這種手術要經上級批准，他們的申請被委員會以技術設備和醫藥條件不足為理由否決了。父母雖不是共產黨員，但很受重視和信賴，這使他們越發覺得不能因私事影響工作，一九四七年一月九日，兩人私下來到醫院。

手術失敗了。主持醫師是外科權威，但由於事先不知手術工具是新換的，不小心用銳利的刀尖穿透大腸引起腹膜感染。倘若當時有三五支盤尼西林，也許事情就不一樣了，遺憾的是當時這種藥物極缺。第二天，母親的病情急劇惡化，委員會召集遠近名醫收集藥物全力搶救仍不見效果。就這樣，母親結束了年輕的生涯，年僅三十四歲。

父親被母親的死徹底擊垮了，直到去世前都在痛責自己同意墮胎手術。母親在手術後預感自身有不測時曾半開玩笑地對父親說：「我要是死了，你再娶一個日本妻子。」這句成為遺囑的話一直絞痛著父親的心。他明白了母親已知道自己的隱私，雖說自己並非有意欺騙，然事實上欺騙了心愛的人。他懊悔在奉天沒能藉機挑明真相，痛恨自己的怯懦。一想到照子是怎樣默默忍受這一委屈，父親就變得狂躁暴亂。

母親是在她去世一個月以後下葬的，因為父親頑固地拒絕埋葬。這期間，他每天守在停放遺體的小屋裏，終日獨自一人哀嘆：「照子，是我害了妳，實在對不起妳啊！」「照子，我殺了妳怎麼還能活下去呀！」北國嚴寒的日夜，伴隨父親的是無盡的悲傷和

悔恨。聞訊趕來的二叔多次苦苦相勸，卻屢屢遭打挨罵。

父親在母親去世後就精神錯亂了，失去了思考未來和判斷是非的能力，老毛病腎炎復發，身體急劇衰弱。終於有一天，幾個民工打開小屋的門，用槌子釘死棺材蓋，然後把那還沾著父親體溫和淚水的重物抬走。此間，父親只是沉默不語直勾勾地看著眼前發生的事情，他已無力抗拒了，能做的只是在二叔的攙扶下勉強地跟著棺材走向墓地。

母親去世三個月後的四月十八日，父親也隨之奔向黃泉。他給二叔留下的遺囑是：「兩個孩子拜託了，不要為我難過，因為我唯一的希望是與照子結為真正夫妻。」

父親的原配之妻把一切都寄託在女兒身上，她沒有離開劉家，一邊盡力幫三嬸照看孩子，一邊培育自己的女兒。女孩長大成人，在北京就職、結婚，父親的妻子也過上幾年好日子。不幸那女孩，也就是我的同父異母之姐卻在三十多歲的時候病故，父親的妻子無奈又回到橋頭，正好趕上我和哥哥同時回老家探親。

暑假期間，哥哥對我說他打算承擔撫養這位大媽的義務。哥哥實踐了自己的諾言，就職後把她接到四川。可是年已古稀的老人身體與四川的水土不服，不得已在半年後拖著衰弱的身體返回老家。我與她只在兩次寒暑假歸省時相見過，很同情她的遭遇，覺得這女人的不幸不能與父親截然無關。大學畢業在西北安身後，我把老人接來同居，雖未能發自內心稱呼她「媽媽」，但我們之間關係不錯，和諧地在一起生活了八年。她很疼愛我的女兒，家務管理也井井有條，給我的幫助很大。

我們常談起往事，每當問起「恨不恨我父親呀？」、「為什麼一直沒改嫁呢？」的時候，她總是這樣回答：

「除了妳爸爸，我再也沒遇見過一個看得上的男人。」

一九八四年父親的妻子逝世，享年八十二。去世前的兩年，按著她自己的意願回橋頭度過。三叔的孩子們都很孝敬她，在家鄉親人們的關照下，老人的晚年很幸福。死後埋葬在劉家墓地，這也是她的心願。

我的母親長谷川照子現在睡在偏遠的佳木斯，那兒遠離自己的祖國，也遠離丈夫的故鄉。也許，至今思念家鄉親友的傷感和沒能成為劉仁之妻的遺憾仍舊纏繞著母親，但她不會寂寞的，因為她和相親相愛的人永遠伴隨在一起。

一陣微波

糧食危機緩和下來了，城市居民的糧食配給雖然大都還是雜穀粗粉，但一日三餐有

所保障，我安全渡過饑荒升入高三。入團宣誓以來我找到了新的目標，面向美好的未來專心學習。我喜歡解難題，花上幾個小時解出至難問題會使我感到滿足。成績競爭、同學互相幫助都是生活中的樂趣，文藝委員工作也不怠慢。那段時期，加強糧食危機振興宣傳工作是共青團員的一大義務，我和同學熱心編排宣傳歌舞到街頭巷尾演出。在收音機還沒普及的當時，文娛活動比較單調的市民們非常歡迎我們的表演，悠揚的歌曲把黨中央的政策傳給人們，歡快的舞劇喚起市民對毛主席愛戴的共鳴。

當然不光是做好事，單純無知的我常被朋友「利用」違反一些校規。當時高中禁止談情說愛，戀愛要受處分，發生性關係的將被開除學籍。我很樂於給戀愛中的同學傳遞情書，為密約中的戀人們放哨警戒，而且每次都能出色完成這一神秘的「職責」。

為了表示謝意，戀愛的朋友帶我去看殘留日本婦女。朋友家的附近有一個小縫紉廠，在那兒工作的人據說全是由於種種原因戰後沒能回國的日本婦女。第一次去的時候，朋友讓我進去用日語和她們交談，我慌忙逃掉了。周圍的人都知道我是混血兒，但我平時盡量回避這一話題，在人們面前總是表示對日本漠不關心。

後來我常一個人去那裏，站在門旁窗外偷看日本婦女們的表情，偷聽她們說話。這是我初次看到真正的日本人，她們的穿著與中國人沒什麼兩樣，但說話時的舉止神情卻顯然異樣，她們的日語在我耳裏就像優美的樂曲柔和輕快，她們給我的印象與小時候反日教育中形成的日本鬼子的形象截然不同。

我一直以為自己是日本人，當然還無法預料這個固執的意念會把自己引向什麼樣的人生之路、製作出怎樣的精神重負。與日本殘留婦女的相遇加深了這個不確切的意念，每次去那家縫紉廠我都要花上長時間站在門旁窗外胡思亂想。亂思中我會產生衝動，想闖進屋裏和她們交談說笑，渴望溶於她們之中，有時甚至會幻想：假如母親也在這裏該多好啊。我知道母親早已去世，漫無邊際的幻想或許是因為我的內在希望日本媽媽還活在世間。

這些婦女們看起來似乎和周圍人一樣平平常常地過著日子，但我卻覺得被遺棄在敵國的她們內心一定有著苦衷。背負戰敗的屈辱，忍受異國的寂寞，小心翼翼地走惡運安排的人生之路，被時代巨浪翻弄的她們是多麼不幸啊！與這些人相比，「小日本」的苦惱和糾葛是微乎其微的；與被捲到歷史舞臺陰暗角落屈身求生的她們相比，自己的處境甚至顯得渺小。和日本殘留婦女的相遇，在我心裏掀起一陣微波。

雖說如此，克服內在的動搖並不十分困難。我的現實畢竟是堅實的，是明朗的。我有自己的家 — 學校，還有親人 — 老師和同學，況且許許多多的數理化難題不允許無休止地胡思亂想。春天匆匆過去，很快進入高三下學期，不久又迎來報考大學志願階段。

我從小想當教師，這個志向並沒隨著經歷發生變化，故平時很少考慮自己的未來。

我喜歡學習，但不知曉自己有何擅長，也不清楚自己適合什麼專業。至於熱衷解難題，那只不過是為了追求達成感而已。求知欲不強，對深鑽專業不太感興趣，有心選擇涉面較廣的文科。高考志願表要填寫二十所大學，我發愁了，去找班主任老師商量。

「我清楚，妳理科強但想上文科，想報名門文科系但又缺少自信，對吧？」

到底是優秀教師，非常了解自己的學生。

「我認為以妳的實力，完全有可能考取好大學。只是……」

班主任老師稍稍搖了搖腦袋。

「只是什麼呀？老師，請您直率地告訴我！別人都有父母商量，我只能依靠您。」

我多少有些性急。

「考取大學不只取決於統考成績，考生的政治表現、家庭出身、社會環境也是考核要素。妳個人條件挺好，社會環境也不壞，但是妳父母的生前好友現在處境微妙。這當然不一定造成直接障礙，可是萬一的疏忽也可能鑄成大錯。」

老師盡力和藹地解釋。

「尤其考文科，家庭社會條件比統考成績更為重要。好大學的文科系畢業生大都分配在政府機關工作，當然選擇新生時注重政治條件。妳父母的生前友人目前牽連反黨集團案件，還是謹慎為好。我看妳還是報考理工科為妥，想當教師但不必把師範大學放在首位，因為上了師範將來的選擇就少多了，而上其它理工科大學到畢業時再考慮職業選擇並不遲。生活問題不必擔心，哪個大學都有助學金制度。」

班主任老師早就替我周到地考慮了，他閱過我的檔案資料後擔心政治局勢的不穩影響我的前途。我猜想老師說的那個人正是父母的生前好友高崇民，「高崗、饒漱石反黨集團事件」的陰影一直籠罩著東北地區的上層機構，高崇民的政治生命受其左右，老師的擔心不是多餘的。我感激班主任老師，但並沒有像他擔心那樣過重看待自己的前途。我對黨的階級政策從小就有足夠的認識，日本鬼子的後代在中國受到什麼待遇也不過份，優待工農兵子女是理所當然，何況我還根本不懂選擇專業與自己的人生前途有何干係。

我爽快地接受了老師的建議，決定報考理工大學。第一志願是哥哥所在的北京大學，第二志願是離北京最近的天津南開大學，第三是乘火車不花錢的唐山鐵道學院。北大和南開落榜了，並不是因為政治條件，可能我本來就沒有考上那兩所名門的實力。儘管如此，唐山鐵道學院也算工科名門，我和另外兩個考取重點大學的畢業生受到學校的獎勵。

離開哈爾濱的前幾天，我往返於馬家溝保育院、霽虹小學和第十一中學，向曾關照過自己的人們道別。遺憾的是，最想見的人都沒能見到。保育院幾乎沒有什麼熟人，小

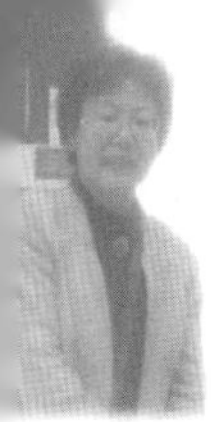

學和中學認識的老師也很少，聽說張大爺也早在兩年前就被遣送鄉下，理由是他經常冒充歷史學家向學生灌輸反動觀點。打雜的張大爺曾是歷史學家我並沒感到奇怪，因為他的知識是那麼淵博、話語那麼簡潔明瞭、人格那麼有魅力。

道別的那幾天是煩悶的，我曉得再也見不到院長媽媽、醫生阿姨、史老師和張大爺了，他們從我身邊永遠消失了。這些善良的人們僅僅因為出身不好而橫遭驅趕，之後又被埋沒在社會底層。我寂寞、我不平、我憤慨，且從那以後再也不能對他們的不幸抱無動於衷之情去回憶美好的昔日。

就這樣，我的「道別」成了銘刻的儀式。我把曾愛過、曾尊敬過的人銘刻在心裏，讓他們永遠伴隨指引我。銘刻中我意識到自己的確成長了，在努力自強度過了三年高中生活後成長為不再依賴別人的大人了。八月底的一個清晨，我在朋友們的目送下，告別了撫育我十六年的哈爾濱，乘上南下的列車，踏上人生新的旅程。

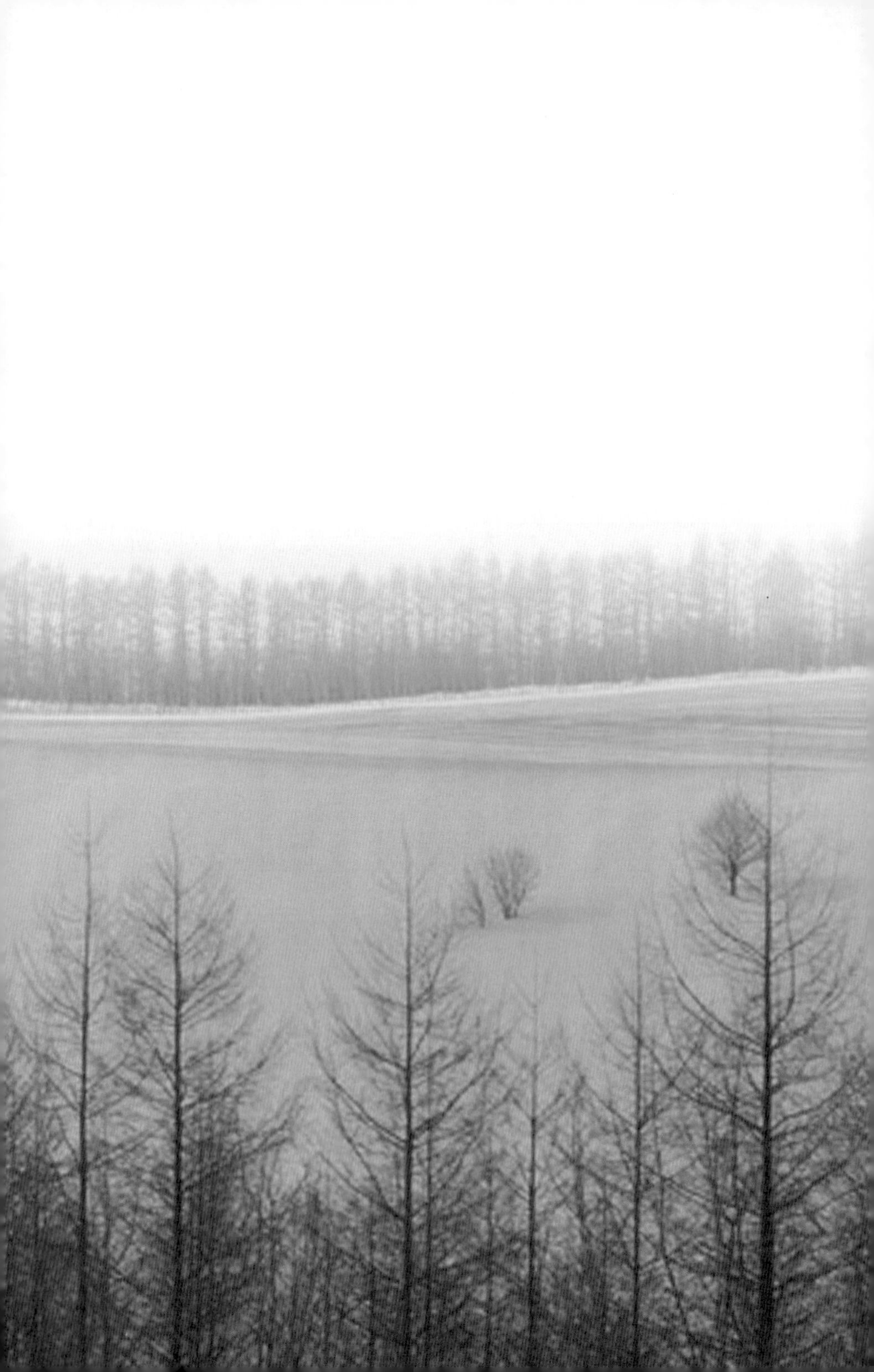

第四章：蹉跎歲月

動盪的青春

列車載著我奔馳在東北平原上，一望無際的高粱玉米地飄逸著多年不見的豐收喜悅，車窗外迎面撲來的鄉土氣息伴同田間的牛羊瞬間即逝。故土遠去了，熟識的風光、老師的笑容、同學的話語和早年撫育我的人們的體溫都已融化在遠方。傍晚，列車駛過瀋陽後跨入未知的境地，夜色蒼茫中，陌生的村莊城鎮閃爍著新奇的燈光。

進入山海關時已是夜間，我坐在窗旁望著車外的黑暗開始不安起來。隨著目的地的接近，清晨在哈爾濱車站惜別的心情已消失，思維不再流連於往日的回憶。到了唐山在哪兒過夜呢？等待自己的是什麼樣的生活呢？手握著上面只寫著報到日期的唐山鐵道學院錄取通知書，我緊張地準備下車。

夜間兩點，列車在唐山站停下來，我提起行李忐忑不安地跟在別人的後面走出檢票口。車站前面的廣場異常明亮，許多年輕人聚集在那裏。是不是發生什麼事啦？我抬眼環視了一下，「歡迎你，親愛的校友！」、「歡迎你，未來的鐵道工程師！」的橫幅大標語映入眼界。啊，是在迎新生！陡然間新生活的預感驅走不安，佔據了心房。

「你好，是哪個系的？」

不記得誰在問，也不記得自己是怎樣回答的，我被帶到電機系報到處。那裏站著幾個先到的新生，他們親切地接待了我。既沒有寒暄，也無需客套，只說聲是電機系的新生，初次見面的大家就像久別重逢的老友，下車時襲擊全身的緊張在熱情的氣氛中溶化，心情如同在「家」。不會是在做夢吧，我不由跺了跺坐長途列車發腫了的雙腳，切實感到堅固的大地，嚮往已久的大學生活之幕在眼前拉開了。

歡迎新生的還有其它大學，最排場的還數唐院。機械系、橋梁系、鐵道系和運輸系也來了不少人，佔據廣場的一大半。沒過多久，相繼到達的新生們乘上大卡車，穿過漆黑的街道，來到燈火通明、歌聲喧鬧的大學校門前。

唐院的前身是十九世紀末英國人辦的鐵路學堂，六十多年間，鐵道事業的專家和技術人才輩出，當時的交通權威人士大都出身於這裏，是名副其實的鐵道名門學府。當時我國的交通事業還很落後，除了北京和上海等幾個大城市間使用柴油機車之外，蒸氣機車是主要工具。經濟發展取決於交通，唐院肩負著國富民強的重任。

唐院是半公費制，學費由國家負擔，經濟困難的學生享受助學金，從偏遠農村山區來的人可以獲得生活用品的援助。此外，全校學生一律享有一定的伙食費補助。剛到大學的第二天，系裏的輔導主任到各個宿舍看望新生，親切地問大家還缺什麼，學習用具備齊了沒有。當天下午輔導主任帶我去唐院所在區政府，在那裏登記烈屬證，領取入學補貼。途中輔導主任告訴我助學金已定下來，不用擔心生活，勉勵我要積極參加各項活動。

新生歡迎儀式很隆重，鐵道部的一個副部長從北京專程趕來祝賀。他在祝辭中說：「新生同學們，你們將掌握我國的經濟大動脈，全國人民期待著你們！」迎新活動期間我們認識了電機系的教授、講師和工作人員，其中不少是從國外回來的學術權威人士，還有許多國內著名專家學者。校園裏洋溢著全校每個人都喜愛自己的專業和工作，每個人都以唐院驕傲的熱烈氣氛。

電機系有機車、供電兩個專業，我在供電班，三十七個人每天上課、吃飯、睡覺幾乎全在一起。男生宿舍是吃飯和政治學習的場所，大家在同住一頂屋簷下、同吃一鍋飯的環境中愉快地討論學業，暢談今後的抱負。課外活動多種多樣，運動會、歌詠比賽、電影放映和文藝匯演定期進行。時值中蘇論戰和中越戰爭激烈時期，流行批判諷刺美帝蘇修的戲劇，年底匯演，我們班的諷刺話劇獲得好評，擔任主角的我打響了入學第一炮。

豐富多彩的生活帶給新生們蓬勃的朝氣，追求探索的使命令年輕人精神振奮，每個人都抱定志向，立志為祖國的交通事業發展獻出青春。轉眼一年過去了，熱衷讀小說看雜書的我雖然成績並非優秀，但順利地升上二年級。專業學習即將開始了，我暗下決心打好基礎，努力成為有用人才。

然而，愉快的大學生活沒能持續多久。一九六五年的初秋，建國以來一直在幕後進行的黨內奪權鬥爭日趨激化難以遮掩，終於暴露在全國人民面前。繼對黨的政策提出異議而失勢的建國元老彭德懷之後，德高望重的解放軍總參謀長羅瑞卿和北京市長彭真也因批判黨的五十年代政策而被拉下馬來。讓國民吃驚動搖的是，這一事實竟是由無甚大名的林彪發言公開的。林彪近年來鼓吹活學活用毛澤東思想，宣揚個人崇拜，推崇獨裁專制，深得毛澤東的賞識，以至爬上黨內接班人之高位。這引起黨內元老和建國功臣們的不滿，權力之爭熾烈化。

毛澤東派的弓箭首先戰略性地對準了文藝界。文藝界有許多優秀知識分子多年來儘管專制體制的迫害很嚴酷，但一直堅持不懈地以文藝為武器捍衛民主自由，這些人的存在無疑是專制的大障礙。當時深受民眾喜愛的歷史名劇《海瑞罷官》被宣判為美化反黨分子羅瑞卿和彭真、攻擊黨中央的文藝大毒草。與他們有關連的文藝界人士被開除黨籍、解除職務。《海瑞罷官》的批判揭開了其後全國大混亂的第一道布幕。

《海瑞罷官》的作者是當時的北京市副市長吳晗，他是毛澤東的第一對手國家主席劉少奇的摯友，也是著名的文學創作家。該歷史劇是他的代表作，主人公海瑞是十六世紀後期明嘉靖帝時期的高官，因勸諫皇帝認真務政而被罷免，清廉剛正的海瑞深受民間愛戴。為此，這部早在五十年代就成為文藝界要求言論自由的典範作品被毛澤東視為眼中釘，屢遭打擊和批判。毛派再次拉弓射箭攻擊《海瑞罷官》，其目標與其說是吳晗，不如說意在劉少奇。

隨後，吳晗的另一大著影片《武訓傳》被指定作為教育學生的反面教材在全國大學、各級中學巡迴放映。主人公武訓為振興中華不惜耗費私財創辦學堂，淪為乞丐後仍舊熱心請求洋人協助辦學。這部作品早在解放初期已被宣判死刑，毛澤東在黨代會上曾多次譴責武訓崇洋媚外、是不折不扣的改良主義、是中華民族的敗類，反覆強調該作品的意圖在於迎合帝國主義、顛覆社會主義，號召不批倒批臭決不罷休。

看電影時我流淚了，武訓的教育救國的信念、為辦學堂不惜獻出一切的執著使我深受感動。到了影片的尾聲，看到遭受曚昧無知嘲諷的主人公無可奈何地對天長嘆：「啊，可悲的中華民族！」時我再也忍不住哭聲，旁邊人阻止也無濟於事。

反面教材觀後討論會上我的行為遭到指責，但我還是坦率地說出自己的想法。我為武訓辯解，認為對這部影片的批判是不公平、不盡情理的，黨應該給知識界更多的自由，因為不這樣做將會鑄成大錯。我知道自己作為共青團員已違反規則，但影片主人公的信念喚醒了昏睡已久的良心，我無法繼續違心地說冠冕堂皇的話了，終於打破高中時代與好友英琴立下的約定，決心重振正直的耳目。

我對政治並不十分關心，專業學習之外的時間大都耗費在讀小說上。可是學校的思

想教育越來越嚴，政治學習時間增多，圖書館的文學書籍減少，最後消失，漸漸地生活範圍中能感覺到的只剩下毛澤東思想了。上課要從宣讀《毛主席語錄》開始，吃飯前必須背誦《毛主席語錄》，連熄燈時不念一段語錄都不能進被窩兒。迄今為止司空見慣的熱血青年們的爭論研討現象銷聲匿跡，代之而起的是「一言堂」。政治學習中的沉默被視為立場動搖，曖昧的態度受到懷疑，異論申辯已成為不可能。更可怕的是學生們按出身和表現被劃分成「可靠的」、「可信賴的」、「動搖者」、「須提防者」等級別，神聖的知識領域變成階級鬥爭的拘留所。

儘管如此，由於早年「烈士遺孤」的優越身份養成了我不懂世故、無所顧忌的性格，終究改不掉直言不諱的習慣。上大學後，政治學習中經常持異論、日記裏寫下質疑：現今政策究竟意圖何在？無視民主自由的政治能否行得通？不同意見的壓制果真是有益的嗎？只承認一種思想、視其它均為異端的社會難道是美好的嗎？與外界完全隔絕、甚至連服裝穿戴、文體愛好都要統一限定的國家會有光明未來嗎？

《武訓傳》觀後我公開了這些質疑，提出進行理性辯論，要求正當的以理說服。不用說，當然無人理睬這類傻行狂為，我受到團支部的警告和幹部的批評。不久，政治思想控制愈加強化，校園的氣氛日趨僵硬，教學呈現混亂，業務陷入癱瘓狀態，每天所做的事只是讀《人民日報》社論和《毛主席語錄》了。

我開始厭倦虛偽的現實，想逃脫無益的忍耐。與其忍受無為的精神折磨，不如去偏遠的山區當一名小學教師或許可以做點兒實際貢獻，至少遠離大城市可以不必鸚鵡學舌說違心之言、做違心之事。我寫信把自己的想法告訴給哥哥，哥哥立即從北京趕來，那是一九六六年的早春三月。班上的幹部和同學友好地接待了哥哥，為他安排食宿，並善意地把我的錯誤言論和不慎行為告訴他，希望能勸我改邪歸正。

我和哥哥交談了很長時間，這是兄妹倆第一次交談社會問題。對共產黨和毛澤東的認識，對五十年代的反右鬥爭、人民公社、大煉鋼鐵、大躍進以及後來的大饑荒所持的態度和對國家前途的擔憂，兄妹之間令人驚奇的相似使我為之高興。儘管從小別離，又生長在不同的環境，但畢竟身上流著相同的血液，我初次理性地認識到血緣的親切。

哥哥說，目前共產黨站在歧途，國家面臨危機，倘若混亂繼續下去的話，難免亡國；一黨制是弊病根源，但還可望黨內出現明智的領導人，這樣頭腦清晰的上層人物是否存在，即使有能否在奪權鬥爭中倖存下來，尚須觀察。他告訴我，比起世間社會，大學還算多少有理性的地方，逃跑是懦弱的，應盡可能在學校吸取知識。

「現在是良心被踐踏的時期，而憑良心生存是一個人的責任。我預感危險迫近身邊，但準備正面迎去。」

哥哥留下這句話乘上回北京的列車。望著他那略發青色的面孔，我猜想哥哥要採取

什麼行動，不由擔心起來。火車開動了，我一手向哥哥揮別，一手緊按陣陣發痛的胸口。我曾為老師和同學擔憂過，但現在的擔憂異常沉痛。現在擔憂的是幼少時期念念不忘的星哥，是用不可思議的血液與我緊密相連的唯一親人。站在昏暗的月臺上，望著漸漸消失的車尾燈光，側耳傾聽晚風嗚咽淒滄，我反覆咀嚼哥哥的語意。我明白了哥哥在更深層次中思考探索，同時也發覺自己內心曾幾度動搖過的信仰已經徹底崩潰。只是當時無論如何也沒有想到哥哥早已掛名為反動學生。

扭曲的校園

五月中旬，「中央文革小組」成立，《人民日報》發表社論「支持革命學生的革命行動」。隨即北京大學的過激派成立「紅衛兵」組織，大學生參與黨內奪權鬥爭吹響了無產階級文化大革命的進軍號。

學校的業務無法正常進行了，校園裏數不清的「大字報」專欄前面整日圍觀著許多人，平時上課時間很安靜的校園一片嘈雜。大字報上寫的是各系學術權威教授和講師們的事，尤其那些新中國成立時從國外歸來的學者們成了壁報的主角，他們的出身、經歷、個人私事被最能引人憤怒的辛辣語句和最能招惹嘲諷的筆法公諸於世。

恐怕世上沒有比那時的大字報更無視人權尊嚴的手段了。正當這一踐踏人們心靈的惡魔在教育聖地興風作浪之時，中央文革小組又在《人民日報》發表社論火上澆油，號召「橫掃潛伏在學術界、教育界、文化界、新聞界的資產階級權威」。校園內的揭發、檢舉和暴露逐步升級，大字報的更新迅速頻繁，內容和措詞也愈加恣意放肆。

不久，批判形式由白紙黑字轉化為肉體折磨，權威教授和學者講師們被拉上「批鬥臺」。他們的頭髮被剃成奇形怪狀，臉上抹著五顏六色，脖子上吊著「我是牛鬼蛇神」、「我是反革命分子」、「我是國際間諜」的掛牌。這些被視為「妖魔鬼怪」的人們有時一連幾個小時讓群眾強壓成噴氣飛機形跪在批鬥臺上，忍受謾罵、指責和鞭打。由於受不了精神的屈辱和肉體折磨而自決的事件頻頻發生，一個月間竟有五、六名教授相繼自殺，混亂發展到超脫常識能理解的範圍之外。

一位中年女教師的遭遇記憶猶新。據大字報講此人的祖上是朝廷官吏，留下萬貫財產，抗日戰爭爆發之前，她父親把全部家當變賣存入世界銀行後帶著家眷逃往美國。她在美國接受教育，大學畢業後獲得工學博士學位，五十年代初的海外華僑回歸熱潮中，她帶著心愛的波斯貓回到祖國，在唐院就職。當時教授講師們也大都住在校內，常見她

身穿洋服抱著寵物悠閑漫步，學生們背地裏叫她「貓教授」。我曾上過她的課，記得用胭脂塗抹得非常漂亮的她在自我介紹時一邊撫摸自己的柔軟美髮，一邊微笑地說：「叫我貓教授也行」。這個瀟灑的開場白成了連化妝也不知的女生們的熱門話題。

貓教授的大字報像連載小說一樣連日張貼出來，威風堂堂的家譜、父親的臨陣叛逃行為、她自身的戀愛和離婚軼聞毫無疑問都是批判的最佳材料。然而，她本人似乎不以為然，照舊一日三換穿戴，面撲白粉，口塗紅妝，悠閑地抱貓散步。傲慢的態度激起革命群眾的氣憤，終於她的安樂窩遭到襲擊。私人書信、照片等物被沒收，玩具擺設被砸壞，她被強行帶到她的大字報欄前，一場批判資產階級生活作風的現場大會開始了。

悶熱的午後，我從圖書館返回宿舍的途中，看見人群嘈雜，湊上前去。人群中間站著貓教授，美麗的長髮已變成斑馬皮型的「鬼剃頭」，化過妝的臉被汗水淋得不倫不類，倘若沒有腳下那隻蜷著身子的波斯貓，簡直難以辨認這就是那位容姿清高、神態傲慢的女士。

「貓教授，妳是不是該重新化化妝啊？重新塗塗白粉看看能不能遮住妳的醜臉？」

站在旁邊的一個女人歪著嘴巴冷笑著把沒收的化妝盒塞到貓教授的手中，此人是貓教授的研究助手。

「對，抹抹試試！」

周圍哄起嘲笑聲，貓教授低著頭沒動。

「明知校內禁止養貓飼狗，不但違反規章，還故意抱著寵物四處炫耀。妳是不是在向無產階級制度進行挑釁？抱著貓看自己的大字報，是不是想以此表示反抗？妳要是真有本事，今天再顯示顯示！」

說罷，那女人向旁邊一個學生遞了個眼神，學生攤開一張紅紙大聲宣讀道：

「唐山鐵道學院革命委員會第00號文件，命令養貓飼狗者當即將之處理掉，違反者按反革命定論！」

宣讀完畢後，另一個學生隨即抓起地上的那只貓杵到貓教授的胸前。

「掐死牠！掐死牠！」

周圍的人敦促著，貓教授的臉色一下子變了，提著波斯貓的那隻手明顯地顫抖著。近一個多月以來，深受西方教育薰陶還沒能夠理解「革命」究竟是怎麼一回事的她，一直以自己的本來面目、按著自己的意志進行日常活動。而現在的侮辱和威嚇已不尋常，她終於開始領悟事態的嚴重性。

「快掐死牠，現在是識別妳到底有沒有決心改悔的關鍵時刻！」

周圍又是一片吼聲。圍觀的人越來越多，場地裏充滿臭汗味，我感到呼吸困難，加上不時地碰上貓教授那哀求的目光，我後悔自己不該到這裏湊熱鬧，為自己摻雜在欺負弱小者的人群中而羞恥。我想離開，但身子卻沒動彈。也許我不願讓人看出自己在同情資產階級分子，也或許我想看個究竟，看看一向傲慢不遜的這位名人將採取什麼行動。

「快行動呀！」

「快掐！快點兒呀！」

人群騷動了，悶熱使人們煩躁。吵雜中貓教授臉上露出兇色，她似乎下定決心，目光徑直地望著眼前的人們，然後慢慢舉起波斯貓。會場靜了下來，圍觀的人屏住呼吸等待著那用力甩臂的時刻。然而事與願違，人們看到的是：貓教授陡然放下胳膊把貓緊緊摟在懷裏。一個學生氣憤地從她手裏奪過貓，迅速用繩子捆住四隻腿，然後用力向人群外面拋去。隨著「喵——」的一聲慘叫，貓教授癱倒在地。

「打倒反革命分子！」

「批臭死不悔改的資產階級分子！」

「打倒無藥可救的反革命分子！」

貓教授掙扎著想站起來，可是手腳好像不聽使喚，愛貓的慘叫聲使她虛脫無力。在幾個人的拉扯下，她勉強扶著牆壁伸直了腿。

「老實交代，妳究竟從美帝主子那兒接受了什麼任務？」

「老實交代與妳有關的間諜組織的名單，不許說謊，這是給妳的最後機會！」

批判會變成「最後的審判」，那年月被定罪為美帝間諜的人休想重見天日。

「請相信我，我不是間諜，這絕不是謊話。」

貓教授氣喘吁吁地為自己辯護。僅僅十幾分鐘，她眼眶發青，眼神茫然，憔悴的面孔顯得非常醜陋。她竭力重覆著申辯，然而，沙啞的聲音被嘲笑聲淹沒。

「住嘴，妳這個美帝走狗！妳以為誰會相信妳的謊言？整天裝腔作勢，『研究』、『研究』，自以為是地指揮別人。妳究竟搞出什麼研究成果了？提交上去的不過是美帝蘇修的髒貨，妳想騙誰？」

一直站在旁邊觀看的那位女助手開口了，聲音充滿強權者的威嚴。她蔑視著眼前的俘虜，嘲笑那沒出息的形象，往日的嫉妒和怨恨似乎因復仇的勝利得到平息。她並不掩飾自己內心的滿足，這是革命者應得的報酬，甚至在人群散開之後，她仍舊站在原地心滿意足地審視著自己的上司——失魂落魄地坐在寵物殘骸旁發呆的貓教授。

批判學術權威的熱潮在持續，各系的著名教授學者大都被關進獨房軟禁。這些人每天除了寫反省、交代所謂間諜活動、檢舉有關罪行之外，還要做好隨時接受革命群眾批鬥的精神準備。一天二十四小時監視看守他們的是普通學生。

一天傍晚，輪到我值班。我和另一個同學進入因鬧革命而被冷落了的電機系大樓，

穿過一間又一間布滿灰塵的實驗室後，來到貓教授的房間。房間裏格外乾淨，三張床鋪收拾得整整齊齊。看守記事簿上記載著貓教授每天花不少時間打掃衛生，只是為了防備自殺行為，禁止打掃其它房間。除此之外，她好像大部分時間都在背頌《毛主席語錄》。自從那次可怕的批鬥會以後，貓教授常被揪出去參加全校或系裏的批判大會，但因她還算不上資格老的學者，所以相對來講遭受的虐待不太慘。加上文革形勢發生變化，打擊的矛頭轉向黨內走資派，襲擊學術界的風暴即將過去，解除軟禁只是時間的問題了。

貓教授顯得有些蒼老，但精神很好，因不常外出而略微蒼白的臉上既看不出往日的傲慢，也沒有那天批鬥會的恐懼痕跡，淡淡的微笑裏虛含著堅韌。斑馬皮頭髮長長了，參差不齊的頭髮像西瓜皮扣在頭頂一樣滑稽可笑。她的床邊掛著一面鏡子，那是別人故意掛的，革命群眾懂得用什麼辦法來折磨著個愛美的資產階級女士。然而，據說沒有人看見她面對過鏡子。

初夏的夜間睡意來得晚，我看書，同伴在織毛衣，房間裏很安靜。

「請讓我說上幾句話，行嗎？」

突然，貓教授的聲音打破了寂靜。

「一直想對誰說說，憋在心裏實在不舒服。」

貓教授搓著雙手，用哀求的眼光望著我們。監禁房內除了公務外禁止交談，貓教授見我們既沒說行，也沒說不行，微微笑了笑，她大概記得我們曾是她的學生。

「我清楚地記得踏上祖國大地那天的激動心情，那真是無法用語言表達的。」

貓教授的話開始了，臉上的神情不像在對著我們，而是在對著距離這裏很遠很遠的人述說。

「說實話，我在歸國之前一直想像祖國的落後建築、窄小街道和民眾的貧困。在美國讀的有關中國書籍除了骯髒、饑餓、迷信和守舊以外，就是在垃圾堆撿東西吃的兒童和赤身裸體的碼頭工人。」

一上來就是露骨的反動言論，我和同伴不由吃驚地打了個照面。可是，貓教授似乎沒注意到這些，她從容不迫地繼續說下去。

「機場和市街儘管無法與美國相比，但我覺得空氣是那麼新鮮，人們是那麼朝氣蓬勃，這是回來之前不可想像的。啊，這就是我的祖國！感慨激情貫穿了全身，令我終生難忘。那天夜裏歸國團住在廣州大飯店，和我同屋的太太望著窗外的霓虹燈說：『祖國』這一詞語是神聖至上的！在異國他鄉漂泊了幾十年的我，就是現在死去也知足了！我非常理解她的心情。在國外的中國人是寂寞的，即使擁有可以過奢侈生活的財產，但無法逃避外國人的歧視，也不得不忍受洋人對中國的侮辱。那天晚上，我們兩人久久不能入睡，不知流下了多少歡喜和激動的淚水。

接下來的一周時間，中央華僑辦公室的幹部帶歸國團參觀祖國各地。當然，幹部引以自豪的上海和北京比起西方還相當落後，唐山在我看來甚至是原始的。這些年我了解到國內的物資生活太貧困了，尤其糧食短缺那三年確實可怕。但這些並沒讓我失望，也從沒想過返回美國。我受的苦遠比一般人少得多，因為我有足夠的錢買黑市高價食品，也常享用國外親人寄來的東西。即使如此，我自己都驚奇能那麼樂觀地正視困苦。這是意志的力量，回來為祖國富強作貢獻是我的意志。」

話聲停了，貓教授順手拉開抽屜拿出梳子開始梳頭。往日的回憶使她的心境恢復正常，她的動作非常自然，大概平時就是這樣不時地梳理自己的美髮。但她立刻住了手，臉上露出苦澀。一定是梳子碰到參差不齊毛髮的感觸使她清醒：頭髮已不是從前那柔軟的美髮，這裏也不是自己的安樂窩，現實是沒有自由的牢房。貓教授茫然地放下手中的梳子，那動作觸動了我的心。把頭髮剃成奇形怪狀究竟與革命有何干係？就算她是間諜特務，難道不弄成鬼剃頭就無法平息憎恨嗎？我不禁感到氣憤。

「父親反對我回來，我是獨生女，非常任性。我不是不理解父親的心情，但有心走自己的人生道路。我是看著父親的寂寞、孤獨和委屈長大的，不願像他那樣成為寄生在苦惱和矛盾中的富翁，想做對自己祖國有益的人。」

貓教授的聲音裏含著憂鬱，扶在臉龐上的雙手微微顫抖，一定是在懷念異國的老父。她並沒有哭，只是深深地沉思著，那樣子使人聯想因永遠見不到陽光而絕望了的人。世上沒有能安慰這種人的語言，房間裏一片難熬的沉默。

「歸來已經好多年了，回想起來好像一眨眼的功夫，又像似漫長的歲月，工作是愉快的，思念父親之情也是難以忍受的。我曾多次打算寒暑假去探親，但還是忍住了。因為我懂得富裕的誘惑是難以抵禦的，一旦回到那邊也許會失去拒絕舒適和安逸的力量。我竭力不去想這些，努力鍛煉改造以適應這裏。請相信我說的都是實話，真的是這樣。」

我情不自禁地點了點頭。我不能不這樣做，因為貓教授的話語中充滿了即使是最無情的人也不能無動於衷的真誠。她現在是卑微的政治犯，但她和世上所有的人一樣有權以自己的真誠換取他人的信任。五十年代初期，上百萬海外華僑之子心懷愛國之情，不惜拋棄富裕的生活，毅然歸來加入建設祖國的行列。然而，這一熱情帶給他們當中大多數人的是苦難。現在他們既沒有參加建設活動的自由，又失去了讓別人信任自己的基本權利，難道世間還有比這更冷酷的惡作劇嗎？

我的同伴沏了碗茶倒在每個人的杯子裏。

「謝謝，已經好長時間沒喝別人倒的茶了。」

貓教授點頭示意，接著繼續傾吐一個多月以來憋悶在心的苦悶。

「最近我常想：這些年算什麼呢？自己究竟為祖國作出什麼貢獻？今後到底該怎麼

辦？可是左思右想也找不出結論。反正我在這兒只不過是個廢料殘渣，是無用之輩，還不如一死了結。挨批鬥的那天以來，我害怕，我恐懼，不安和絕望像巨大的岩石重壓在心頭，夜裏常夢見死神向我召喚，有時死神變成貓在歡聲叫嚷：離開人世真輕鬆啊！我在黑暗中徘徊，試圖找到解脫的辦法。但是我沒能死得了。因為離開美國之前，父親讓我向他保證無論在何時何地，無論遇到什麼困苦都要珍惜生命。那時我還取笑父親因別離而過度憂傷，回歸祖國之舉怎麼能與生死絕倫相連？」

貓教授自我嘲弄地笑了，我和同伴也不由相對一笑。

「怎麼也想不到一夜之間竟會成為一無所有，工作、地位、信譽、甚至連親朋好友都遠離了我。從小受的教育使我自以為是清潔的、有責任感也有自尊的，眼下這般丟人現眼的處境怎能熬得下去啊？死是身處絕境的人的最好避難所，自殺的念頭自然不時浮現。但我下不了狠心違背與父親定下的誓約，一想到孤獨的父親我會感到比起現實自殺更恐怖。」

貓教授把身子靠在牆上，慢慢地吸了一口氣。她有些激動，聲音有點兒沙啞，但面容已完全恢復了以往的自信。

「一旦抵制住了死神誘惑的人會變得聰明、理智。現在我感到壓在身上的重物已不存在，內心世界變得輕鬆，我不再埋怨革命，也不再怨恨群眾，開始力求自身的徹底改變。那隻貓的死和頭髮的『變革』使我懂得：在這塊土地上，『為什麼？』一詞是無意義的，當然為無意義的東西煩惱也是無益的。說不定不久之後我會從這裏出去，那時我將以新的姿態出現在大家的面前。按主席教導行動並不是難事，我已經把這小冊子全部背了下來。」

她晃了晃手中那本唯一被認可的「紅語錄」，臉上露出頑皮。

「光用這本書就可以順利地渡世闖盪，當然應以此為人生準則。這麼簡單的事兒，以前我竟不明白！」

話語好似天真無邪，但又似深含他意。對於遭受了致命性打擊的人來講，現實既然是不可抗拒的，那麼無條件地服從才是明智，在毫無選擇的境地內，順從是生存法則。

「我與家父還有一個約定。對不起，再讓我說幾句。」

貓教授喝了口茶，潤了一下嗓子，意外愜意的夜晚好像使她分外興奮。

「要尊重比自己弱的人，不能在比自己貧窮的人面前炫耀富有，也不能在受教育機會少的人前面妄自尊大。這是我家的家規，受這種教育薰染長大的我一直以為自己是謙虛善良的。然而革命告訴我：其實不然。革命的風暴中我恐懼萬分，四處找尋避風的安全之地，暗中希望有誰比我更值得批判，甚至期望那人即使和我一樣清白無辜，但作為『罪行嚴重者』被押送到這個房間取代自己。暴風雨中看到處於比自己更弱的地位、比

自己受難更大的存在會感到安心。哎，我竟變得這麼怯懦、卑鄙！」

貓教授苦笑著搖了搖頭，為自己的背約而自責的那苦笑在我看來很可愛。偶然的機會讓我聽到置身苦境但不失強韌的人的心聲，看到即使被壓在最底層也不忘正視自己人格的人，我為眼前這個囚徒感動，甚至想送上幾句讚美。

「今後我會堅守與家父的約定。還會有動搖，也還會產生邪念，但我從小就聽爸爸說：人生實際上就是與自身的邪念鬥，與邪惡的誘惑鬥。」

話聲截止了，貓教授靜靜地把臉轉向窗戶。那目光不像在看窗外，而是投向遙遠的、與現存世界完全不同的天涯。窗外是既沒有月亮也沒有星座的黑暗。

不久唐院發生大變動，被關押禁閉的人們得以早期解放。我常在校園碰見貓教授，她真的變了，舉止言行完全與從前不同。不管周圍的人怎麼嘲笑她與革命制服和革命髮式根本不相稱，她再沒穿過從美國帶回來的時髦服裝，也再沒把頭髮留長。無論政治學習也好，集體勞動也好，她與別人相比毫不遜色。她看上去既不輕俏又不陰鬱，既不過分積極也不消極怠慢，身上散發著一股超脫的氣息，顯現出一種在這塊土地上成長起來的任何人都不具備的風度。經歷暴風雨的洗禮、重溫了家父教導的貓教授在社會主義國度裏成熟起來了。

悲慘的貢品

唐山市早在十九世紀末期就以豐富的煤礦資源聞名世界，英國人創辦的山海關鐵路學堂後來遷往唐山也因由在此。長年的開採使唐山地下日趨空洞，地基的弱化成為市民的日常擔憂。唐院曾多次搬遷南京、西安，但都因選地不佳沒能定居。

六十年代初期，中蘇邊境、中越邊境局勢惡化，「備戰備荒」成為一大國策，沿海地區的重要企業和重點機關大學遷往內地的大型計劃實施落實。唐院新址指定在戰略大後方的四川峨眉山下，全院教職學員以半軍事編制先後乘專列南下，指揮唐院大軍的「師長」是鐵道建設兵團司令兼鐵道部副部長的大人物。

電機系團隊抵達四川是一九六六年九月初，卡車進入峨眉山區時展現在風塵僕僕大學生眼前的是千年古詩讚美的風光，決不遜色於名詩絕句 ——「峨眉甲天下」的景色把乘坐三天三夜長途列車的疲勞一掃而光。茂密的森林、金黃色的稻田、婉轉延曲的眉河以及村民的豁朗笑聲滋潤了從乾燥的北方跋涉而來的開拓者們。

被指定為假想戰爭鐵道部技術中樞的唐山鐵道學院改名為「西南交通大學」。西南交大的校園不見樓房，只有一排排的軍用大帳篷整齊地排列著，教育史上前所未有的師

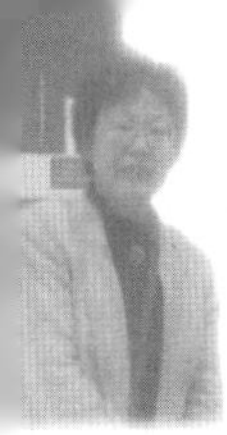

生自力更生動手建校的壯舉開始了。畫設計圖、計算材料費用、購買建築和生活物資、安裝動力電源，一切業務都由對口專業科系擔當。我系負責登山引進高壓電、安裝照明和電動設備。

原始的生活方式使不久前的階級敵對關係發生了改變，教授學者們成為建築工程中的權威，他們發揮自己的專長指導工事的進程，用知識、經驗和智慧奪回曾被批鬥蹂躪了的尊嚴。校園中的城鄉出身歧視、南北出身幫派等陳腐傳統也受到共同奮鬥目標的遏制，共同的連帶關係取代了政治角逐，統一的目標使全校恢復了和諧。每個人都努力用自身的真誠和勤勞贏得他人的信賴和友情，平時一起出力流汗，休息之日三五成群登峨眉山觀賞美景，去近處的街鎮品嚐四川風味。

峨眉山區遠離城市，自古以來既沒過多地遭受兵荒馬亂的騷擾，也沒獲得文明發展的太大恩惠。歪歪扭扭的草屋、破舊不堪的家具、補丁重重的被褥，一看就知道是祖傳家寶。大人們無大貪欲，小孩子們也無甚遠大理想，人們只希望和自己的前輩一樣在家鄉生兒育女、傳宗接代。開朗的村民、天賦的沃土、美麗多姿的山水使我感到這裏正是「世外桃源」。

我想盡可能地享受世外桃源的安逸，嫻靜的大自然也友善地接受了我。陰雨連綿的日子，眺望濃霧後面的隱約山景使我忘記體力勞動的疲憊；腳浸眉河洗衣讓我想起老家橋頭的假日；在樹林散步採集野花時，心境像林中的空氣一樣清新爽快；身臥草叢凝望露珠或傾聽百鳥歡唱時，我會超脫現實靜心冥想。我祈禱世外桃源生活長久持續，儘管繁重的體力勞動有時使人筋疲力盡，儘管閉塞的山區著實枯燥乏味，只要能逃脫紅色的喧囂。

當然這個願望不可能實現，我的內心世界也不可能有真正的安寧。那段時期就連政治嗅覺遲鈍的我也聽到了紅色喧囂的逼近，預感到正在席捲首都的風暴就要撲向全國，偏遠的佛教聖地難免遭劫。何況一年多來，我一直胸懷獨自的苦惱注視著養育父母——共產黨和毛澤東給人們帶來的災難，接連發生的荒唐無稽已遠遠超過了「感恩之情」所能容忍的限度，我面臨不由衷的訣別。

正當我校的建築工事熱火朝天地進行時，北京的局勢突變。為了鏟除妨礙樹立絕對權威的障礙，毛澤東不惜國民經濟遭受損失，不辭民族文化傳統的犧牲，傚仿帝王將相學中「利用愚民政策打倒對手」的手法，鼓動學生過激組織「紅衛兵」向劉少奇派發動進攻。毫無節制的「紅衛兵之亂」勢如破竹，揭開了中央派閥鬥爭的最後一道鐵幕。全國各地的紅衛兵高擎「打倒劉少奇，捍衛毛主席！」的旗幟，以任何規章制度都抵擋不住之勢雲集首都，幾百萬紅衛兵大軍淹沒長安街，天安門廣場一連數月喧囂狂亂，文革進入新階段。紅衛兵們手持毛主席賜與的「擋箭牌」殺氣騰騰地闖入政府機關和私人住

宅，沒收檔案材料、搶劫財物、綁架、拷打，這一切都成為與法律無關的「革命行為」。「走資派」劉少奇的隨從、親信高官們成了反革命分子，上層各部門與之有關連的領導幹部變成階下囚。這些人被推上批鬥臺、弄成鬼剃頭、面部用臭墨汁畫得不堪入目，接下來的是鞭抽棒打的酷刑。討伐進而升級為殘忍的逼供，抗日戰爭和解放戰爭的九死一生中結下的友情和信賴、甚至血緣親情均被卑劣的揭發檢舉敲得粉碎。劉少奇派的基盤徹底崩潰，國家元首四面楚歌。

毛澤東的戰略戰術成功了，中央上層的障礙被清除，十幾年來處心積慮的至高無上地位得以確立，紅衛兵大軍迎著新的革命目標——「造反」向全國挺進。他們所向披靡地衝進省、市、縣各級政府機關，砸毀現存黨組織，攪亂領導系統，不費吹灰之力把迄今為止一直操縱平民百姓命運的官員們押入牢房。迅速的造反旋風使還沒弄清發生什麼事情的地方幹部膽顫心驚，不知所措。

在革命的舞臺上，要保存自己的名譽和地位就必須站在革命一方。這是鐵的原則，是人們在周而復始的愚弄中得到的教訓。既然不願被打成反革命，那就應該加入象徵革命的紅衛兵組織。於是幾天之間，人們都帶上了紅色袖章。伴隨著對領導、上司和同事的不滿、怨恨、嫉妒，五花八門的紅衛兵旗幟林立各地。隨著區域局勢的變化，礦廠、機關、學校甚至農村的紅衛兵組織摻雜著報復和私欲出現分裂，產生新的聯合，紅衛兵的活躍相當可觀。

每個組織都自稱「擁護毛澤東思想」，指責其它組織是「保守派」、「反革命派」、「帝國主義的走狗」。各派擺開陣式進行舌戰，互相譴責對方是反毛派的可笑對局成了家常便飯。雙方手中揮舞著的武器同樣都是《毛主席語錄》，當然勢均力敵，勝負難分。於是舌辯升級為拳打腳踢，相互傷害。即使如此，誰是誰非仍不能見分曉，那麼只好借助槍枝彈砲的威力了。一時間，天下大亂，血染中華。

數億國民在絕對權威的專橫跋扈前閉上了坦誠的嘴巴，藏起了良見卓識，追隨毛澤東鼓吹的「造反有理」，打著「革命就是暴力！」、「革命需要破壞！」的旗號，開始橫掃一切被暴君認為是非革命的事物。在「破壞力越大才越算革命」的思想指導下，人的惡性得以淋漓盡致的發揮，曾在建國初期廢止的拷打逼供之惡魔披上紅色制服重新登場亮相。人的殘忍、暴虐、蠻橫和欺詐之最是不身臨其境無法想像的。那一時期被瘋狂的造反毀掉的歷史文物和文化財產難以統計，被殺害或逼死的弱小者成千上萬。文革的形勢發展到誰也無法控制的地步，被個人崇拜煽動得失去理智的國民沿著失去理性的暴君指引的方向盲目奔跑，中華民族陷入同胞人人相互詆毀、相互傷害的醜陋局面。

西南交大的建校工事還在進行，但是內部分歧開始明顯化，圍繞建校方針意見不同的紅衛兵組織出現，教職員工和學生積極參與辯論，要造院黨委領導班子的反。指揮建

校的師長 — 那位鐵道部高官意識到危機迫近，為了表示自己是革命的，他發出「英明的決斷」，下令圍剿所謂「四舊」，即「舊思想、舊勢力、舊風俗、舊傳統」的根據地峨眉山。

眾所周知，峨眉山是國民黨的老巢，解放戰爭期間黨內高層們曾多次上山視察。住在山裏的和尚尼姑可能是國民黨的潛伏特務，或許他們至今仍在搞「反攻大陸」的間諜活動。不管怎麼說，燒香拜佛、念經許願就是四舊，應該徹底鏟除！

一夜之間，西南交大的革命大軍占領了山上的主要寺廟，和尚尼姑全部被集中在幾個大廟裏接受審查。從臺灣接到什麼指示了？收到的經費、器械、材料都隱藏在何處？為什麼來到這深山老林？回答不出來的人不許回自己的寺廟，重大嫌疑者受到嚴刑拷問，佛教聖地變成人間地獄。

電機系二年級負責審訊的是一個小廟的和尚。為了防止「敵人的突然襲擊」，審訊在嚴密封鎖中進行，主持審訊的是系裏班上的幹部，一般學生擔任警衛巡視四周。上山後的第三天傍晚，輪到我和另外兩個同學值勤。說實話，誰都不相信有什麼間諜特務，更不會發生什麼突然襲擊，只是「執行任務」和學習《毛主席語錄》一樣已成為不得已。幸好那天晴空朗朗，讓我在執行任務之前欣賞到多雨地帶難見的夕陽彩霞。接受任務時幹部特別警告要注意識別鳥的叫聲，因為那很可能是敵人的突襲「信號」。可笑的是，我聽到卻的是優美的交響樂合唱，據說峨眉山裏棲居著幾百種鳥類。

太陽落山了，鳥兒們的歌聲消逝了，林子裏漆黑一團，陰森寂靜。我雖然不信有什麼敵人襲擊，但很害怕動物的出現，樹叢後面的陰影在我看來好似龐大的野獸。值勤三人分別在一定的區域走來走去進行巡邏，我盡可能走在成為審訊室的小廟近處，黑暗中小廟的燈光顯得格外明亮。

「你這個頑固的傢伙，快說！難道你是啞巴？」

廟裏傳來呵斥聲。

「他媽的，你這個混漲，不值得費功夫的人間敗類！」

罵聲過後緊接著「咚」、「咚」兩下巨聲響徹林間。我和其他兩個同學都不約而同地跑向小廟，只見一個幹部一手揪住和尚的衣服，一手用力把那腦袋往牆上撞。

「他媽的，你這個死不悔改的傢伙！我倒想看看你的心是黑的還是紅的！」

說罷，又是「咚」、「咚」兩下。

被拷問的是年近七十多歲的老和尚，上山玩兒時好像曾見過這個相貌溫和的老人。現在，他面朝牆壁盤腿坐著，身子在顫抖。仔細一看，老人的身子確實在有節奏地抖動著，但那不是因為害怕，而是在念經，我聽到了微弱的嗚咽聲！

驟然間我覺得背上一陣森涼掠過，不由得倒吸了一口氣。那專心一意的形象、那嗚

嗚咽咽的佛經使我好似窺測到老和尚的靈魂。不，應該正確地說，是老人把虔誠的靈魂袒露在我的眼前！沒有比靈魂（善惡無關）的袒露更值得尊敬的了，何況眼前的光景讓我領悟到不曾知曉的神聖 — 老和尚不是在為自己擺脫苦難祈禱，是在為正在迫害他的人、正在蹂躪踐踏他尊嚴的人祈禱，祈禱上天拯救卑微的靈魂。這一光景使我驚愕，甚至畏懼。

「快說！國民黨給你什麼指示，你以什麼形式與臺灣聯繫？」

幹部向縮著頭嘟嘟囔囔的老人大聲喝道，然後朝他臉上狠狠地抽了幾巴掌。

「你他媽的不說，來吧，我看你究竟有多大本事？」

另一個幹部上前扯住老人的衣服用力扭轉他的身子，然後上去就是兩腳。老和尚微微起臉，天啊！那如果可以稱之為「臉」的話。一團血肉模糊的東西嚇得我轉身跑向林裏，跪在草叢上直想嘔吐。是夜寒還是血腥，是憤怒還是悲哀，我弄不清究竟是什讓我噁心，也記不得後來是怎樣繼續執行任務的。

老人有著怎樣的身世，為什麼步入佛門，無從猜測。但可以斷定的是，他的虔誠信仰支撐著他忍受著深山老林的淒靜和無酒無肉無歡樂的清貧。然而，就連這些被俗世視為不足稱道的虔誠也逃脫不了革命的淫威。

第二天，我在夜班串休中毫無目的散步時來到小廟旁。窗戶開著，裏面沒有動靜，探頭一看，老和尚仍然盤腿坐在那裏。他背靠牆，沒在念經，靜靜的、一動不動。屋內散發著血的腥味，一隻本應冬眠的蒼蠅在老人的頭頂嗡嗡亂轉。老人似乎沒有感覺，他的眼裏既無悲哀也無痛苦，耳朵好像集中在別的境界，那形象簡直就是一尊大佛！

沒過兩天人們傳說老和尚死了，被埋在後山。說也奇怪，我聽到這個消息時並沒有感到悲傷。我明白了老人最後的安祥，那一定是他正在迎接離開這個不盡情理的俗世，步入沒有欺瞞沒有暴虐的佛界前的莊嚴時刻。

當天夜裏下起雨來，雨水像滿懷憎惡似的不停地敲打著窗戶玻璃。我躺在陰濕的屋裏，仰望著天棚，感到一個無形的巨大力量壓迫撕扯著自己。我想哭，但沒有淚水，想吼叫，卻渾身無力，天地無限寂寞。

一個星期的討伐毫無收獲地結束了，西南交大的人丟下半死不活的和尚尼姑撤回大本營。不久，那位師長被鐵道部造反派揪回北京，校內紅衛兵分裂成兩大派，真正的混戰開始了。校領導班子的頭頭和系黨委幹部成了審查對象，尤其與鐵道部關係密切的人更是主要目標，很多人被解除職務開除黨籍。

建校工程混亂了，教職員工和學生們熱衷革命大辯論，「我們是忠實於毛主席的！」、「不，你們是假革命，我們才是真正的毛派！」，相互指責謾罵、相互中傷攻擊的論戰不分晝夜地持續著。工地、帳篷的周圍出現了粗言惡語的大字報，黨員幹部、紅衛兵組織頭頭的私人軼聞和家族秘密給偏僻的山區帶來了未曾有的生氣，對立的兩大紅衛兵組織與地方勢力的聯合，進而使峨眉地區的革命烈火愈加旺盛。

四川省的文革比大都市稍遲些，但其激烈程度卻是後來居上。四川是假想戰爭的大後方，山溝裏修建了許多軍用倉庫，紅衛兵組織肆意打開軍庫動用槍枝砲彈的「武鬥」使四川的文革聞名全國。

建校工程處於痲痺狀態，只有不能中途停止的工序由民工們繼續著。工地上還能看到一些所謂「歷史問題嚴重」的教授、犯過「錯誤」沒資格加入紅衛兵的教職工和被定性為「有問題」的學生。我不是紅衛兵，既沒打算申請加入，也沒有哪個組織會收下我。一年來，我沒有中斷過對黨的批判，政治學習時間始終主張應該停止文革的混亂。我早就被認定是危險分子、動搖分子，身邊一直有革命組織安排的監視員記錄我的言行。隨著紅衛兵混戰的激烈化，人們熱衷於派閥鬥爭，無暇顧及我這區區小人。這使我獲得一時自由，成了名副其實的「逍遙派」。每天除了到工地轉轉之外，消閑地溜幾眼大字報、聽聽大辯論、觀觀批鬥會，甚至還能到近處的河邊山崗上靜靜地看一會兒書。

一天早上，我被一陣鬧聲吵醒，好像又有人自殺了。我急忙穿好衣服跑到外面，跟著人群爬上圍牆，牆外一棵樹上吊著的L老師跳入眼界。

L老師是電機系的中堅講師，優秀共產黨員，文革開始後一直是運動的骨幹，紅衛兵組織中也很活躍。幾天前，從北京傳來他那在鐵道部任職的父親因隸屬劉少奇派而被打成反革命的消息。那陣子，中央文革小組發出了「徹底打倒走資本主義道路的實權派劉少奇及其走狗！」的號召，殺絕舊王朝官臣、鏟除舊王族家人的封建陋習恣意蔓延，劉派的中層幹部也像多米諾骨牌一樣相繼癱倒在地。

鐵道部是我校文革運動的一大焦點，L老師父親的問題使他所屬組織處於不利地位，對立派組織隨即打出這張王牌舉行批鬥會，揪出L老師要他表態、揭發老子的罪行。批鬥會上，L老師義正詞嚴地聲稱自己是堅定的革命派，家父是三十多年的老八路，絕對忠於黨和毛主席。然而站在身旁的對立派紅衛兵用力按住他的頭不讓說下去，他的脖子上套著「走資派的孝子賢孫」的掛牌，周圍沒有一個同組織的人，他被遺棄了。

參加批鬥會的不光是學校裏的人，還有近處的村民。村民們從大字報上了解到城鄉、工農以及各種令他們難以置信的差別，聽說L老師一個月的工資比自己辛辛苦苦一年賺的錢還多，氣憤極了。他們不是用言語，而是用唾沫、果皮、石頭和叫罵進行批鬥。批判會成了這些社會底層的人發泄不滿的機會。

我第一次看到吊死的人，因為圍觀的人很多，並不太害怕。小時候常聽人們說吊死鬼的舌頭很長，我仔細地看了L老師的臉，既沒有長舌頭，顏色也不像傳說的幽靈那麼蒼白，這具抗議者的「表情」浮現著異常的平靜和坦然。

L老師自始至終拒絕承認強加在父親和自己身上的「罪行」。作為身經多次運動、一貫走在革命隊伍前列的先進分子，他當然懂得被揪到批鬥臺上、掛上反革命牌子意味著什麼。但他在最初的幾次批判會上表現得非常冷靜，毫無懼色。他堅信自己的立場，堅信自己是忠誠的，沉著地回答群眾的質問，有時還在臺上踱來踱去反問對方。

然而，抵制革命批判是要倍受懲罰的，最後一次批鬥會變成判決大會，L老師被宣判開除黨籍。從年輕時代起一直引以為榮的最高名譽被剝奪了，這使L老師再也無法保持冷靜了。他在臺上跺著腳、捶打胸脯、咬著牙齒、拼命地搖晃腦袋反抗紅衛兵的壓制。嘶啞的聲音中可以聽得出他在用力高喊自己家人全是熱愛共產黨、忠實於毛主席的。憤怒和絕望使他全身燃燒，他的面容蒼白而莊重，目光炯炯有神，周身充滿著讓任何一個誠實的人都會信服他說的一切是真實的力量。

遺憾的是，虛偽、盲從和無理性的現實早已扼殺了高尚的誠實，能判斷真偽的誠實已不復存在。人們甚至無需判斷真偽，重要的只是看準風向，找到暴雨中能站住腳的地位。看著眼前這些從開始就無心聽自己辯解的群眾，面對真理被褻瀆了的現實，L老師感到命運的殘忍，他絕望得近乎瘋狂，跪倒在地上朝天喊叫。於是，人們騷動起來，嘲笑著、叫罵著、吐著唾沫，紙團和果皮四處飛揚，殺氣騰騰的會場變成鬧劇場。

騷亂中，L老師突然停住了喊叫，他像墜落在無底深淵似的呆站在臺上，那神情鎮住了吵鬧的人們。一陣寂靜後，只見他撇了一下嘴唇露出輕蔑，高聲喝道：「你們這些盲群懂得什麼是忠誠！」之後，掙開紅衛兵的手，衝下臺跑掉了。

聽人說，L老師大約是在夜裏十一點左右離開宿舍的，發現時身體還沒完全涼下來。驗屍的醫師和收拾後事的民工還沒來，看熱鬧的人越來越多。人群中有吱吱喳喳交談的，也有漫不經心觀看的，還有用白眼批判斥責的。那年月，自決就等於承認是反革命。

死者的鞋上沾滿了泥巴，一定是在黑暗中徘徊了許久。腳印延伸到河邊、延伸到工地、延伸到大路旁，一下子被推到死亡邊緣的人怎麼能不惋惜生命。潺潺的流水聲難道沒有讓他回想起往事的歡樂嗎？汗水浸透的工地難道不叫他留戀嗎？通向遠方的大路又怎麼會不讓他心裏燃起希望之火？

L老師並不是懦弱的人，哪怕眼前有一絲光明，也許他會把未來寄託於忘卻。無論什麼樣的痛苦、也無論什麼樣的傷痕，都會在時間的流逝中被忘卻。然而，他被自己的信仰欺騙了，而比這更令他不能忍受的是，他被同甘共苦的人們唾棄了，被相互信賴的戰友們遺棄了，現實是看不見盡頭的漆黑地道。

L老師徘徊的路上能有不為他的哭泣而傷心的花草嗎？穿過的樹上能有不為他哀嘆痛心的小鳥嗎？黑夜悄悄過去，黎明來到大地，朦朧中的大自然也並不乏魅力呀！然而這一切已毫無意義了，沒有信賴和尊嚴、沒有真實和理念的世間不值得留戀了，回憶和

寄托也失去了價值，死的意念超過了一切。他看見死神在招手，聽到死神溫和地說：黃泉有永恒的歡樂。於是，他找到粗壯的樹枝，套上繩子，心懷平靜和坦然把頭伸向圈套中……。

無限忠於毛澤東、信仰共產主義的黨員被稱之為「捍衛毛澤東思想的無產階級革命」逼死了。文革中，同樣被打傷至死以及含冤自決的優秀黨員達幾百萬餘，遺憾的是這個荒唐的事實沒能引起人們的思索，因為忠誠和信仰只不過是隨時可丟棄的道具而已。

那天晚上又成了難眠之夜。我從幾十個人擁擠在一起的悶熱帳篷裏逃出來，爬上工地的建築材料堆上。遠處的地平線閃著電光，隱約傳來雷鳴聲，風驅動著烏雲在上空滾滾橫行，峨眉山的樹木像千軍萬馬一起擺動，近處的電線、工作房的棚板也和著那節奏蹦跳喧嘩。過了一會兒，風速加快了，閃電疾飛而來，雷鳴在頭上轟隆而過，暴雨即將來臨。

我心中的鬱悶在高漲，而比這一情緒更強烈、更難以遏制的是訣別之意。為此，我渴望暴雨的降臨，期待雨水的淋漓。在它來臨之前的瞬間寂靜中，昔日和白天的記憶匯成洪流湧上心頭。由於誠實被毀滅的人、因為善良而不得不咬緊牙根過生活的人、走投無路含冤過世的人，一切成了祭給莫名其妙怪物的貢品的人們浮現在眼前。儘管我知道的這些人數微乎其微，但已足夠讓我看清渾濁現實的本質。

中華歷史是在世代王朝執政者的權利之爭中延續的，陰險的謀略和可怕的智慧在周而復始的動亂裏孕育了昏庸暴君和讒言小人，即使現存首腦是別的「王澤東」、「孫澤東」，悲劇的發生也將難免。因為中華大地有君主殘暴化的土壤，有讒言小人為虎作倀的舞臺。只要不改善民族的內在，愚弄人們的歷史鬧劇將永遠繼續下去。

「皇帝也是人，當然有缺點有不足，犯錯誤也是難免的。」「皇帝的缺點是偉大的，不足是輝煌的，錯誤也是強勁有力的。」諸如此類的歷史觀一直是評價帝王將相的主流，善良的人們習慣讚揚皇上，樂於尊崇帝王，卻忽略自身的尊嚴和權利。正因如此，中華民族史上倣仿前輩的陰謀和策略、發揮先代的殘忍和狡詐、不惜利用國民的善良和熱情的執政者屢現不鮮。二十世紀中葉，民主思潮席捲全世界，畏懼這巨大潮流妄圖維繫專制體系的當權者們，建國以來背民之信、棄正之義，多次掀起愚弄國民、草菅人命的動亂，最後把中國引向登峰造極的「文化大革命」。

責怪自己忘恩負義、恐懼自身對偉大領袖和共產黨的疑念的歲月太漫長了。為成為優秀的社會主義公民和真正的革命接班人所付出的努力徒勞無益了。從兒童時代起就虔誠尊崇的、少女時代熱情謳歌的偶像不過是無聊的虛幻，連人生最美好的青春也準備為之獻出的信仰竟是謊言欺騙。現在，這些在我的心裏只剩下輕蔑，而輕蔑也將被暴雨洗

滌沖淨。昔日的聰敏和愚昧、純真和無知將同時從我身上脫落，我終於可以輕身迎向明天。

四川的武鬥在加劇，西南交大的運動由於受鐵道部局勢的影響進入了微妙階段。與四川地區聯繫緊密的紅衛兵組織堅守陣地熱心參戰，而相當大一部分人以支援鐵道部革命為理由打回唐山舊址。峨眉校舍內部很平靜，天、地、人三不管的我在悠閑中送走了不知通向何方的一天又一天。

峨眉山區常年陰雨，我在的那年遇上難得的朗秋。在一個風和日麗、稻芯馨香的日子裏，兩個中學時代的朋友不意來訪。全國局勢在變化，無休止的混亂使人們開始厭戰，除了置身奪權陣中的過激分子以外，很多人的革命熱情明顯冷卻。正好中央發出號召「支持學生的革命行動」，開展坐車不花錢、住宿不付費的「大串聯」，學生們乘機回鄉探親、遊山玩水。我的朋友從東北串到北京、青島、西安、武漢等地後，來到四川。

我帶朋友觀覽了校舍周圍的農家、田園和山崗，峨眉山的麗姿令她們讚不絕口。我向她們講述老和尚和自決人的遭遇，走南闖北見過大世面的朋友笑我仍舊單純無知。她們誠意地告訴我：世間就是如此，風暴時時會來，但終究要離去，狂風暴雨中最好的護身符是忍耐和緘默，不記住這一點將永遠吃虧。

第二天我們上山了，山中寺廟外牆還殘留著「橫掃四舊」的標語字跡，但基本恢復正常。朋友說的對，風暴終究是要離去的。也許是逢上好天，那天遊山逛寺廟的人很多，雖然沒看見膽敢燒香磕頭的，可看得出人們都懷著虔誠，和尚尼姑們似乎也不再戰戰兢兢。

西南交大的那次圍剿目的在於清除國民黨特務，而後來的造反大軍都是為了執行破壞的使命。主寺大廟的佛像幾乎都失去了耳鼻手腳，珍貴的壁畫糟蹋得不堪入目，精刻的經文被摳得看不清原意，佛教聖地的慘景令人心痛。儘管如此，被挖掉眼珠的大佛好似依然用看不見的眼睛安詳地注視著來訪的人們，被打斷鼻樑的菩薩面龐仍舊散發著莊重的神采，在屈辱和蹂躪之後，他們給予罪惡靈魂的是一如既往的慈善。

我們去了那位老和尚的小廟，陌生的年輕和尚向來訪者謹慎地打過招呼之後，點上香火俯首念經。廟內沒什麼變化，一尊尊佛像挺立在原地。也許廟太小不惹眼，不，一定是老和尚的神靈保佑使這裏倖免劫難！目視香火冉冉上升，耳傾佛經嗚咽延延，我情不自禁地弓身施禮，向無形聖人奉獻了有生以來第一次的虔敬。

出了寺廟，我們三人在林中穿梭。山外世界驚人地明亮，大自然的魅力令人振奮，三人決定攀登最高峰，欣賞能給人帶來幸運的日出。一路上參拜了「報國寺」、「萬年寺」、「伏虎寺」、「雙橋青音」、「洗象池」，飽飲了山間的清水，貪婪地呼吸新鮮的空氣。隨著高度的增加，風力越來越強，我們迎著勁風向對面山巔發出歡聲，之後敞

開壓抑已久的胸懷靜候回音的歸來。三人共同回憶純潔的中學時代，嘲笑幼稚無知的過失，斥責大人世界的骯髒。奔放鬆弛了運動中僵硬的軀體，歡樂滋潤了乾枯的青春之心。我們忘乎所以，肆意向過路人搭話致意，看見對方莫名其妙的怪相，三人又會捧腹大笑。

我們沒能爬上「金頂」，在「一線天」過夜時一個朋友猛拉肚子，只好放棄看日出。下山後我們來到眉山鎮，住在鎮民為遊山玩水的革命學生準備的宿舍，三個窮學生在木工作房打工，下田割收稻穀，進飯館擀麵燒柴，得到的報酬是美味的鄉土料理。

三人都喜歡這個塵土飛揚、家畜隨意亂跑的小鎮子，逛市場更是興趣十足，豐富的農產品讓來自買賣受到嚴格管制的都市朋友羨慕不已。我們溶身於鎮民之中，一會兒參與商人們的交涉，替弱方打抱不平，一會兒摸摸就要成為家宴佳餚的小兔小羊，再不就是圍著腳穿破草鞋的山夫詢問各種草藥的功能，和漂亮的賣菜小姑娘聊天，還幸災樂禍地觀看了為筐籃大的地盤爭吵不休，最後竟用原本準備賣掉賺錢的西紅柿和雞蛋對打的鬧劇。夕陽落山了，市場的人先後離去，剩下的人有的歡歡喜喜數著鈔票，有的呆呆地望著沒賣完的生魚生肉發愁。在觀看一位婦女追趕可能是偷了她錢包的小男孩兒的騷亂中，黑霧籠罩了市場。

鎮民們就是這樣送走今日迎來明天，在日月淡淡流逝中重覆著喜悅和辛酸。無論到什麼時候，生活永遠存在，為生活奔波的人們也永遠不停地送走今日迎來明天。不管生活是苦是甜，人們不變地肩負今日的重荷期待著明天的歡樂。我愛上這些生活著的人們，羨慕他們真實地追求著生活，情願溶化在他們之中，成為其中一員。爭權奪利中同事相互揭發、戰友相互背棄、親族相互詆毀的荒涼世態在我內心造成的冰冷被淳樸的鎮民溫暖了。

這裏的人們有著許多缺點，但他們具備了世上最美的優點，即他們是生活者。不管暴風雨襲來也好，離去也好，也不管誰上臺誰完蛋，他們都不介意，只專心生活，既沒有野心奢念，也沒有虛榮卑微。他們的生活雖比不得高官顯貴們的奢華，但遠比其有人情味、充實、真切實在。小鎮三天的遊逛中，我不只一次地想起那句名言——「比起偉人，生活在底層的人們更值得愛！」實感其中的真諦。

短暫的歡聚結束了，朋友們踏上歸途，目送著遠去的汽車我暗下決心，今後像朋友和鎮民教給我的那樣，心懷理念，相信生活，在現實中與動搖和邪念搏鬥。

隨著中央上層奪權的結果逐漸明確，群眾運動的目標趨於迷茫。鐵道部的唐院建校方針被全盤否定，工事完全停下來了，無所事事的教職員工和學生都離開閉塞的山區，回到便利的城市去了。初冬的一天，我也愉快地與熟識的民工告別，奔赴嚮往的北京。

哥哥的鬥志

我在北京建築工程學院找到了哥哥，那是他戀愛對象的學校。和北京其它大學一樣，建築工程學院也空盪無人，學生們都到外地「鬧革命」去了。哥哥在大學三年級時曾給毛澤東寫過信，誠懇希望黨中央能從五十年代的失敗中找到教訓，文革初期又發諫書提醒混亂將造成災難。哥哥的誠意招來的當然是批判，每天寫檢討、陪牛鬼蛇神教授們挨鬥、和他們一起勞動改造，完全是反動學生待遇。北京大學的文革動態成了全國運動的主宰後，革命群眾的精力集中到中央內部，反動教職工和學生無人顧及，於是哥哥有自由溜出北大，在不惹眼的建築學院與戀人靜靜約會。

哥哥帶我逛遍了首都的名勝古蹟。他從中學時代起一直生活在北京，腦袋裏好像裝著地圖一樣，坐幾路車去、在哪一站轉乘、走什麼方向順路、甚至回來時在哪兒買菜方便經濟，他都清清楚楚。哥哥從小生活條件不太好，拮据使他既懂得金錢的銅臭，又知道它的實際價值，學會節儉度日。與金錢觀念淡薄的我相比，哥哥的物資生活遠遠充實有趣。

哥哥很會做菜，學校食堂不景氣，我們常用樹枝乾柴或武鬥損壞的桌椅燒火做飯。

哥哥從不下飯館吃飯，他說用那錢可以在家吃上更好的美餐。「哥哥家」的飯菜的確很香，外出逛累時吃的自家盒飯也美味無比。在北京的十來天，我這個鄉巴佬非常滿足，首都的繁華市容、神秘的宮廷建築，這些與峨眉山自然之美截然不同的人為創作藝術讓我大開眼界。

每天外出歸來，哥哥伏案寫作。他在給當時的另一位當權者 — 周恩來寫信，哥哥把自己的悲願寄托於德高望重的總理身上。我還清楚記得信的大意：

「為了國家的未來，必須追究建國以來造成千百萬人死亡的政策責任。……

……我國正面臨滅亡的深淵，應立即設法阻止目前的混亂。……

……能拯救中華民族命運的不是君主專制，建立民主多黨體制是我國唯一的出路。……

……打開國門，實行開放，讓民主科學之光洗滌民族污穢是當務之急。……

……應該徹底改變慣性的知識分子政策，終止人權迫害。……

……現在不是站在長城上自我欣賞的時候，我們應該掙脫歷史的束縛，反省自己的誤行造成的落後和貧窮。崇拜暴虐和容忍閹割小人的陋習是中華民族的恥辱。不忍痛自我解剖，中華是沒有前途的……。」

無論見地成熟與否，這是一個二十二歲年輕人的衷懇請願，但在當時向黨中央發出

如此異端是大逆不道的。讀信時我失聲痛哭，與其說是為文章內容害怕，不如說是為哥哥的勇氣而恐懼。因為，二十多張的稿紙分明是射向現存體制的弓箭，其中每句話都足以帶來毀掉一個人前途的橫禍。

至今我也沒有忘記哥哥寫信時的形象：他緊皺眉頭一筆一畫地寫著，隨著鋼筆的移動呼吸漸漸急促，嘴唇抿成一條直線。那形象讓我想起唐山車站分手時哥哥的鐵青面孔，終於明白了當時他留下的最後一句話：「我預感危險迫近身邊，但準備正面迎去」的真意，我聽到哥哥正在為枷鎖下的中國人民憤怒地吶喊著。

寫信時哥哥常停下筆頭沉思，潛心斟酌字句，那樣子就像準備撲向眼前獵物的猛獸一動不動。看著那勇姿，我不得不咽下到了嘴邊的勸阻，我知道哥哥一旦下定決心是誰也阻止不了的。此次是哥哥的第三回挑戰，那年月諫書伴隨著危險，向中央發諫言純屬是用雞蛋砸石頭的亡命徒之舉。然而，哥哥視之度外，他把責任看成是至上的權利，在他看來，為祖國犧牲自己與熱愛故鄉同樣是理所當然的，他做好準備以獻身來傾注自己的愛。

分手那天，我們登上故宮的後山，在景山上眺望象徵著權力淫威的紫禁城。哥哥吹起口哨，低沉婉轉的俄羅斯歌曲忽高忽低，一會兒飄向遠方，一會兒又迴旋到我心房。眼前的宮殿不再是遊覽時令我讚美的藝術精華，而成了怪誕離奇的集合。我看見上面沾滿著中華民族的血淚，而且仍在貪得無厭地要求著新的血淚。

哥哥告訴戀人自己可能要被送進牢房，叫她不要難過，因為這種犧牲在無人敢吐真言的黑暗時代是必要的。聽著那莊重的話語，一種難以名狀的悲哀湧上心頭，我慌忙扭臉避開他們的視線，把熱淚偷偷地咽到肚裏。說不定再也看不到哥哥了，經歷了十多年的思念終於重逢的親骨肉又要生離死別，這是多麼不幸啊！那時的悲哀是沒經歷過漫長歲月別離等待的人所無法想像的沉痛。

後來聽說哥哥在元旦前把信寄出了，這封信能否送到周恩來手中，不得而知。但我想結果是一樣的，哥哥寄予希望的總理即便是德高望重的偉人，但他畢竟是現政權的維護者；即便他是深察民苦的清官，但終究是不先保住自己的地位則無能為力的僕人。

半年後，哥哥和幾名北京大學的「特級反動學生」被押送到河北沙城的駐軍營地，在那裏度過多年的勞改生活。據說，這些人的檔案都經過毛澤東親自審批，其中還有鄧小平的兒子鄧僕芳。

佳木斯之旅

回到唐山舊校舍，靜觀了幾天唐院的文革形勢。校內很平靜，運動重心在北京鐵道部，校園活動只是兩三天刷新一次傳達鐵道部奪權鬥爭情況的大字報。武鬥還很激烈，《人民日報》接連不斷地發表社論呼籲停止武鬥、歸還槍枝彈砲。每當社論或最高指示一發表，不管是白天還是黑夜，各派紅衛兵組織高舉紅旗、敲鑼打鼓、集聚操場或走上街頭，高聲歡呼「擁護最高指示！」、「堅決執行黨中央的方針政策！」、「毛主席萬歲！」、「共產黨萬歲！」。圖書館、實驗室都關閉著，我無事可做，一星期後乘上火車回到橋頭老家，時值一九六七年十二月底。

此次北上的主要目的是尋找父母之墓，在北京我和哥哥商量利用目前乘車住宿不花錢的條件去佳木斯看看。父母去世時在身邊的親屬只有劉維二叔一人，而與他家的聯繫早已斷絕，對於財力和精力都很有限且無任何依據的我們來講，眼下是最好不過的機會。

元月六日，我踏上了尋墓旅途，伴隨我的是小我兩歲的堂妹。一路上很辛苦，從橋頭到瀋陽，然後從瀋陽轉乘前往哈爾濱幾乎一直站著。大串聯中，遊山玩水的學生和乘機沾光的普通人把車廂擠得滿滿，過道中間、椅子底下、行李架上、連廁所裏都塞著人，既沒有一滴水喝，也沒吃上一頓像樣的飯。清晨到達哈爾濱車站，喝了點兒熱湯麵後，急忙排隊等候乘坐開往佳木斯的始發列車。由於上下車人多，車站次序極其混亂，列車晚點的時間竟比從哈爾濱到佳木斯運行的時間還長。抵達終點時已是深夜，總算在車站附近的一個小學校找到了歇腳的地方，伸直了累腫得像大蘿蔔一樣的雙腿。

第二天中午起身和堂妹前往佳木斯烈士陵園，我猜想父母一定葬在那裏。市區是雪白的世界，樹上、地上、房頂上全是積雪，零下二、三十度的氣溫中，地面凍成硬梆梆的滑冰場。姐妹倆人邊打雪球邊滑溜溜，一路詢問打聽，在郊外找到烈士陵園時已是下午三點。天色昏暗，厚厚的烏雲籠罩著空曠的墓地，好像要下大雪，我和堂妹急忙開始尋找。

數不清的小墳包散落在大雪原上，有的上面插著木牌，有的前面立著石碑，還有的什麼標記也沒有。姓劉的好像不少，可是沒看見父親的曾用名「劉仁」、「劉砥方」、「劉鏡環」，也沒找到可以認為是母親的「長谷川照子」或「綠川英子」等字跡的標牌。

接近黃昏時天完全暗下來，寒風呼嘯著橫穿曠野。我抬頭看了一下昏暗中低身查看碑名的堂妹，腦裏突然閃出可怕的想法：說不定我們倆會凍死在這裏，說不定鬼魂幽靈馬上就要出現。頓時渾身發抖，牙根打顫，急忙招呼妹妹，兩個人沒命地逃出了墳地。

第二天不死心又去了烈士陵園，還算運氣不錯遇上守墓人，他帶我們進了看守小屋查看死者名簿，遺憾的是還是沒找到可以認為是父母的名字。謝過看守人來到墓地前，但是誰都沒有勇氣向裏面多邁一步。我想像著死者們的遊盪形象，這裏是多麼寒冷、多麼寂寞啊！他們怎能定下心來在如此荒涼的曠野安睡呢？

第三天，我和堂妹來到市中心的烈士紀念碑前，把三叔準備的香點燃，紙錢燒上，祭拜了先烈。我想，也許在那位曾身居東北政府要職的高崇民的關照下，父母被安葬在這座紀念碑底下，雖沒有個人的碑牌，但總比在那空曠荒野要好得多。當天晚上姐倆兒匆匆離開了讓人身心都凍僵了的北國冰城。後來回憶起來才想到，那一天正好是母親去世二十周年的一月十日。回到橋頭後大病一場，聽三嬸說發高燒兩三天昏迷不醒。我自己也感到從來沒有的疲乏和衰弱，沒能找到雙親的墳墓，內心有一種說不出的空虛，精力全部耗盡。

後來聽父母的生前好友說，一九五二年前後，身為高官的高崇民曾去佳木斯為父母掃墓，他看到簡陋的墳墓後，命令佳市地委重建新墓。可是沒過多久，他的親密戰友，就是那位在中央政府任職的高崗以「企圖建立東北獨立王國」的罪名敗下，高崇民成為「反黨集團骨幹」，修建新墓的事不了了之。六十年代初期，高崇民曾一度恢復名譽復舊職，他再度赴佳市視察時，父母的墳墓因城市整建、墓地遷移，已無法確認了。

內心世界的解放

佳木斯之旅毫無收獲，但在老家度過了一個愉快的春節。二月底，我告別了三叔一家親人回到唐山。那年春天，武鬥在全國泛濫，戰火從民間蔓延到軍隊。紅衛兵組織闖入部隊搶奪槍枝，民眾與士兵、士兵與士兵之間的真槍實彈大型武鬥在武漢、四川、廣西、河北等地頻發，江西、寧夏、新疆等地襲擊特殊列車掠奪軍事物資的惡性事件屢現，政局仍舊處於無法收拾的狀態。

正當北京和上海等地名牌學府的紅衛兵借助社會上的勢力在校園內使用武器進行決戰的這陣子，唐院革命群眾忙於鐵道部的激戰，院內平和清靜，閑得無聊的我常去圖書館幫忙。要求開館的呼聲漸高，而圖書館的大量書籍因學校搬遷都被裝封在木箱裏，打開箱子取出書本重新擺到書架上的工作需要時間和人手。布滿灰塵的書庫裏堆積著數不清的書籍，其中大都是鐵道專業書籍和政治文獻，文學作品幾乎沒有。文學書籍在建校初期作為繁重體力勞動中的消遣品優先運往峨眉校舍，其後遇上霉運，在橫掃四舊的烈火中作為「大毒草」焚燒為灰燼。當時學生沒有打工掙錢一說，幫忙打雜的報酬是可以借閱圖書，我在那段時間閱讀了不少馬恩列的經典著作。我還常去食堂幫忙，在快活的

廚師們指點下刷洗鍋碗瓢盆、切菜做湯蒸饅頭，樣樣活計都體驗了，這些不足掛齒的小事多少填補了當時百無聊賴的空閑。

不知不覺到圖書館看書的人和來食堂吃飯的學生多了起來，不久，除了死守峨眉建校方針的少數紅衛兵以外，唐院的教職員工和學生都返回校園。一個晴朗的下午，全院師生在校門前列隊舉旗，敲鑼打鼓，高呼口號，迎來唐山煤礦工人宣傳隊。

黨內奪權鬥爭以毛澤東派的勝利結束了，「混進黨內的大叛徒劉少奇」一派徹底被摧毀。劉少奇本人被押送僻區嚴密軟禁，困在不為人知的黑暗房間裏，忍吞既沒有醫療調治也沒有人來探望的寂寞後結束了悲慘的國家元首生涯。

為了鞏固戰果，執政者們實施了歷史上屢見不鮮的新政權布署之前的大清洗，無論是曾在戰火中共患苦難的戰友，還是風雪月夜裏共享勝利喜悅的上司部下，凡不如意者一律毫不留情的大誅殺以不遜色於戲劇的毒辣形式再現於二十世紀中葉。迄今為止，衝鋒陷陣、一馬當先的紅衛兵成了大清洗的對象，運動中的「革命主力」被定罪為破壞社會秩序、鑽營投機政治權利的暴徒。

動亂中，執政者們領略了熱血青年的魄力，他們唯恐這些具有無限可能的新生力量過深地介入政界影響專制統治，決意利用所謂無產階級的力量遏制這股勢力的滋長。黨中央發出指示，號召在文革中畢業於小學、中學、高中但又沒能升學的青年們上山下鄉，到偏遠地帶安家落戶，同時命令知識分子接受工農兵的再教育。於是，大學生的革命地位暴跌，他們夾著尾巴灰溜溜地離開曾為所欲為的戰地返回本校。

奪權激戰中風靡一世的紅衛兵組織的頭頭和主將們成了校園的革命對象，他們的「打、砸、搶」行為通過大字報曝光現形，劫持的戰利品被沒收展示於眾。其後不久，曾被束之高閣的「有問題的學生」也被揪出來接受制裁。

於是，我的問題出現在大字報專欄上。政治學習會上的反黨言論、日記中的反動文章、交談中的反革命論點、骯髒的日本血統、運動中的逍遙行為，一連兩天貼滿食堂前最顯眼的地方。大字報呼籲立即召開批判會，揪鬥背叛黨的養育之恩、不失時機攻擊黨的方針政策、在國家面臨危機之際悠閑自在的「日本鬼子」。

我的事例有些特殊，烈士遺孤出身卻又是日本鬼畜所生，在幾乎無人敢吐真言的當時竟然直言不諱提出種種異端之論，這在校園裏掀起不小的波紋，兩日間，大字報前人群攘攘。幸好從小在集體生活中養成能溶合於夥伴的個性使我在班上人緣不壞，幹部們也只認為我不過是讀資產階級的書太多的中毒者，所以系革命委員會沒有作出強硬反應。第三天，我的大字報就被別的倒楣人的內容覆蓋了。

過了幾天，我被叫到工宣隊辦公室。派遣到大學對知識分子進行再教育的工人都是優秀的共產黨員，負責電機系工作的兩名煤礦工人平易近人，很受學生們尊敬。

「我們看過妳的大字報了。」

年長的師傅先開口了。

「來校後就聽說了妳的問題，的確比較嚴重。懷疑黨、懷疑偉大的領袖、揚言追究政策責任、批判文化大革命，連階級敵人都不敢公開說的妳都說盡了。妳背後是不是有階級敵人操縱，為什麼妳膽敢如此放肆，對此我們進行了多次分析。看來妳讀不三不四的毒草書太多，平時又不注意思想改造，任其毒素侵蝕自己的頭腦以至發展為現在這個樣子，實在太危險了。」

老師傅的臉色很嚴肅，但語氣是溫和的。

「雖說沒有反革命背景，但妳已經墮落到階級敵人陣營的邊緣，問題相當嚴重，不可輕視。不過我們認為妳還是可以改造好的青年，妳要好好兒地學習毛主席教導，認真回顧二十多年來黨的養育之恩，重新認識自己的責任和義務，力爭盡快回到革命隊伍。妳並不屬於自己，妳的一切屬於黨和人民，這一點妳應該比誰都清楚。必須在革命群眾面前檢討犯下的錯誤，誠懇地表示悔改之意，取得群眾的諒解。」

「既然大字報出來了，行政處分也是必要的。」

一直在房間裏走來走去的年輕師傅插進來說道：

「革命組織是有原則的，在妳做好認真反省、取得群眾諒解之前，作為懲罰，停發助學金。什麼時候再發，這完全取決於妳自己。」

「革命行動越快越好，趕緊寫好檢討書交上來，我們也盡快安排召集大會。」

大概年長的師傅看出我臉色的變化，插嘴囑咐了一句，話中不無善意。

如果有一天自己也像哥哥那樣被送進牢房，也許我並不會感到驚訝，但卻從沒想到過金錢懲罰。為此，聽到工宣隊師傅的通知後不免有些狼狽，一時不知如何回答是好，施禮退出房間後我徑直向校外走去。

唐院是唐山市工礦農區的分界點，大門的右側是農村莊園，空氣新鮮，我和同學經常去那裏散步消閑。我像夢遊一樣無意識地沿著熟悉的馬路行走，眼前的稻田、菜園、樹木和農舍顯得比往日雜亂無章。當走累了想找個地方坐下來休息時，路燈亮了。身靠電線桿舉目瞭望蒼茫夜幕，這時我才發覺自己是何等迂腐、不通世故。

我被金錢捉弄了，但不是因無錢而困惑，是對淩駕於信仰和理性之上的金錢力量感到驚愕。迄今為止我被「忘恩負義」之語死死糾纏，卻從未想到過用割斷金錢關係的辦法解除纏繞。與其說是因為我做不到，不如說是從小拿慣了國家的錢，惡化成習性。「助學金懲罰」讓我初次領會到「吃人家的嘴軟」這句諺語的寓意。是為了金錢否定信念，扭曲靈魂，過自我打算的生活，還是無視金錢的擺弄，按照自己的意志走下去，我面臨著新的選擇。

至今的生活經歷沒有教會我面臨選擇時應該怎樣權衡利弊才會帶來幸福，它只教會我按人情、理念和道德去判斷事物，去決定取捨。也許這才是我做人的原點！人格成長中給予我影響的那些人們已銘刻在內心深處，一旦遇到需要抉擇時，他們會浮現眼前問我：怎麼，曉蘭，還在猶豫？我無法躲避這些，做不到為了私利否定自己所認定的真實，那會叫我不得不忍受這些人的蔑視和唾棄。

我忽然想起中學二年級從牡丹江逃回來時班主任老師的告誡——「如果妳在今後什麼時候想批判誰，想擺脫什麼，那妳必須有離開那個人、遠離那個環境而能頑強生存下去的能力才行，否則妳將被自己毀掉。」時隔七、八年之久終於理解其涵義了，與此同時也發現自己沒為獲得這種能力做過任何努力和磨練。

父母雙親是值得兒女敬愛的，然而我從一味愚弄國民的養育父母身上沒能找到可以繼續敬愛下去的絲毫理由，為此付出了非同一般的苦痛。倘若今日的抉擇能切斷與他們連接的鎖鏈，倘若眼下的取捨能把我從精神枷鎖中解放出來，已經重新找到做人原點的自己寧願接受這一懲罰。金錢觀念淡薄的我沒過多考慮今後如何生活下去，決定拒絕檢討反省。

我沒有可以援助自己的親人，又不能打工，當天晚上寫信向中學時代的好友求援。半個月以後收到的答覆是內裝十元錢的掛號信。這是助學金的一半，但在當時能為我從自己的生活費中節省出這筆錢是相當不易的，何況由於這一關係朋友免不了遭受信件審查和政治刁難。友情是人生中的至寶。

校內秩序恢復了正常，但開課仍舊無望，全院師生集中在大學附屬工廠進行勞動鍛鍊。我對檢討反省保持沈默，每天埋頭致力於農用電機的製造。工宣隊師傅也沒再提這件事，不久助學金又發到我手中。雖說不太懂事，但半年來也覺得很對不起為我吃苦的朋友，所以老老實實地收下了助學金。

就這樣，一九六四年秋季考進名門的大學生們沒能學到什麼正經專業知識，胡鬧了三年政治運動後又在校內工廠勞動一年多，送走一批又一批因文革憋在學校的高年級同學，終於在一九七〇年的夏天，和文革前最後一屆一九六五年入學的大學生一起迎來了自己的畢業分配。

我被分配到蘭州鐵路局，在就職分配毫無個人發言權的那年月，被指定去大西北實際上就等於流放。對此我很坦然，本來我也沒做任何非本分的指望，根據政治表現這也是當然的結果。少女時代的「人生美夢」早已被現實打破，何況在護身符「烈士遺孤」的庇護下，比起出身不好直接或間接遭到不盡情理磨難的同學，我算幸運得多。今後的落足之地哪怕是瘠鄉僻壤，只要能堂堂正正做人，哪怕是窮山荒漠，只要能自食其力，我沒有躊躇也沒有不安，在戀愛男朋友葛丕能的伴同下輕裝前往新的命運之地——

蘭州。

唐山鐵道學院在文革後期全部遷移到四川，西南交大主校舍改在成都市內，現已成為四川名門。唐院已被遺忘，這也是她的命運，如果留在原地的話，註定在造成二十四萬多人死亡的一九七六年唐山七點八級大地震中全毀。那場浩劫給唐院留下來的，只有那座目睹了中國第一所鐵路學堂近一個世紀春秋變遷的老校門。

第五章：
走向自由

流放西北

我的男朋友葛丕能是同系同級同學，工廠勞動期間常在一起交談。因為對事物的看法相近，相處很融洽，漸漸地成了當時難得的能袒露內心的知己。畢業分配時，他本因身體不太好，家庭出身還可以，有希望分配到條件比較好的南方，但他決意與我同赴西北。身邊有如此理解和支持自己的伴侶，我對流放生活更是渾不介意。

我們從北京乘坐兩天三夜的列車來到西北重工業基地蘭州，在鐵路局辦理就職手續後，按著負責幹部的指示，又乘火車向西來到偏遠的紅谷川。徒步翻過幾座丘陵後，眼前展現出一條通往一片住宅區的馬路。路旁的樹木挺拔蔥綠，好像還很年輕，在黃土高原的勁風中昂然不動。四周是田地，一簇簇剛收獲下來的麥堆和農業機械用具規則地排列在地裏。越過田地向遠處舉目眺望，無草無木無人家的黃土丘陵無盡地伸向遠方。

這個孤零零的住宅區是蘭州鐵路局「五七幹校」，據說過去是軍營，文革中成了有問題的幹部接受思想改造的收容所。隨著社會秩序的穩定，幹部落實政策也在加速，很多在運動中被罷免的幹部相繼恢復名譽，復職復薪返回局裏，我去的時候還剩下二百多名幹部在等待最後的審查定論。同期分配到蘭州鐵路局的一百幾十名大學畢業生將在這

裏接受一年的再教育，教育我們的是軍隊幹部。

思想改造的這一年是與黃土搏鬥的一年。這裏遠離城市和農村，糧食和蔬菜幾乎全靠自給自足。黃土高原雨水很少，種莊稼要靠引水灌溉。可是這兒的土質近似黃砂無粘性，辛辛苦苦修好的渠道和田地一放水不是塌陷就是出洞穴，珍貴如油的水全都流到洞裏，有時連麥苗也被沖走。

究竟水都流到哪兒去了呢？地裏的洞穴到底有多深？黃土高原的秘密深不可測。加上黃河的水量逐漸減少，住在上遊的農民只有晚上才肯把水放過來，夜間灌溉是常事。有時稍不留神，幾個小時引灌的水差不多全被隱藏在秧苗後面的大洞吸走。值班時整夜東跑西顛填洞堵穴，常被出其不意的洞穴捉弄得疲憊不堪。大學生們除了春季選種播種、秋季收割脫粒曬糧之外，主要的精力都用在加固水渠和平整田地上。儘管如此，我們常是黃土的敗將。

為了改善生活，我們養豬餵雞、種菜加工食品，冬天在豬圈的冰凍糞尿上打滾兒，夏天與雞舍的蚊蠅廝殺。艱苦的環境中我學會很多務農知識，身體也鍛鍊得非常強壯。運糧清倉時，搬運一百多斤的麻袋不費吹灰之力；用夯砸地時，四個人同唱革命語錄串詞的勞動號子，輕而易舉地抬起幾百公斤重的大石墩。與自然搏鬥勝利時、收穫用自己的汗水得來的果實時感受到的喜悅讓人忘記半軟禁生活的陰鬱。政治學習當然少不了，每星期還有軍訓、實彈射擊，深夜緊急號聲一響，三五分鐘捆好行李集合奔赴荒野進行小長征。雖說淨是些有政治色彩的活動，但緊張嚴格的氣氛給單調的生活帶來一定的刺激。從早到晚聽刺刺不休的訓詞，重覆量多繁重的工作，根本沒有煩惱憂愁的餘暇。

大學生連隊有十幾個班，大家同吃同住同勞動，在人生道路上因運氣不佳邂逅相遇的我們很快成了好朋友。相互間不需猜測，不必試探，流放西北沙漠地區本身就足以說明問題。無論是出身不好的、文革中犯錯誤的、也無論是有政治問題的，無一不是受社會排斥，從此與城市生活、與升官發財無緣的弱小之輩。正因如此，彼此之間既沒有戒備和顧慮，交談時也不用拐彎抹角，相互間的信任撫慰了當初聽到畢業分配結論時遭受打擊的身心，坦誠的相處重新喚起因打擊沉淪了的生存信心。勞動中互相體諒，日常生活裏互相關懷，在用水相當困難的條件下，每個人都留心為其他人節省洗臉擦身熱水的小事，也成了艱苦環境中促進相互融洽隨和友好的一大要素。

誰都知道，與我們耗費的時間和精力相比，勞動成果是極不相稱的，同時誰也清楚「越是艱苦越能改造思想」這一革命教條的存在。沒有人發牢騷，也沒有人自暴自棄，每個人都咬緊牙根忍受著苦役的磨練。現實讓年輕人過早領會了「忍耐是人的最大美德」這一冷酷的人生哲理，同時也讓我們懂得，若能通過眼下的苦關，今後無論怎樣的困難都不在話下；在反抗意味著毀滅的社會裏，哀嘆命運是愚蠢的，任何境遇裏都存在著有益於今後的智慧。我們就是抱定這樣的想法從容地執行軍隊幹部下達的任務，樂觀地承受強加於肩上的重荷。

星期天是自由的，大家常三五成群花上一兩個小時去下川口小村莊玩兒。那裏的小賣店有不知從哪兒進口的白砂糖、黑糖塊兒、核桃仁，還有加工雖不好但質地純正的羊毛線。大學畢業生的月薪不算低，加上地區補貼可謂當地的高薪階層，只是因前途未定，除了交伙食費以外無太多用場。我們常買些毛線和市場短缺的白砂糖寄給家人親戚，以這一經濟活動保持與外界的聯繫緩解寂寞。

軍事訓練時我們有時住在老鄉家裏，睡窩藏著虱子和臭蟲的氈毯、吃怪味酸辣饃湯是接受貧下中農再教育的重要一環。實際上，我們在訪貧問苦或去鄉間遊玩時得到的不是無產階級思想，而是另一番感觸，偏遠地區的落後狀況實在令人髮指。

曾幾何時這裏是繁榮昌盛的都府，不幸在黃河的屢屢肆意泛濫中衰退，破落成廢墟。儘管如此，祖先們在黃土裏紮下的根是深的，人們不願離開故鄉投奔他方。氣候乾燥缺水的這裏生存條件極其惡劣，越往西走人們的生活越悲慘，習俗越陳舊，婦女和兒童的境況越叫人憐憫。這裏的人們似乎被祖先留下的廢墟牢牢束縛住了，既不設法逃離也不力求改變，與其說在生活，不如說活一天算一天。

近代史的辛亥革命、國共的合作與分裂乃至文化大革命，舊的朝代解體，新的政權建立，儘管充滿痛苦和磨難，中華民族確實步步向前、進化發展。然而，這裏的人們好似與此毫無相關，他們既不期望新皇帝的誕生會給自己帶來什麼福音，也不擔心舊朝廷的毀滅、甚至外族侵略會使自己失去什麼。人們沒有可期望的，也沒有可失去的，僅僅是在黃土中活著。

村裏村外黃土一色，用黃土砌成的房子又矮又暗。夏天光著身子躺在黃土炕上，冬天一家幾口人裹著一條破被，在用玉米稭子堵住窗口的房間裏忍寒。沒有棉衣也沒有火爐，有的人家甚至輪流穿一條褲子出門。他們一年從政府得到的救濟只有微量的玉米麵和小米，在長不出什麼農作物的環境裏每天只能吃野菜粥。沒有電燈，燈油又昂貴，一到夜晚村裏一片黑暗，死沉得讓人懷疑這裏是否真有人家。

中華民族的搖籃 — 黃河從遙遠的太古時起源源不斷地流向東方，帶走兩岸大量沙土，渾濁了河水，造成沉積，途中河床乾枯失去方向，氣勢已不再是當年。與此成正比的是，創造了燦爛民族文化的黃炎先祖的後代們也在變化。黃河上遊的居民思維好像遲緩了、失去了好奇上進心、忘記了清潔和追求。這裏成了被上天遺棄的下界，無論怎樣辛勤，大自然給予的僅是發育不全的玉米雜穀；無論怎樣努力，與貧困的淵源永遠截不斷。極度的貧困和落後使這裏的人們感情麻木，他們的臉色似黃土無表情，眼珠也無光彩，呆呆盯著我們這些外來者的神情，令人憎恨折磨他們的貧窮和落後。

村民中患白癡症的人很多，教育和醫療條件落後的惡性循環給當地人造成難以彌補的後果，加上當時中央領導揚言「人多力量大」、「人口是我國的財寶」，每家至少都有六、七個孩子。村裏好像沒有學校，十來歲的男孩子光著身子不足為奇。還沒成熟的女孩子身揹小弟手拉小妹，哄弟妹的眼神和話語簡直跟大人一樣，叫人不能不生憐愛之情。最悲慘的還是婦女，身邊纏著四、五個嚷著餓的孩子，肚子裏卻又懷上新的一口，每天為「無米之炊」絞盡腦汁不說，挺著臨產的重體還得到地裏挖野菜。

提到廁所更是可怕，村裏廁所是用稭子圍起來的茅間，去解手總是有家畜伴同，解大手時豬仔會站在前面不停地哼哼催促，還沒等提好褲子糞便已被收拾得乾乾淨淨。村民們大概沒用過手紙，他們用稭稈擦拭，有的甚至用手抹過之後把手指插進圍牆的稭稈完事。看到這些光景，連我這個對流放不太介意的人也不免擔心今後的工作要是指定在這樣的地方如何是好。

不久，迎來盛夏，思想改造要結束了。幹校畢業之前，癱瘓了五、六年的團組織活動恢復正常，我被開除團籍。事前軍隊指導員通知我，在把我們送往各分局之前要在每個人的檔案上作出新的結論。我的勞動態度積極，政治表現不壞，但大學時代的錯誤不能因此一筆勾銷。幹校黨委的結論是：我已不配共青團員的光榮稱號。

與過去徹底訣別的時刻終於來了，儘管與獲得和失去並存的往昔分手難免傷感，但畢竟是長久期盼的。昔日在團旗下堅定宣誓的純潔少女後來成為我堂堂正正做人的障礙，解除共青團員這一身份的約束對我來講求之不得。人生剛剛開始，在共產黨專制社會裏，開除團籍意味著失去政治利益，在依然看不見出口的黑地道裏，被團組織驅逐無疑是苦難的開始。但我不在乎這些，我討厭政治利益，因為它是束縛的代價，沒有比束縛更痛苦的了。

七月末的一個傍晚，團組織會議召開了，會上指導員鄭重宣讀黨委決定：「不允許迎合抽象主義、修正主義和資本主義的動搖分子混雜在共產主義先鋒隊伍裏……。」我坦然地聽著，然後靜靜合上幼稚歷史的那一頁。

會後我的男朋友陪伴我到野外去散步，他是大會上唯一反對組織決議的人。他並不是要把我挽留在團內，而是表示保護我的意志。在那些苦難的日夜裏，他的存在是一大安慰。

空曠的野外漆黑一片，只有宿舍的燈光點散分布，宿舍後面重重地長長地伏臥著黑呼呼的沙丘，風吹著電線颼颼作響，天空布滿星辰，黃土高原的夜景不乏莊嚴之感。我像剛從鐵籠子裏放出來的囚徒一樣盡情地伸展雙臂，深深呼吸新鮮空氣，充分地享受久待的自由。星空格外明亮，我把其中最亮的星座定為自己的原點，我不再回首往事，向著「按自己的理念、意志、道德觀念活下去」那個原點專注地邁步走去。

理想的實現

太陽毫不留情地向沙丘放射著熱量，中午溫度急劇上升，耐高溫的沙漠主人小爬蟲們不知躲到哪兒避暑去了，四周出現了沙漠特有的白晝寂靜，只有我們這邊兒吵鬧仍在持續。沙漠是偏僻地區兒童們的樂園，幹校畢業後當了教師的我常帶學生來這裏遊玩。這些不知疲倦跳來跳去的初中生們是一群上課認真學習課後喧鬧不已的少年；是經常誘發我回憶自己從前的活潑頑皮少女；他們也是在日常生活中經常幫我挑水、運煤球、造爐子的好友。

沙丘像高山，我真不明白毫無黏性的砂子為什麼能積成如此高大的形狀。更不可思議的是，學生們排成行列一齊從頂端向下滑動時，往往從沙丘底處傳來深沉的轟鳴，宛如巨大的怪物在痛苦地扭動身軀呻吟，又好似大地在惋惜遠古的繁榮昌盛、哀嘆今日的荒涼寂寞。我被沙丘的轟鳴感動，跟在頑童們的後面一次又一次地爬上滑下。累了就躺在地上曬太陽，往旁邊的孩子身上揚砂子，和他們一樣盡情歡笑。

這裏是騰格里沙漠，這片一望無際把美麗的波紋送向遠方的砂海比過去在地理課上聽到的、電影上看到的宏大得多，也雄壯得多。初次帶學生來到這裏時，我好奇地觀察寥寥幾株在荒漠裏頑強生存的仙人掌，聞它們的氣味，觸摸那尖銳荊棘，欣賞沙漠驕子的孤高身姿和無華毅力，讚嘆造物主的萬能。

沙漠不光是給孩子們歡樂，有時會粗暴地顯示自己的威力。剛才還晴空萬里，突然烏雲密集，一時間太陽被吞沒，天地昏暗，狂風大作，飛砂走石，旋風捲起的砂石團像神話中的妖怪一樣，以不可阻擋的勢力直衝而來。有時還帶來冰雹，雞蛋黃大的冰塊兒與其說落下不如說是被妖怪拋在地面。

我曾遭遇過一次襲擊，無處藏身的我和學生們只能壓低腰身抱成一團等待那妖怪離去。這一切僅發生在短短的幾分鐘之內，不一會兒風暴狂吼著襲向他方。太陽露出笑臉，剛才興風作浪的烏雲乖乖散開縮小，不久悄悄溜之大吉，沙漠裏響起孩子們的歡聲，一個個沾滿砂土的小臉露出安心的笑容。可是聽當地人講，每逢妖風怪出現時都有房屋倒塌、莊稼破壞或者孩童失蹤的事故發生。大自然蘊藏的破壞力遠不是我們師生可以想像的。

躺在砂地休息時我喜歡仰望天上的浮雲，雲彩後面有我少年時代想當教師的幻夢，而那夢想竟不費吹灰之力地實現了。那年月知識分子是「臭老九」，教師又排在知識分子最底層，文革後期流行「寧願下礦井，不當孩子王」的風氣，人們盡可能遠離教師職業。否定教育、視尊師愛師的中華美德為糞土的畸形意識形態是六十年代動亂的一個縮影。

然而沒有教師社會畢竟不能成立，好在有讓你當教師你就得去的弱小者，幹校的大學畢業生多半被分配到蘭州鐵路各分局所屬學校，我有幸在地處號稱「塞北江南」的黃河河套地區的中衛縣城鐵路子弟學校開始了教師的生涯。

登上講壇的第一天我就下決心，今後無論出現怎樣不利局面，任憑道路怎樣曲折，絕不屈服地按自己的意志摸索前進。所以每逢春秋來到沙漠時，都不忘抽空兒凝視浮雲檢點自己的腳步，這是我的一個「小秘密」。

婚後我們住在離學校很近的鐵路職工家屬區，每天從早上七點到下午五點都和學生在一起，下班後還要家庭訪問、學習指導，工作很繁忙。當時沒有加班費一說，我和同事們一樣心甘情願地放棄休息。我有自己的意念和打算，努力不是出自被迫，我希望自食其力的同時能為撫育自己的人民多做一點兒貢獻，感恩之念從沒離開過腦海。不僅如此，我付出的辛勞換來的總是歡樂和滿足，新的發現和新的啟示使我精力充沛。我發覺教普通人的孩子這一普通的工作非常適合自己，我愛上這個平凡的工作。

一九七一年的秋天，鼓吹個人崇拜、篡奪黨內接班人的野心家失寵，「林彪事件」震驚中外。好不容易安定下來的局勢又出現動盪，執政者們也掩飾不住驚慌。為了穩定人心，中央指示加速幹部恢復黨籍、恢復名譽、復職復薪等落實政策。於是，黨員幹部從山溝鄉下相繼歸城，換上制服，穿起皮鞋，提著文件包凱旋返回原單位，社會秩序趨於正常。

新的金字塔時代開始了，曾被剝奪權力嘗到人間地獄苦澀的幹部們在重新坐穩權力之椅後暗下決心絕不讓悲劇重演。為了鞏固自己的權力基礎，他們在身邊安插親信心腹；為了彌補在文革中失去的東西，他們千方百計把親屬從農村外地調到城裏，把孩子送進重點學校。「復仇」是人間戲劇永恒的體裁，「有權不用過期作廢」是當今常識，政權交替劇中不擇手段謀取私利的社會現象發生了，個人住宅、親人就業、親戚入黨、子女升學、城鄉戶口變更，貌似平靜的世間蠢蠢欲動。

周而復始的動亂讓人們懂得建國初期的美好理想只不過是一場幻夢而已，文革期間暴露在光天化日之下的幹部們的腐敗和貪婪，使曾立志「我為人人」的善良國民大失所望。在不是靠能力和努力而是由政治地位決定利益所得的社會裏，處世哲學不是認真和誠實，而是虛偽和欺騙，這是血淚教訓。反覆無常的政治運動把人們內心美好的東西玷污、撕裂。從這個意義上來看，說文革是歷史上最惡性的愚民害國事件並非言過其實。

學校、工廠、機關在六、七年的混亂中處於癱瘓，需待解決的問題堆積如山，舊的規章制度中惡性利用可鑽空隙比比皆是。更不可忽視的是，這幾年人口由七、八億膨脹為十億。誰人不想住好房、幹稱心的工作？誰人不期望自己的兒女發財成名？十億人就

職、分房、升學的激烈競爭促使不擇手段謀取私利的腐敗現象無法遏止。

為達到目的，入黨也是手段之一。人們對共產主義的信仰早已淡漠，但是一黨制國度裏黨員說了算，黨員有特權，既然不甘心蹲在底層吃苦受罪，就得學會向上爬去討好取悅上司。幹部利用職權貪污受賄、下面的人送禮贈金、阿諛奉承，這些惡行以不亞於文革前的巧妙方法、更甚於從前的陰險形式、比以往更廣泛地蔓延開來。當時流行的順口溜——「五十年代人幫人，六十年代人欺人，七十年代人騙人」，形象地反映了社會風潮。

一九七三年八月，「知識無用論」再度猖獗，敲桌砸椅騷擾課堂的鬧劇再次登場。這一「鬧學潮」雖沒持續多久，但氣勢兇猛，偏遠的沙漠地區也受到影響。中衛鐵路子弟學校的課停了，批判教師又成了時髦，後來學生乾脆不來學校，不能不上班的教師們只好在辦公室打撲克、摸麻將消磨時光。

一天晚上，夜色籠罩著大地，家家戶戶的燈火陸續熄滅，人們開始進入夢鄉。突然，「日本人滾出去！」、「打倒日本鬼子！」的喊叫聲打破沉寂，緊接著「噹」一聲，我家的玻璃被擊碎，玻璃渣子散亂在地。我正在刷牙，一下子癱在身旁的椅子上，腦袋裏閃出可怕的想法：「是報復！」。我覺得身上的血液在凝固，呼吸困難，手腳好像也麻木了。躺在床上久久不能入睡，黎明時分，迷迷糊糊做惡夢看見自己被一群人追趕到空曠原野，突然，眼前的地面裂開一個比在幹校時看見的洞穴要大得多的黑洞，身子不由自主地向裏面沉下……。

早上照常起身去學校，短短幾分鐘的路途卻好像走了很長時間。窄小的鐵路住宅區，人們見面相互打招呼是日常交往禮節，但那天我害怕遇上學生和家長，擔心他們罵我是「鬼子」。教室裏空盪無人，只有幾個學生在門外吱吱喳喳。我硬著頭皮向他們打招呼，只見那幾個孩子你推我擠低著頭嘟囔著：「老師，您別……。」也許是師生間的特殊感情讓我直覺到他們是為昨天晚上的事來安慰自己的，不由眼角發熱。在後來的年月裏，每當想起那些孩子們的小友情，心裏總是熱呼呼的。

那天晚上，「日本人滾出去！」、「打倒日本鬼子！」的吼聲又劃破住宅區的夜空，家裏的玻璃又被打得粉碎。我從聲音聽出鬧事人中有因用彈弓打傷別人被我嚴厲批評的學生。第三天我索性不點燈等待那可怕的時刻，接連五天，小屋的玻璃完整無幾。黑暗中我思考反日教育在孩子們心裏播下的種子，我不能責怪那些鬧事的孩子，他們還僅僅十三、四歲，然而，他們對日本人的仇恨不能說是完全公正的，無視日本的現今一味偏激地灌輸憎惡和復仇的教育也不能說是正當的。同時，我對友情和友誼的信賴再次受到傷害，因為我親身體驗到這些世間最寶貴的東西在扭曲的政治面前多麼脆弱。我曾堅信友誼的力量，在工作中注重培養與學生的友情，可是這竟在一夜之間變得粉碎。我為它

的脆弱嘆息，為自己的單純而苦笑。

學潮風暴在冬季來臨前平息了。國家的經濟、外交和內政已薄弱得再也經不起混亂了，舉國上下一致譴責這次由在新政權中沒能獲得滿足利益的一小撮人唆使的鬧劇。「鬧學潮」以短命結束了，可是師生之間的隔閡不能不令人擔憂。重新開課的那天，看著坐在教室裏的一張張笑臉，確認上面著實寫著：兩年間朝夕相處建立起的友情還在喲！時鼻頭一酸眼睛濕潤了。我難為情地轉過身子在黑板上故意慢筆寫下數學公式$(a+b)(a-b)=a^2-b^2$，然後面對學生們說：

「還記得這個公式嗎？這是永恒的公理，即無論在何時何地都不變的真理。世間也有這類永恒的東西，學習這些、掌握這些、運用這些正是我們的學習。」

在以後的幾年中，我和學生們一直相處融洽，我關心他們的學習和生活，他們也很信賴我，真摯的師生友情激勵著我，給我力量和智慧去執行自己的職責。可是內心發生了一個巨大的變化，響徹黑夜住宅區的辱罵聲喚醒了在心底昏睡多年的那個意念，因受嘲弄而羞恥的心情並沒在我身上逗留多久。第三天的襲擊中，「我是日本人」這一意念陡然浮現在腦門，「是啊，我應該回日本去！」

我從小把養育自己的中國看成是祖國，愛她並曾立志為之獻身。為此，我希望她能成為美好的國家；為此，我在傷害她的動亂中苦惱憂傷；也為此，我努力回避和掩飾自己的日本血統出身。現在，被辱罵叫喊聲公開了的身份已無法掩藏，再沒有必要回避了，更無需繼續為內心的糾葛苦惱了。「RIBEN」在我內部已不再是空洞的詞語，兒時記憶的日本國旗、地圖、穿和服的女人、還有那軍歌，既然這些長久銘刻在心靈上，日本就是心中的祖國，理應昂首挺胸地追求她。

我開始了追求，不久追求變成渴望。我弄不清這渴望究竟意味著自己是在尋求新的刺激，還是想再一次傾聽軍歌那悲壯的旋律，跪在未知的故鄉面前奉獻自己的懷念之情。我只清楚自己的回歸之意是強烈的、難以壓抑的、一天比一天變得迫不及待。

一切都正常了，中衛鐵路子弟學校增設了高中班，我當上了高中數學教師。為了兩年後打響第一炮，我開始收集資料翻閱舊課本準備高考複習教材，工作雖然辛苦但很愉快，女兒的誕生更增添了生活的樂趣。

忙忙碌碌中的一天，學校迎來蘭州鐵路局局長的視察。大局長視察沿線學校是前所未有的，全校大動干戈，前一天破例停課大掃除。大人物來的那天，我正在上課，被叫到校長室。進門一看，五七幹校的老王頭兒坐在裏面，還沒等我弄清怎麼回事兒，他已經起身拉住我的手問道：「小劉，還好嗎？」

我們是在幹校認識的，老王頭文革前就是大局長。那年月地位越高問題越嚴重，老

王頭兒的問題是局裏的大難題，遲遲下不了結論，原來的同事和部下就像躲避痲瘋病患者似地遠離了他。我在食堂值班時常和他在一起，早聽說過這位問題複雜人物的風言風語，但他人很風趣，我很願意和他聊天。偶爾夜間值班引水灌溉在一起時，給他沏杯熱茶、燒個洋芋蛋兒、有時替上了年紀的他轉田地查水情。大概長時間被周圍冷落的老王頭兒記住這些微小關照，所以來中衛視察時順便看望我。

「啊，是老王頭兒呀！腿腳還挺硬實，身體不錯吧？」

旁邊的校領導看著我們用從前的稱呼親切交談，又好笑又驚奇。最後老王頭兒，不，應該稱王局長對我說：「好好幹，有什麼事兒儘管給我寫信。」之後在校園裏轉了一圈兒乘專列回蘭州了。事後人們羨慕地說，王局長是專程來看劉老師的。的確不是壞事，在偌大的蘭州鐵路局內，局長是權力之最，如果我有心進局機關大樓，當然輕而易舉。

沒過幾天，銀川分局宣傳部長突然來到我家。當給這位不速之客端上茶時，他莫名其妙地說住房是不是太小了，又問我打算不打算入黨。反應遲鈍的我終於明白「紅運」來了，連忙謙虛地說：「我哪有資格入黨！」宣傳部長和藹地說：「有，妳完全有資格，妳才是真心實意地為黨著想的人。如果有意加入黨組織，盡快填寫申請書上交學校黨支部，後面的事由我負責。住房調整我也會安排。」

我猜想大概這位部長收到局裏上司的什麼指示後查閱了我的檔案材料，突然心裏湧現出一股從未有的自豪感。這一定與在狂風巨浪中不失勇氣最後終於遊到彼岸的勝利者的驕傲雷同，我為在扭曲的動亂中誠實地走過來的自己驕傲。作為共產黨全盛時期的幸運兒，我受過充分的愛國主義教育，從中攝取的營養培育了熱愛祖國和憎惡荒謬的良心。雖然結果是與黨訣別，但我毫無愧意，也不後悔。

現在，上級領導向我伸出有力的手，失去的東西重新出現近在咫尺，只要願意便唾手可得。遺憾的是，這些東西中沒有一樣叫我動心，我的心被自由獨占了！在光明還沒有真正到來之時要獲得自由並非易事，說不定永遠被困居在大西北，但至少可以力爭保持精神的自主。我不願受名譽和地位束縛，何況現在我只有一個願望，那就是回日本。

我開始摸索去日本的途徑，設法與恢復名譽的劉維二叔取得聯繫，了解到外祖父的一些事情，隨後給哥哥發出信件。一九七四年，鄧小平上臺，時代的運氣讓他那因自殺未遂摔斷了腿的兒子鄧步芳提早出了軍營返回北京。關在同一軍營的反動學生們也借光先後出獄，哥哥被指定到四川江油縣當教師。哥哥並沒完全恢復自由，清楚受監視的自己所發出的信件很可能受到檢查，他決定利用寒假到中衛探望我。

哥哥早在大學期間就有去日本之念，在軍營勞改時也不忘偷偷自學日語。他贊同我的想法，在我家寫了五封寄往外祖父曾工作過的東京世田谷區役所的信，並提議避開仍有可能保持信檢惡習的閉塞地區，到相對開放的大城市投遞。一九七六年的暑假，我們

帶上兩歲的女兒，經由北京、天津、青島、南京和上海，回丈夫的老家南通探親。每到一個城市，都特地去我們認為最保險的中央郵電局投信。現在回想起來有點兒可笑，但當時的確還不能掉以輕心。

青島逗留的時間最長，在沙漠下里巴人的眼裏大海實在是美麗、壯觀，且神秘得似乎給人以無限希望，然又像拒人於千里。我仰望湛藍的天空，合掌祈禱，身邊的丈夫把雙手放在胸前，我們的小寶貝也模仿爸媽舉起小手。目送滾向東方天邊的層層波浪，我幻想著，期望著，於是彷彿聽到大海彼岸傳來的呼喚。

中日友好熱

一九七二年九月二十五日，日本首相田中角榮訪華，中日兩國發表共同聲明恢復邦交。這個值得紀念的消息傳來後，儘管比不上同年春天美國總統尼克森訪華反響大，學校黨委做為我國外交政策的一大勝利十分重視，組織師生討論學習。日本戰敗投降後兩國關係一直處於非常狀態，歷經二十多年的坎坷終於正常化了，我分外高興，在家裏悄悄舉杯慶賀。

文革結束後，人們剛覺得可以平靜地過日子了，卻又發生什麼林彪事件、鬧學潮、四人幫結成、批判周恩來、鄧小平再次下臺、毛澤東逝世、唐山大地震等一系列人心不安的騷動，我一直懷著不安注視著中日關係的趨向。

幸好局勢趨於穩定，一九七八年的夏天，借《中日友好和平條約》締結的東風，日本世界語者友好代表團訪問北京，母親的姐姐幸子是其中一員。兩年前我在各大城市發出的信件到達東京世田谷區役所，那裏的人們熱心協助找到住在群馬縣的幸子姨媽，血緣連線終於穿過國境厚壁接上了頭。

死守多年「鎖國」政策剛剛打開門戶的當時，從偏遠地區到首都會見外國人還有相當的困難。但上級領導很支持，幫我辦手續、填寫嚴守國家機密誓約書，連有「政治前科」的哥哥也獲批准。八月十八日，兄妹二人準時在首都機場迎來日本親人，當幸子姨媽流著眼淚握住我的手說：「曉蘭和照子一模一樣」時，我感慨萬分。是孤兒就難免多少會對自己的身世抱有疑惑，這些疑惑在與幸子姨媽相見的那一刻解除了，我可以確信自己是日本人的孩子了。

日本世界語代表團會見長谷川照子遺孤一事在中日兩國引起很大反響，日本駐北京記者向東京發出電訊報導了這一消息：「一九三八年十一月一日的《都新聞》以『嬌聲

賣國奴』為題和真實姓名報導的長谷川照子在那之後銷聲匿跡，時隔近四十年歲月的今天，她的兒女在世界語者們的協助下與日方親屬相會。時值《日中友好和平條約》簽定一星期之後，可謂日中友好時代起步的最佳一幕。」

在北京的那幾天，我和哥哥摻在世界語者訪華團中出入大飯店，會見中國世界語元老名士，參觀名勝古蹟，訪問政府機關，無論到哪兒都被中日雙方記者團團包圍。我這個只和小鎮子的孩子們打交道的鄉下人既不懂日語又沒見過大世面，在豪華的場地常常感到不知所措。但日本友人和中國世界語者們都非常親切，從他們那裏了解到很多有關父母的事情，是一次填補雙親空白的寶貴機會。

政府有關部門設宴盛情招待日本來訪者和中國世界語名士，看到有那麼多的人懷著深情回憶與父母共同生活的往事，有那麼多的人熱心研究查詢母親抗日反戰的足跡，我了解到母親的確是一個出色的日本人。尤其看到中央對此事也很重視，派高官出面接待過去被認為是敵國的日本人，我切實體會到中日兩國之間的冰河開始融化，預感時代在變，長年暗自期待的中日友好願望溢滿胸膛。

第二年，中日關係進入蜜月期，《人民日報》和《光明日報》相繼登載了父母生前好友們撰寫的紀念文章〈中日友好戰士綠川英子〉、〈黎明前的高歌〉，高度讚揚在抗日戰爭中主持正義反對自己祖國發動的侵略，為中國的解放作出貢獻的日本女性。與此同時在日本，世界語界、文化藝術界、政界和許多對母親抱有敬意的民間人士開展募捐活動，為招待我們兄妹訪問日本籌集資金，成全我們曾對姨媽透露的想去日本看看的願望。

訪日日程確定下來了，可在窮鄉僻壤辦理護照、簽證、置辦服裝、準備禮品，事事繁瑣費周折。尤其哥哥的前科問題作梗，護照遲遲批不下來，以至一度兩人商量放棄出國訪問。多虧日本邀請方面積極通過日本外務省與中方交涉，八月八日，兄妹二人終於如期踏上多年嚮往的日本國土。

當時的情況我沒有準確的記憶。不懂語言，不清方向，見到的人是誰，他們在說啥，還要去哪兒，下面的安排是什麼，一切稀裏糊塗。只記得每天被人們擁簇著，坐小轎車、乘地鐵、觀光遊覽、赴宴會、面對記者照相機忙得不亦樂乎。「日本」一直在我心中，但那只是一個抽象無形的情感，我生活的時代和環境中很少能看到有關日本現今的資料和書籍，如果說頭腦裏有什麼印象的話，全是抗日影片的記憶。日本是不是富裕的國家，那裏的生活條件適合不適合自己，這類問題壓根兒就沒想過。

然而一到日本，豪華的機場、高大的建築、舒適的飯店、奢侈的款待、川流不息的車流、精緻豐盛的日本料理頓時把我鎮住，三五天過後竟陷入見飯就嘔，上車就吐，連水都難咽下的狼狽地步。幸好當時在東京工作的父母生前友人一直陪同我們，哥哥也相

1980年
日中合作テレビ「望郷の星」
主演　テル　栗原小巻（日本）
　　　劉仁　高飛　　（中国）

望乡之星

題字　鄧小平

當穩重自如，他們盡可能詳細給我翻譯解釋，才使得人們好意安排的十天訪問順利結束。回到北京一下飛機聽到漢語播音時，兩三個小時前還暈頭轉向、噁心頭疼的症狀令人難以置信地無影無蹤，身體完全恢復正常。

會見外國人、又去國外旅行，我成了小地方的名人。寧夏地區的領導、銀川分局的幹部召見我，新聞記者採訪約稿，地區學校舉行講演會，一時間應接不暇。蘭州鐵路局考慮到今後或許日本來賓會訪問長谷川照子女兒的工作單位，送給我們學校一套當時相當昂貴的音響設備，每天早晨，全校師生在響徹整個住宅區的樂聲中進行迎賓操練。

一九七九年，日中聯合製作以長谷川照子主持正義投身反戰活動為主題的電視劇《望鄉之星》。這部由當時在中國也享有盛名的日本著名演員栗原小卷扮演母親長谷川照子、中國演員飾父親劉仁、鄧小平親

《望鄉之星》劇照

自揮筆題詞的電視劇儘管因電視還未普及很少有人看到，但聽說在大學裏成了日語專業的應用教材。當時的國家主席華國鋒訪問東京時，中日雙方在收視率最高的傍晚時間播放了這部片子。中衛沒有電視機，我是到銀川觀看的。專程坐兩三個小時的火車去看電視在今天不可想像，而我正是在那一天比較完整地了解父母的生平，同時開始對雙親產生了兒女之情感。

中日友好的蜜月期還在持續，過去不為人知曉的長谷川照子現在成了「中日友好的象徵」，我忽然間成了「國際主義戰士」和「抗日英雄」的女兒。報社徵稿、聘請講演不好輕率失禮拒絕，然又講不出寫不來自己並不詳知的事

情，更不願裝腔作勢出風頭，我對周圍的變化感到有些困惑。儘管如此，友好的趨勢令人鼓舞，我設法參閱資料，引用父母生前好友的回憶，努力為中日友好盡自己的義務。

人若逢時運，好事接踵來。不久中央有關部門下達總書記胡耀邦的指示「為促進中日友好、反對日本軍國主義、加強愛國教育、發揚國際主義精神」在佳木斯修建劉仁和長谷川照子的合祀墓，設立有關文物紀念館。佳木斯市政府同時發函通知我合祀墓預計一九八一年竣工，屆時務請前來參加典禮。

一九七八年，中斷了十幾年的大學統考恢復正常。這期間被截斷出路的大批社會青年為找到較好的職業、脫離閉塞的西北，把賭注壓在考大學上，雲聚在中衛鐵路地區僅有的四、五名有大學學歷的教師身邊。我們夫妻數理化較強，每天辦公室和家裏就像私學堂一樣，求解高考難題的人從未斷過。第二年，我的學生升入高三，工作更是忙得不可開交。也許，人生活在自己的存在是他人需要的環境裏最幸福，高考輔導工作常使我忘記一切雜念。

一九八〇年的夏天，辛勤的勞動結碩果了，高考合格的喜訊接連傳來。有時晚上正準備熄燈睡覺，拿著錄取通知書的學生歡天喜地地闖進家門來報喜。當然也有很多落第的人，陪伴傷心哭泣的孩子、安慰失望不安的家長也是重要的工作。說實話，整個教師生涯中感受最深的就是這段時期，對於站在講臺上的人來講，與學生共享苦樂一同向前或許比教授知識更重要。

那年秋天，鐵道部下通知調我到北京工作。建國初期，很多人響應黨的「建設大西北」的號召，遠離家鄉來到內地。從沿海城市來偏遠地區容易，回去可就難了。戶口管理制度嚴，工作調轉無自由，要想離開大西北沒有堅實的門路和有力的後臺那比登天還難。同事中每年只有寒暑假才能與家屬團聚的人有好幾個，我又成了幸運兒。

搬遷的準備開始了，要好的同事和學生們來家裡幫忙，衣物書籍裝箱、不要的東西撤出、捨不得扔的家具刷新漆，繁雜的收拾整頓在大家的協助下進行得很順利。由於離開氣候乾燥、交通不便、生活單調的沙漠地區是每一個人的希望，因此談話中免不了觸及令人羨慕的調轉話題。學生們更是天真直率，「到北京工作，我簡直連想都不敢想！」、「恐怕我這輩子也去不了首都啊！」真心為我高興的孩子們的話語像針一樣刺著我。我最討厭高幹子弟太子黨沾老子光撈取私利，可自己現在做的正是同樣的事，借父母的光不費吹灰之力獲取別人無論怎樣努力也得不到的利益。

離開需要自己的人們到底還是難過的。在師資極缺的偏遠地區，學生、家長還有那些仍無著落的社會青年們很需要高學歷擁有者的指導。我理解這些人的願望，願意能於他們有益，而且在努力滿足他們時，我獲得了寶貴的信賴和友情。可現在，我全力以赴準備離去。儘管不住地以「誰都有權利選擇自己的今後」來安慰自己，但仍舊無法驅除

內心的矛盾。離開中衛的最後那些日子，我像丟失了最寶貴的東西一樣煩燥空虛。

出發的時刻到了，小小的火車站擠滿了送行的人，在「劉老師再見！」、「老師一定再回來看我們啊！」的喊聲中，我們一家上了火車。汽笛響了，車輪開始滑動，我突然覺得自己像被沙漠那深不可測的胸懷緊緊擁抱，又像隨大海的巨浪翻捲沉浮，淚水止不住地湧了出來。望著月臺上漸漸退去的模糊人影，我想，對於奔向北京，不久又要涉渡東瀛的人來說，這裏也許是一去不復返的遙遠他鄉！

列車加快了速度，熱愛了十年之久的騰格里遠去了，那深沉而又強勁的沙丘轟鳴也消失了，代之而起的是一陣陣火車的汽笛聲。我隱約聽到新命運的腳步聲。

新工作單位是北京二七機車廠，哥哥也調到北京工業大學任教，我們都立即得到三、四口人足可以住得下的兩間新住房。私有財產還得不到保障的當時住房相當緊張，人們大都依靠工作單位分配公房。二七廠動亂的十幾年間沒有修建住宅，很多職工兩三代六、七口人一直住在窄小的破舊房子裏。我調去的時候剛好新建的幾棟家屬宿舍樓完工，人們按工齡、表現、貢獻計算得分排隊等待分房。原本應得到新居卻因我的調入失去良機的人家一定很懊喪了。我感謝領導的關懷，盡全力努力工作。新工作仍舊是教數學，適應新環境沒遇到太大困難，在二七廠職工學校工作的那幾年我曾多次被評為優秀

教師。

一九八一年夏末，我應佳木斯市政府的邀請帶著女兒再次奔赴遙遠的北國疆地。

接到中央指示後，佳市政府立即行動，動員文物考古人員，聘請落實政策後恢復名譽的劉維二叔前來配合找舊墓。在他們認真追根溯源、反覆核實變遷足跡後，確認舊陵園第一九八號碑名為「劉研文」的墳墓是父親的，第二四四號名為「林山英」的墳墓是母親的。盡管碑名完全不同，且留下後去世父親的墓號為何反倒在母親之前這一疑問難以圓說，畢竟三十多年的歲月流逝和城市變遷是複雜的，我還是願意相信考古人員和二叔的努力。

佳木斯的晚夏涼爽宜人，一望無際的

三江平原上放射著的豐收光芒，一掃當年留在我內心的餘寒。我榮幸地受到貴賓級款待，乘坐高級轎車進出一流飯店，出席市長高幹的宴會，外出時沿途還有市民的熱情歡迎。舉行竣工典禮那天，黑龍江省副省長親自從哈爾濱趕來，新聞記者和拍照陣勢據說也是空前的。

合祀墓座落在佳木斯第一風景區四豐山水庫旁，墓身墓碑是用大理石修築的，整體設計採用中日風格的融合交織，巨大墓碑的形狀呈象徵兩國友好的「V」字型，一片面朝日本，一片面朝橋頭老家。石碑正面是省長親筆題詞：「國際主義戰士綠川英子暨劉仁同志之墓」，背後是用四百八十三個精刻文字讚揚兩人生平事跡的碑文。雄壯的墓地體現了中央政府的高度重視和佳木斯領導們的親切旨意。

當為父母獻上花圈時，我低聲問九泉之下的雙親滿意現在的特殊待遇嗎？倘若他們知道自己死後發生的許許多多哭笑不得的事情，會怎樣想呢？

其實，我在文革後期曾拜訪過因受父母牽連而遭迫害的老前輩們，了解到一些傷心的往事。最先拜訪的是高崇民的家，我一直希望能見到這位恩人，當面向他致謝早年的關懷。正是在高崇民的關切下，我才無憂無慮地度過孩童時期。後來，儘管他因受「反黨集團」案件的牽連免職罷官，無暇顧及我，但我一直在他製作的「烈士遺孤」這一有力護身符的庇護下平穩地長大成人。

高崇民的家在北京高幹住宅區，我去的那天大院冷清無人，鄰居的老大伯告訴我高崇民還被關押在監獄，由於問題嚴重，他夫人也被軟禁接受審查。建國以來，曾在抗日

戰爭和國內戰爭期間作出很大貢獻的高崇民在反覆無常的上下臺悲劇裏忍受煎熬，運動中屢遭批鬥毒打，直到最後也沒遇上好的「政治時運」。

接著去拜訪郭沫若的貴宅。郭先生中外馳名，歷屆運動中由於態度圓滑蒙受上級祖護地位穩定，文革期間甚至不時地可以在報紙上看到他出現國際交流舞臺。我曾聽二叔說過他是父母在重慶時代的友人，所以希望能從他那兒知道點有關事宜，同時僥倖期望他能設法營救被關在軍營的哥哥。

在北海後院郭家朱門前，我吃了閉門羹，他的秘書請示主人後向我索取「是綠川英子女兒的證據」。經那秘書一說，我想起郭沫若為母親寫的詩絹題詞，可那詩絹還在二叔手中，身上帶的證據只有父母友人們常說的「與綠川一模一樣」的長相。無奈郭沫若不親自出面確認，只好掃興而歸。那年月誰都怕沾麻煩，回避多餘之事也許是不得已。後來二叔把父母遺物交還給哥哥後，我們把那幅被稱之為有歷史價值的詩絹贈送給了佳木斯市文物館。

我又按哥哥告訴的線索找到了幾位父母重慶時代的友人，這些在政府機關擔任要職的老前輩們都因曾與日本人有關連而被定下莫須有的罪名，驅出首都到內地勞改。幸好其家屬還在北京，他們親切地接待並向我介紹了因患病回京治療的楊女士。

在北京腫瘤研究所我找到了在重慶和佳木斯一直與父母親密交往的楊阿姨，她聽完我的自我介紹，仔細地端詳了一陣後抱住我哭了。我在楊家住了一夜，楊阿姨向我訴說了自己知道的一切。重慶疾病中含辛茹苦撫育兒子的母親，抗戰勝利時在江邊孤獨散步的綠川，臨終時不斷用日語呼喊媽媽的照子，失去心愛伴侶而發狂的劉仁，終日扶在母親的棺材上哭泣的父親，這些片段大多是那時聽到的。楊阿姨還告訴我給母親做手術的那位醫師後來一直沒能擺脫「綠川墮胎手術事件」的詛咒，一次又一次的政治運動中他不是為「殺害了國際友人」的罪過遭毒打，就是被追問「與日本女間諜有密切關係」這一莫名其妙的歷史問題，直到最後污點也沒得到清洗，晚年在大連含冤而死。

「妳媽媽早就死了，可是她的陰魂不散，一直在世間糾纏著我們。」

楊阿姨是笑著說的，但我知道她和其他老前輩因與母親的關係而受到的迫害卻不是用玩笑可以付之一了的，那年月日本間諜嫌疑是再討厭不過的了。

「回想起來也怪傷心的，綠川走了，劉仁活不下去了，我當時還年輕，覺得妳爸爸沒大丈夫氣概。現在才明白，妳媽媽雖然死得太可惜，但作為一個女人她是幸福的，被妳爸爸那麼深愛，著實讓人羨慕啊！」

父母是怎樣看待現在的特殊待遇，我無從猜測。我感謝父母去世後有堅實的安身之地，感謝地區領導幹部的努力，感謝找尋舊墓和修建新墓的工作人員。但一想到因父母遭受連累的人，想到出爾反爾的政治兒戲，站在壯麗的墓前緬懷雙親難免鬱悶憂傷。

東北烈士紀念館 綠川英子烈士遺物陳列專櫃

二〇〇九年，合祀墓因佳木斯市區規劃遷回烈士陵園。烈士陵園安寧、莊嚴，許多在抗日戰爭、解放戰爭和朝鮮戰爭期間為祖國捨身捐軀的人們安睡在那裏。我相信，重新回到在戰火中為祖國犧牲的同伴中間父母一定會高興。每到春季，少先隊員們來陵園掃墓，平時也有許多遊客前來瞻仰墓碑緬懷先烈，千里迢迢渡海來訪的日本客人也去參拜。人們會在父母的合祀墓前思考中日關係的古今，確信追求和平的力量，增強對兩國友好未來的信心。

父母為抗日戰爭獻身的事跡銘刻在中國近代史冊上，他們的和平吶喊回響在中國人民的心裏。武漢、重慶、瀋陽、哈爾濱、佳木斯等地的歷史博物館和紀念館裏至今仍展有他們的照片和有關資料，他們的故居也仍舊被當作歷史文物保管著，新聞報導和電視節目裏有時會出現他們年輕時代的倩影。在中日兩國間那一昏暗的歷史上，母親「綠川英子」這一名字放射著奪目的光輝。

哥哥調回北京後去日本留學了。哥哥早年在北大攻讀原子物理，一心期望能在科學技術相當發達的日本重振自己的專業。熱心的日本友人和親戚們也想盡辦法要滿足我們，那年廖承志率千人友好訪問船周遊日本列島時，曾有人特地到友好船停泊港口請求廖先生「支持長谷川照子兒女留學」，還有知名人士前往駐東京中國使館懇請「為長谷川照子遺孤留學創造條件」。日本友人們的努力沒能兌現，我和哥哥卻暗地高興。因為我們的最終目標是想通過留學留在日本，不願利用中國方面的便宜圖私利。當然我們無法阻止日本友人的行動，當對方的好意與自己的意願不相吻合時應該怎樣拒絕，這個苦惱在以後也屢次出現，它成了長谷川照子遺孤的一大奢侈心病。

哥哥寫信給日方親戚，請求他們當保證人支持自己打工留學。一個遠房親戚出面了，她的名字叫川田泰代，是當時有點兒名氣的評論家。在她的呼籲下成立了「長谷川照子遺孤留學支援會」，會員有政界名人宇都宮德馬、土井佳子、田英夫；文化藝術界知名人士利根光一、澤地久枝、著名演員栗原小卷、我家遠親吉永小百合等，還有近百名大學教授、律師、醫生和民間友好人士，保證人由「東京日中科學技術交流協會」承擔。一九八一年，哥哥有幸在無任何經濟負擔的條件下，到日本首次獲得諾貝爾科學獎的物理學家湯川秀樹曾工作過的埼玉縣和光理科研究所實習進修。由於是接受社會援助的身份，且當時還不能公開宣稱想留在日本，所以契約一年期滿後，哥哥決定回國。

回國前，哥哥向一年間為自己籌集費用吃了不少苦的川田姨媽再次躬身施禮，請求協助妹妹留學。哥哥歸國時帶回一臺國內還罕見的電腦，為教學工作做出一定的貢獻，促進了北工大與日本的學術交流。看到這些成果，致力於日中友好的川田泰代和支援會同意哥哥的請求，於是，我的留學願望在日本友人們的鼎立援助下實現了。

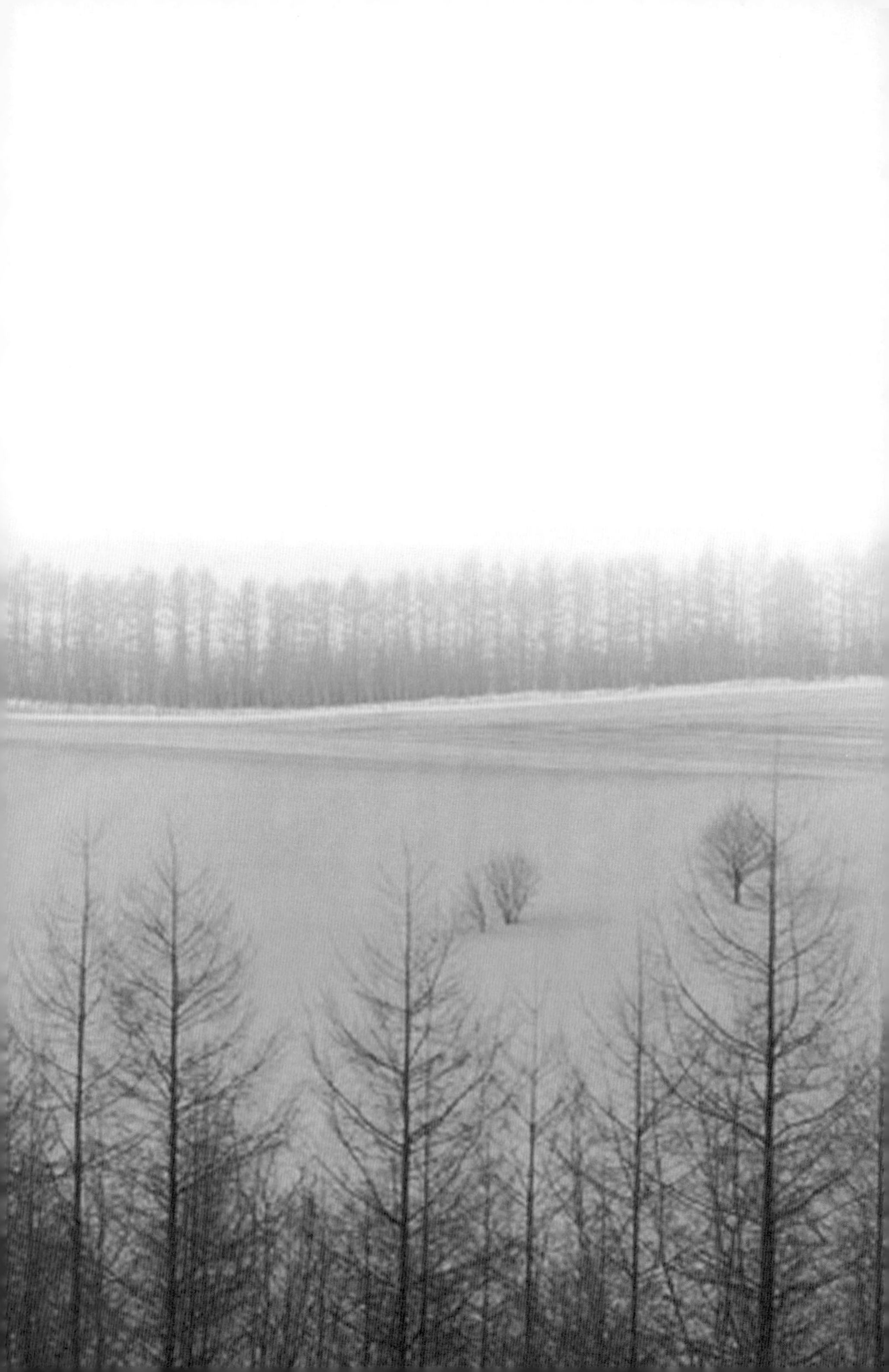

第六章：
第二人生

長谷川照子遺孤的糾葛

一九八四年十月，我的留學生活開始了，預定在東京電氣通信大學進修學習一年半電腦軟體知識。八十年代初期，中國的電子技術還未普及，國家大企業二七機車車輛廠僅有幾臺小型蘋果機，擁有這方面知識的人也很少，廠方和日本友人們對我寄予很大的期望。我的輔導教授是有山正孝先生，後來晉升為電通大校長，在學術界享有盛名。他是為我們兄妹留學提供入境手續保證的日中科技交流協會會長有山兼孝的兒子。有山先生父子在日中邦交正常化之前的漫長歲月中，始終不渝地致力推廣兩國民間交流，為中國的科技發展培養專業人才作出了很大的貢獻。

回憶電通大時代常感難為情，因為我不僅在知識方面是無知的，而且接受知識的氣質也很貧弱，雖然畢業於工科大學，然而技術和實踐都少得可憐。有山教授很快發現我的欠缺，但自始至終耐心親切，總是在百忙之中抽出時間指導我學習，盡可能用簡單易懂的語言啟發誘導我這個年紀大語言又不通的弱智者。我是教師出身，深知輔導這樣的學生何等棘手，因此至今仍非常感謝有山先生。

時隔十幾年重返校園，每天坐在研究室裏擺弄電腦鍵盤，翻詞典，摸索理解各種指

示性能的學生生活很新鮮。我不懂英文，當然又多一重難關。幸好當時有來自北京的電腦學者和留學生在電通大研修電子技術，我經常請教他們指點入門。漸漸地我對電腦產生了興趣，在初級學習由 DATA BASE 進入 COBOL 後，甚至計劃在一年期間製作一個文件資料管理系統軟體以示進修成果。

到日本後我住在親戚川田泰代家裏，她家在東京涉谷區，和女兒外孫同居。川田姨媽性格奔放，是一位活躍的社會活動家。她家書架上的書大都是有關社會問題的，其中不少援助亞洲各國受迫害政治家的書籍。我閱讀過她的著作，字裏行間閃爍著做人的正義感。川田姨媽早年東渡美國留學，在日本還很守舊的時代，搶先吸收了西方的進步思想，對民主自由、婦女解放、人權民權等社會問題頗為關心，中年成為有影響的評論家。六十年代初期積極主張日中友好，曾幾度衝破無邦交的障礙到中國進行訪問，日中邦交正常化後，她為宣傳投身抗戰的長谷川照子的事跡、促進日中友好關係作了很多的努力。

我從她女兒那兒聽說過川田姨媽為籌集我哥哥的留學資金吃了不少苦頭，自己也親身體會到她為我們兄妹付出的辛勞。剛到東京的那幾天，七十幾歲高齡的老人帶我去入境管理局和市區政廳部門辦理登記手續，到大學報到。從她家到大學所在地調布市需要轉乘電車，私營和國鐵通路都很複雜，買車票、進出站全是自動化，川田姨媽得事事手把手教我這個來自落後國家的鄉巴佬。東京的地鐵簡直就是迷宮，我常常因找不到轉乘的方向和正確的出口，給老人添了不少麻煩。

稍稍穩定下來後川田姨媽開始帶我走訪留學支援會的團體和個人。支援會成員有一百多人，我雖有心在每一個人面前施禮致謝，無奈語言不通，人生地不熟，今天去的是哪兒，見的是誰，說了些什麼全然不知，而明天要去哪兒，預定見誰，應該說點兒什麼更不清楚，只是跟在姨媽的後面東跑西顛。一晃眼一個多月過去了，年底到了。在還沒有手機的當時，日本人習慣每逢年底寫上幾十甚至幾百張的賀年卡以示交情。我在川田姨媽的指導下寫了兩百多張。抄地址、選詞語、練文字，辛苦是辛苦，但當把厚厚一疊賀年卡投入郵筒聽到「咚——」聲時，一種來到日本後初次湧現的安心感充滿心間，終於可以把自己的心意直接傳給每一個援助自己的人了。

川田姨媽的社會活動很繁忙，每天深夜才回來，而我的大學生活是要早起乘一個半小時的電車趕九點的大課，因此和姨媽同時在家的時間很少。我們之間的聯繫幾乎是靠她每晚睡覺前寫給我的紙條，按著她指示的「今天下午○○點在○○車站等妳」去行動。接近年底，公司、團體的「送舊迎新會」多起來，我們外出活動也愈加頻繁。我是進修生，沒有必修課程，但和指導教授預定的輔導課有時比較難調整。儘管如此，我認為參加社會活動是學習的好機會，所以最初很高興與川田姨媽同行。

日本的結社很自由，學習歷史的組織、批判政府的團體、討論國內外大事的集會非常多。反對天皇制、研究孫中山三民主義、主張憲法更改等持各種不同政見的集團活動不受任何限制，有志者們在日常中平和地開展著活動。這在從專制國家來的我眼裏非常有魅力，雖然還聽不懂人們在談論什麼，但光是能光明磊落、毫無顧忌地表達己見的自由這一點已足以讓我羨慕。

每次集會接近尾聲時，川田姨媽向坐在角落裏的我示意，於是我乖乖地走到前面。「這就是我曾說過的長谷川照子的女兒劉曉嵐，現在在電氣通信大學學習，感謝大家對她的支援。現在生活費還不夠充裕，希望大家再助一臂之力。」

川田姨媽介紹之後我馬上向大家施禮，羞澀地重複自己能流利說出的唯一謝詞：「感謝大家，還請多關照！」我在國內的工資每月七十幾元，按兌換價換算不到一萬日元，而光是大學的學費一年就要幾十萬，我只能依靠他人的援助。既然接受援助，理當感謝，因此內心雖然對眼下的作法有抵觸，但竭力裝做若無其事。

理性認識是如此，然而畢竟吃過花他人錢的苦果，大學畢業前「助學金懲罰」的記憶還殘存著，這使我難以維持心理平衡。我開始討厭自己的無能，嫌棄將近四十歲了還要像乞丐一樣伸手討錢的處境。與此同時又厭惡自己的虛榮，討厭自己過分敏感的個性。我努力反省內在的矛盾，力爭克服自身的弱點。然而，我戰勝不了它們，相反越來越討厭為了錢像影子似地追隨著川田老太太的自己，覺得自己向人們施禮致謝的形象可笑甚至可卑。我不再那麼喜歡川田姨媽了，至今我很佩服這位能幹的遠親，讚賞她那充沛的精力和超群的影響力，而現在發覺她只不過是一個能言善辯的自我中心人物，她在眾人面前的遊說和演講有時在我看來很滑稽、甚至彆扭。

我到日本留學的真正目的是想留在那裏，希望作為日本人在日本度過自己的後半生。出國前雖然學了一點兒日語，但還遠遠不夠，我知道必須首先突破語言這一關，掌握起碼的生活工具。在電通大，我的對象主要是電腦，與別人交談的機會不多，因此回到家裏盡量與川田家人聊天練習會話。也許每天聽雜亂無章不成條理的話語誰都會感到膩煩，不久川田姨媽的表情有所變化。我漸漸介意起老人家眉間嘴角的微動，發覺聽自己的蹩足話語確實相當費勁兒，我的會話興趣和勇氣因此減弱，代之而起的是自卑和不安。

在信息傳遞技術還相當落後的當時，中國很少報導日本的現今社會，留學前根本不了解日本人的實際生活。毫無預備知識的我就像一隻無頭蒼蠅突然闖進了陌生世界，日本人的考究日常習慣、細膩傳統以及步入電氣化的生活方式和節奏，這些異國文化和時代的牆壁猛然出現在眼前，形成障礙。洗澡間的使用、入浴順序和規則、飯菜的做法、碗碟使用的分類、打掃衛生的時間、清掃次序以及垃圾處理等等，雖說是單純的日常，

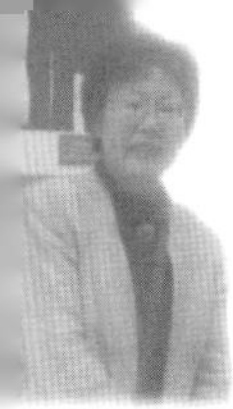

可兩國間的風俗傳統和生活水平有天壤之別，加上個體家庭的固有習慣差異，由此產生的實際隔閡使吃慣大碗飯、喝慣白開水、一星期最多只能享用一次溫水淋浴的我望而生怯。說到那些來日本前還沒見過的冰箱、電飯鍋、熱水器、微波爐、掃地機、空調、洗衣機等家電，對於來自家電還是人們嚮往的奢侈品國度的人來講簡直是魔術之物，而要在短期內了解它們的使用方法也並非易事。有好幾次因沒聽懂姨媽家人的解釋引起器具故障，使原本和諧的氣氛變得酸澀窘迫。我天生多慮、拘泥小節，害怕給人添麻煩，寄身他人家的生活使我越發變得故步自封。

有一陣子晚上家裏常來客人，大都是支援會成員。為了表達謝意，我常包餃子招待他們。於是我的餃子有了名氣，川田姨媽指示我做餃子送給其他支援者。為了包餃子，放學後要立即去菜市場購買材料，抓緊時間和麵、拌餡兒、桿皮兒、包好裝盒、然後乘電車登門送貨。往返路程需要一個半小時以上。一路上總是擔心天黑找不到地方，擔心盒裏的生餃子黏到一起，還琢磨到了人家怎樣致意，如何解釋水餃的煮法，又發愁很多日本人不喜歡吃韭菜和大蒜。這樣跑了幾次，我被餃子外交弄得精疲力盡，不免露出倦色。這時川田姨媽會耐心告誡說她讓我去拜訪的都是大人物，如果能得到這些人的支持，效果要比十幾個甚至幾十個普通人大得多。不巧我偏偏醋頭「大人物」，大凡聽是大人物便設法敬而遠之，姨媽的告誡起了副作用，提著散發韭菜臭味的盒子登門求援的活動成了負擔。

元旦前後半個月的寒假過去了，學期末考試結束後，日本大學一年中的第三個假期——春假到了。我想利用春假打工掙點兒零花錢。入學費、聽講費和生活費全由支援會支付，除此以外每月有大約三萬日元的交通午餐費。日常中雖說沒有什麼不便，畢竟是大人，覺得至少應該自己打工解決生活問題。我把這一想法告訴姨媽，卻遭到了反對。

「留學生打工是違法的，長谷川照子的女兒在日本打工賺錢也不像話。妳不用擔心，需要什麼只管對我說好了，我家沒有的其他人也許會有，怎麼都好解決。」

川田姨媽的話的確是誠心誠意的，對沒錢的人來講也是求之不得的。可是生性古怪的我不會坦誠地接受這樣的好意，過度的虛榮不願讓人把自己當成難民，穿不知姓名人的舊衣，用沒見過面的人的物品總覺得不舒服。當時常有新聞記者採訪我，應邀出席日中友好招待會的機會也不少，但出國前花大錢費牛勁請北京高級服裝店訂做的禮服在姨媽眼裏寒酸過時，加上日語差嘴巴硬不會說冠冕堂皇的套詞，結果每每使她失望。

我不是不理解川田姨媽的期望，也何嘗不知自己的表現與今後的利益休戚相關。然而，我不太善於靈活處世，往往偏激。儘管有意順應自己的保護人，希望她高興，無奈實際行動往往事與願違。我知道自己的笨拙給姨媽添了許多不快，暗下決心克服任性和呆板，可是內心卻怎麼也甩不掉「吃人家的嘴軟，而出錢人任意擺布對方也是不對的」

這一固有觀念。矛盾的心理、畸形的糾葛阻礙著我進行真正的改造。

僅僅兩三個月，我和川田姨媽之間本來就因早晚作息差異而不足的交流變得更少了，剛到日本時的期待和快活也消逝了，即便偶爾同在家裏圍著電熱茶桌取暖，兩人好像互不相識的陌生人，常是相對不語，很難找到能愉快交談下去的話題。漸漸地我覺得自己像一個被主人嫌棄的無能食客。

我生來即缺乏協調能力，這個致命的缺點在當時那種還不適應的環境中肆意作怪，使我沒有餘力為他人著想。其實，比這更糟糕的是我沒能充分認識自己在日本的身份，當然也沒能認真考慮應該採取怎樣符合這一身份的行動。我是長谷川照子的女兒，眾多日本人也僅因期待日中友好才向我伸出援助之手，接受援助理所當然應努力不負眾望。可是我在記者和眾人面前很少高呼日中友好之口號，姨媽的失望也是難免的。

春假開始了，川田姨媽為我安排去旅遊。定計劃時我對她說不旅遊沒關係，籌集資金很不易，省下這筆錢用來交學費。我的操心是多餘的，川田姨媽站在支援會負責人的立場上，著眼的是日中友好大局，她希望和哥哥留學時一樣能在報紙雜誌上隨時報導長谷川照子遺孤的豐富多彩留學生活。

旅途在川田姨媽的周到安排下，所到之處都有人接待，住宿豪華舒適，餐食飲料豐盛，白天還有導遊陪同，相當順利。接待我的人都是支援會的成員，每個人都很親切誠懇，對我照顧無微不至。然而，這麼好的旅行並沒能成為心情舒暢、縱情歡樂之旅。旅途中我無法把自己與長谷川照子遺孤合二為一，不能坦誠地接受人們的熱情厚意。人們越是親切，我越覺得那親切不是為我而是為長谷川照子遺孤；他們越周到細心，我越顧慮沒有為他人作出任何貢獻的自己毫無理由接受這樣的禮遇。

日本的確是非常美麗的國度，廣島和平公園旁那座以沉默抗議原子武器的龐大廢墟樓、福岡市郊的潺潺溪流和明月、身臨其境會切實感到天地間互引互吸魄力無限的阿蘇火山，這些景致誘發只知道冰雪和沙漠的我讚嘆不已。日本著名三景之一嚴島神社的漫步、福岡城遺跡的觀賞、熊本露天溫泉的沐浴是當時的我所知曉的最高奢侈。遺憾的是我沒能盡情享受這些奢侈，奢侈中反倒乖戾地想：如果不是用乞討而是自己掙來的錢，如果同伴不是自己不得不依賴的外人而是親朋好友，那該多麼幸福啊！對美的讚嘆散發到體外時卻變成鬱悶的嘆息。

旅途往返都遇上好天氣，有幸坐在新幹線裏遙望富士山。被喻為日本民族象徵的這座名山散發著柔和明媚的光芒，勻稱姣韌的姿態卓絕無比。電車駛過山前的十幾秒間，我被那完美的姿態震撼傾倒，甚至感到心房顫抖。我真不知世上還有哪個風景能讓我如此動情，更不明白為什麼那美會如此勾引我傷感。也許，因時下境況尷尬而產生的鬱悶和惆悵讓我無條件地崇拜上了富士山。

短暫的二月過去了，交納新學年度學費的日子迫近，隨同川田姨媽外出募款的行程更加頻繁了。在公眾面前，姨媽一向健談開朗，相比之下我總是扭捏不安、滿面灰澀。看見老人竭力求人捐款，自己還得不時地點頭哈腰，越發難堪羞怯。變態的心理阻礙我正常地表達自我，有時甚至不清楚究竟是在對自己的無能焦躁還是在對卑微的處境憤慨，更找不到解除這些混亂的辦法。我想擺脫毫無自主的現狀，但長谷川照子遺孤的身份，也就是「為日中友好」的入境契約把我牢牢拴住，只要身份改變不了，我只能與自己鬥。我在自我嫌棄與追求自由、對川田姨媽的感恩與反逆中動搖，在期待與不安中掙扎。我不情願承認留學竟是自己最反感的聽任擺布、寄人籬下的生活。

我試圖把全身心投入學習中，雖然還沒開學，但每天都去學校。學校裏有同學和老師，還有電腦，一個小小的程序會消磨掉幾個小時，這樣會忘卻煩惱和苦悶。然而，煩惱和苦悶並沒因此減少，無益的糾葛使精神陷入泥沼。我被眾多人的友善包擁著，卻比任何人孤獨；肩負眾多人的期待，卻與他們相隔遙遠；友善聚成莫大的重荷，期待結成難以驅散的陰影。虛榮、偏執、頑固、孤僻等自身的弱點擰成一股力量把我推向拒絕一切的境地。我不止一次提筆想寫信給母親的親姐弟，試圖請求他們替換現有的保證人關係。當然這些想法沒能付諸實際，因為我至少還懂得自己再苦也不能任性損害日中友好社會活動。

一天夜裏，川田姨媽向我嘮叨起募款的困難。募款活動使老人疲倦了，她發牢騷說自己對這件事已膩煩透了，想撒手不管。我聽懂了話的大意，終於忍不住說出心裏話。我向姨媽表明支援贊助應基於個人意志，既然不是情願出錢，接受援助的人也不能心安理得厚臉皮，與其接收這種沉重的捐助，不如去打工受苦輕鬆。

「長谷川照子遺孤留學支援會」是在八十年代初期日中友好熱潮中成立的，我去日本時友好的餘熱尚在，儘管時機不算太壞，但是剛送走了哥又來了妹，未免讓人感到乏味。支援會發起人川田姨媽的募款活動困難完全可以理解，也正因這些原因，所以我不能佯裝不知穩坐老人身邊等待伸手拿錢，我認為半工半讀是解決生活問題和緩解緊張關係的唯一辦法。

聽了我的話，川田姨媽笑了，眉頭嘴角露出嘲弄：

「是嗎，那妳能幹什麼呢？」

「別的幹不了，掃地洗碗還是沒問題的。再說到社會上去鍛鍊才是真正的學習，今後也許長期生活在日本，打工吃苦會得到很多在學校裏學不到的知識。」

我結結巴巴地把窩在心裏好久的話倒了出來。只見姨媽臉色突變，下巴顫抖，她異常地大聲嚷道：

「妳是不是想叛國呀？妳要知道妳是中國人，而且是由共產黨一手養大的，妳受到的教育是同時代人中最好的，妳可不能忘恩呀。忘恩負義的人是最卑鄙的！」

這不是叛國！我想反駁，然而，湧到喉嚨的抗議沒能跳出嘴邊。「忘恩負義」一語揭開了我內在的舊傷疤，劇烈的隱痛堵住了我的嘴巴。川田姨媽沈默了一會兒，用嚴厲的目光把我從額頭到腳尖掃視了幾個來回，然後平靜地說：

「妳聽著，曉嵐！我忍耐著辛苦並不是為了妳，眾多的日本人出錢出力也不是為妳劉某，妳要不是長谷川照子的女兒，誰會理妳！？」

我驚愕了。雖說會話能力不強，但纖細的性格給了我相當的感受力，還不能十分聽懂日語的我竟從姨媽那嚴厲的表達中感受到了言語的卓越感染力。川田姨媽精煉的語言表達著一個千真萬確的真理，我被那千真萬確猛擊一掌，一時張口結舌說不出話來，只覺得體內的血液全都沖到腦門。我為自己期待的留學落到這種誰都不情願的糟糕地步感到沮喪，淚水由不得意志淌在臉頰上。

那天夜裏我第一次認真思索我和長谷川照子遺孤的關係，終於痛楚地醒悟到人們關愛的僅僅是長谷川照子這一千真萬確的事實。這本來是顯而易見的，然而我一直回避不予正視。迄今為止的五、六年，長谷川照子的光環沐浴著我，帶給我不少恩惠，調工作、住新房、出國留學，這一切在當時沒有相當的門路絕非輕易獲得的。我享用了恩惠卻沒做出相應的回禮，到日本後不僅沒發揮自己在日中交流活動中所處的地位努力做點兒什麼，反而不滿不服。支援一方對這樣的受援者無論提出什麼責難，當然無反駁之餘地。

渴望成為日本人以及要留在日本生活下去的熱情冷卻下來，失意在我心裏築起一堵把我與「長谷川照子遺孤」隔絕開來，且在後來的歲月中任憑自己怎樣努力也沒能完全鏟除乾淨的堅厚屏障。

無法緩解的彆扭關係、尷尬的食客地位、孤立的身份使我窒息。即使如此，為了去學校還不能不卑屈地接受川田姨媽不定期發給的小錢。這樣下去會毀掉的！左思右想之後我鼓起勇氣請求姨媽允許離開她家。

三月下旬的一天，我懷著對自我改造和對改善親戚關係慘敗的遺憾搬出了收容我近四個月的家。從那以後，每月從日中科技交流協會事務局直接領取八萬日元贊助費自己安排生活。事務局長是一位和善的老頭兒，兩名事務員也很平易近人，每到那裏他們都熱情地給我介紹很多日本社會的知識和日中科技交流的現狀，和他們聊天兒成了一大快樂。在他們的關懷下，我逐漸變得心情舒暢了。

我搬進飯田橋的中國留學生「後樂寮」，這是一所建於戰前頗有閱歷的中國留學生會館。日中邦交正常化後很多友好團體、公司、個人出資拆建翻修，我進去的時候嶄新漂亮、寬敞舒適。寮生全是私費留學生或公費訪問學者，他們中間很多人除了從自己的工作單位或日本友好團體領取一定的生活費以外，還利用課餘打工掙錢以補不足。這些

人的生活節奏很緊張，每天早起晚歸，他們常談起打工的辛苦。我很羨慕他們的辛苦，因為那辛苦換取的是自由，更羨慕他們能按自己的意志自由選擇進路。

我與川田姨媽的關係疏遠了，但仍蒙受她的關照，姨媽忠實地履行了自己承諾的一年半職責，但始終回避與我個人交往。那段布滿碎石亂渣的共同生活不僅在我心裏留下傷痕，也給她蒙上不悅之影，兩個只專注遵守自己人生法則的行人之間發生的摩擦成了憾事。或許有益的經歷，有價值的錘煉都要付出代價。電通大是我第二人生的起點，而提供這個珍貴起點的正是川田姨媽。我不能不感謝她，儘管我們沒成為和諧的同伴，也沒成為情投意合的親戚，但她畢竟是促成我的留學願望得以實現的恩人。

告別「日本之情」

櫻花季節到了，我生活的範圍充滿生機。後樂寮前面的林蔭道、電車駛過的路旁、大學校園和近處的調布市植物園，所有的空間都呈現令人愜意的粉紅色，一排排的櫻花樹滿枝蓓蕾含苞欲放，散發著日本特有的嫻靜魅力。清晨一跨出宿舍大門，我就盯住映入眼界的櫻花，中午和同學坐在樹下吃飯團，下午漫步附近的植物園，傍晚在路燈下閑散，無時無刻地觀察花蕾張開的進展，嗅聞那清淡的馨香。

櫻花盛開的一天，我和寮友們到東京櫻花名地 — 上野公園賞花。天空晴朗無雲，四月的春光包容著萬物，公園地面鋪滿了占地塑料布，上午十點剛過，已有人放開音響打開罐頭喝起啤酒。是啊，在這美麗的季節、和諧的環境、怡情悅意的氣氛中，誰不想盡情享受大自然的恩賜，在歡唱痛飲中慰勞平時的辛苦，醞釀向前的動力？我和友人們清掃了早在前一天就占據的領地，攤開塑料布，放好擴音機，擺上啤酒、果汁和食物，準備完畢一切就緒，日本式的賞花即將開始。

忽然，隱隱約約聽到似乎留在遙遠兒時記憶中的熟識曲調，我情不自禁地放下手中的東西，對同伴們說了聲：「你們先吃，我一會兒就回來。」轉身朝著那聲音走去。究竟發生了什事情，到底要去哪兒、要幹什麼，我自己也不清楚，只是像著了魔似地朝著那確實在召喚自己的聲音急步而行。

低沉粗獷的喇叭聲引導我來到通往明治時代的名人西鄉隆盛銅像的臺階，剛要舉足攀登，又不由自主地屏住呼吸止住了腳步。那聲音簡直就像正在等待著我的到來，驟然拖著高亢的旋律嘩然大作，時而以果敢勇猛的進攻之勢衝向天涯，時而又像潛伏在海角尋找什麼似地嗚咽沉吟，留下的回音在上野公園的上空隆隆盤旋。不一會兒，那回音變

成斷斷續續的哭泣，彷彿有誰在為無法忘卻的痛苦傷心落淚。聽到那無可名狀的哀傷，我感到一股熟悉的悲愴之情溢滿胸膛。

時隔三十餘年，思鄉之念又一次束縛了我的理智，控制著我的感情。早在童年時代闖入我的內心，像呼嘯著的旋風一樣無情地捲走了我的無憂無慮，以難以抵禦的力量喚起渴望投身拜跪在不為我所知的「故鄉」腳下，向她奉獻一切之激情的那個旋律與喇叭聲調重合共鳴，猛烈地盪擊著我全身。鑲嵌在肉體裏而在漫長歲月中被我遺忘的音符復活，並以鏗鏘有力的節奏撕絞著每塊肌肉。啊……，我想起來了！這曲調就是那昏暗的電影院中伴隨著幾百名小學生們的跺腳、拍手和口哨的喧鬧闖進我心靈的日本軍歌！事後聽說這三個退伍軍人是在向世間發洩對福祉待遇的不滿、那時的我當然對此一無所知。

我竭力按捺住心跳爬上臺階，擠身鑽進大堆人群裏，只見中間站著三個穿舊軍裝的男人，一個用一隻腿支撐著全身，一個右臂袖筒空盪無物，另一人戴著黑色獨目眼罩。三個傷兵形象的男人狂熱地吹著喇叭，臉色異常莊嚴，環視周圍觀眾的眼神彷彿像從深淵中仰望上空，試圖在那不可見的超遠境地裏尋找昔日失去的什麼。

早年伴隨著悲壯的旋律穿過我的心房然後又不知去向的日本士兵，竟以意想不到的五體不全姿態出現在眼前。突如其來的奇特形象如同利箭刺在我胸口，頓時身體僵硬了，血液凝固了，心臟靜止了，身邊的空氣也凍結了。

男人們想向遊園賞花的眾人訴說什麼呢？身穿不合時宜的服裝散發著血腥氣味的他們，內心一定有悲壯的記憶。他們是告別父老兄弟奔赴疆場，在那裏失掉手腳和眼睛，失去戰友，最後懷著敗北的屈辱活下來的人。他們曾是侵略者，是罪惡深重的戰犯。然而，他們終究也是有血有肉的人，在飽嚐了愛情與悲哀、勝利的狂喜與失敗的恥辱後，也許比其他人更清楚溫情和殘忍交錯的人生苦澀。儘管他們早已在和平生活中恢復一般，然而，至今仍不得不忍受罪過的折磨。

喇叭的曲調使人覺得他們正在遍地屍體的荒野裏召喚戰友的亡靈回鄉，或許他們正徘徊於往昔，追憶在戰壕裏熬度的寂靜黑夜。雖然在九死一生中倖存下來了，但殘酷的經歷叫他們只能在重新穿上舊軍裝、吹起舊軍歌、追溯昔日滄桑中得到慰藉。不管怎說，鼓舞著他們抑制別離的悲傷、毅然奔赴戰場、穿越槍林彈雨、最後肩負恥辱回到故土的不是別的，正是這滲透著民族魂的雄壯軍歌。這一旋律曾煽動了巨大的團體、民族乃至國家做出悲劇，殺害了數以千萬計的無辜，同時也是在它的鼓舞下，無數的人們度過了壯烈的人生。這不能不說是一個諷刺的悲劇，而這一悲劇至今並沒結束，眼前這三個舊軍人仍在那無望的旋律中尋找著從前失去的東西。

此時此刻，若讓我想起這三個吹奏軍樂的人曾是破壞人們幸福的兇手需要相當的冷

靜和理智。我並沒忘記早年的教育，沒有忘卻中國人對日本的仇恨。儘管如此，面對在充滿世間苦惱的旋律中閃爍著永不熄滅光芒的民族魂時，我不能不肅然起敬，不能不同情被國家的愚行翻弄了的個人弱小命運。無論這三個舊軍人現在如何評價自己的過去，他們那摘掉義足假臂和墨鏡，恢復負傷時的狼狽不堪，以不減當年的勇氣向陶醉幸福之中的人們訴說戰爭苦難的意志是難以抗拒的。

看著聽著，我的心靈產生強烈的共振，感情的狂瀾沖破堤壩湧向全身，我被一股強勁的力量壓彎軀體，胃裏的東西胡亂翻騰，克制嘔吐的淚水浸透了衣裙。我慌忙退出人群，坐在草地上等待胸中的平息。長年鬱積的負荷終於得以釋放了的這一瞬間，過去積壓的情緒消失在時間流逝的長河中，然而，它在我內心留下不朽的印記。

我努力鎮靜以不失自我，打開秘藏的記憶寶庫，整頓迄今的混沌。

「日本」一直珍藏在我內心，她的軍歌在刺刺不休的反日教育中雖不能大張旗鼓地喧賓奪主，然而卻以堅實的步伐闖進我的人生，留下抹滅不掉的足跡，孕育了我的「日本之情」。電影院的昏暗裏，我像罪犯的孩子被同學們的喧鬧追趕嘲弄，執著的復仇逼得我四處躲藏，恐懼變成後遺症死死地附著於身；抗日英雄婦女的講演會、二叔鄰居家母女的辱罵、中衛鐵路學校學生的報復行為，所有這些集合聚成負荷壓在心頭。

然而剛才的那一瞬間，強烈的震盪讓我重溫熟悉的激情之後，迅速地驅走了棲身在我內部的「日本之情」，清除了「我是日本人」這一偏執的意念。一切我所特有的情念像爆發了的火花一樣瞬間即逝，化為烏有。與其說經歷了幾個月日本生活的我對自己的突變沒有感到任何驚訝，不如說我正等待此時此刻。

迄今左右自己的情念不過是枉然迂腐挖成的人生陷阱，盤踞心房的嚮往不過是幼稚的單相思。心懷期盼踏上日本國土，呼吸了島國的空氣，享受了海風的撫慰後，今天，我終於清醒了。在這片語言不通、習俗不慣的土地上，別說自由生活，自己根本就是連乞討求生的方法都學不會的多餘人。我哪裏是什麼日本人，是中國人！我的祖國不是日本，是養育了自己的中國！即便那裏是沒有自由的土地，即使那兒是沒有太陽的街。

偏執儘管莫名其妙，但有時真誠得可愛。電影院中的淚水、昭和天皇被同學嘲笑時感到的羞怒、對殘留日本婦女的親近、鬧學潮中要回歸日本的決心，這些情感為何那麼真摯，為什麼幼小心靈的感受竟如此完整地保持了近三十年，我不禁暗暗吃驚。

不知什麼時候喇叭樂曲消逝了，人群散開了，殘疾軍人也無影無蹤，人們坐在櫻花樹下開始吃喝玩樂。完全恢復正常的我所感到的不再是哀愁而是寬容，昔日的「日本」已不復存在，尋找命運的樂章出現休止符。與剛才目擊的那幾個舊軍人的遭遇相比，自己的煩惱和糾葛著實不足掛齒。再仔細想想，自己甚至是一個天真的頑童，只不過為自己的淘氣行為付出的代價未免太大了。

日本軍歌的亡靈溜之大吉後，我周身輕鬆爽快，起身漫步來到園內的不忍池畔。池水平靜，荷葉翠綠，四周的櫻花散發清香令人心曠神怡。眼前這美麗如畫的境界不再是自己的祖國，這難免有些惆悵。自那以後我再也沒有為日本軍歌激動過，偶爾聽到類似的曲調也只是像看到從前擺弄過的玩具一樣略感親切。買幾張名軍歌唱片背著家人聽聽，然而，最終也沒能找到曾孕育了我那不可思議情念的雷同旋律。

美好的相識

告別「日本之情」後進修生活變得愉快了，學習常使我忘記時間的流逝，聽課、擺弄電腦、在圖書館翻閱雜書、參加學校和寮裏的活動，每天都過得很充實。要精通計算機對我來說高不可攀，但摸透它的脾氣後不再怯生可畏，文件管理系統軟體的編程也有進展，順利時甚至高興得沾沾自喜。回到後樂寮小小的獨立王國，自由地讀書看電視，在宿舍食堂吃比外面便宜又可口的飯菜，和寮友們閑聊，留學生活完全走向正軌。

四月中旬，支援會為我舉辦了生日祝賀會，會員和一般友好人士近一百多人歡聚在優雅的小石川庭園會廳，伴我歡度長到三十九歲以來第一次體驗的「過生日」。我出生在戰亂中，又隨即失去雙親，不僅出生的準確日期無人知曉，就連真正的名字也不太清楚。三十多年間我一直按小學老師告訴的以六月十六日為生日，以「曉蘭」為名。後來經研究長谷川照子的人們考證，確認我出生於一九四六年四月十四日，因是內戰爆發那年，父母給我起名意為黎明前的風暴「曉嵐」。究竟如何，只有天知，還是依從考證的結果吧，於是在辦理出國留學手續時正式更改了生日和名字。有生以來第一次的生日祝賀會很興奮，致辭時竟把事先準備好的話忘掉一大半。但那天我並沒太介意自己的失敗，歡快地在會場穿來穿去為友人們斟酒致謝，敞開胸懷坦誠地接受人們的祝福。栗原小卷送來的鮮花、遠親吉永小百合贈送的和服以及友人們的親切勉勵給了我新的鼓舞。

八月，大學放暑假，我到位於東北部的福島市青葉學園度假。青葉學園是收養因種種原因不能和父母生活在一起的未成年人的社會福利設施，園長三尾八郎是留學支援會的會員，曾特地來東京看望過我。短短一個多小時的會面中，八郎園長用容易理解的話語向我介紹了福島和學園的概況，臨走時還對我說：「歡迎妳有時間來玩兒。」園長那和善的笑容給我留下很好的印象，加上自己也是在兒童設施裏長大的，所以徵得支援會的同意，暑假到青葉學園體驗日本的福利設施生活。

青葉學園遠離城市的喧囂，座落在茂密的果園之中，空氣新鮮，環境幽雅。我去的

那年，園內有六十幾名少年兒童，當時正逢盂蘭盆節連休，為回家省親的孩子準備上路行李、接待來園看望子女的遠方客人、歡迎回來度假的老畢業生等雜務很多，是學園比較忙碌的時期。園長一家和職工們熱情地迎接了我，我原本打算幫忙打雜回報園長先生的援助之恩，可八郎園長說好不容易的假期，多做點兒自己喜歡的事，叫我不要有任何顧慮。

園長夫妻被園童們稱為爸爸、媽媽，他們也的確像孩子們的親生父母一樣關懷著每一個園童。每天除了處理業務以外，其餘的時間全和孩子們在一起，幾十個性別年齡不同的園童的學習狀況、文體興趣、性格脾氣和服裝愛好，都掌握得清清楚楚。職員們被孩子們稱為阿姨、哥哥和姐姐，他們也像對待自己的弟妹一樣愛護著兒童們。照管孩子們的工作很繁雜，每天重複同樣的雜務在我看來相當辛苦，但職員們兢兢業業，早起晚睡埋頭工作。園內的生活就像一個和諧的大家庭，起居、學習、娛樂、掃除、遊玩，連幼兒們的吵鬧和哭喊都讓人覺得極其自然協調，很快我就愛上了這個家庭。

園長夫婦抽時間帶我去福島著名風景區吾妻山觀光，到附近的溫泉洗澡，看電影，品嚐當地的鄉土風味，最大限度地為我了解當地的風土人情創造條件。我和園童在一起玩兒的時間很多，有時他們給我念世界兒童文學選，有時我給他們講中國的鬼怪傳說。去海邊宿營的三天更快活，和園童們一起在海裏遊泳、在沙灘上打排球、野餐、看煙火，愉快得忘記自己是中年人，每天都吵鬧到深夜。在園童們眼裏，我是剛進來的新園童又是奇怪的外國人。他們常問我：「曉嵐，妳這個大學生怎麼日語那麼差？」、「老劉，妳說妳是數學老師，可妳越教我越糊塗。」孩子們的天真無邪惹得我哈哈大笑，那麼豪爽地放聲歡笑已是好久沒有的事兒了，能重溫保存在內心深處的兒童時代歡樂是假日中意外的收獲。

青葉學園的前身是私人慈善學堂，創立於一九四六年的夏天，創始人是三尾砂先生，創立宗旨是為戰後復興進行速成教育嘗試。過去，日本小學義務教育大半時間耗費在學習漢字上面，為加速國家復興，需要盡快培養人才。既是語言學者又是教育家的三尾砂先生認為，若把漢字繁多的日文改成羅馬文字會大大縮短小學教育時間。這是戰後日本面臨前所未有的困難時期一位愛國學者的崇高理想，在這一理想的指引下，青葉實驗學堂誕生了。

為了文字改革實驗，早稻田大學畢業的文學博士三尾砂先生拋棄了城市的安定生活，辭掉有相當可觀收入的教師工作，來到福島閉塞山區。要順利進行文字改革實驗需要遠離固有的教育根基，排除傳統觀念的干擾。在山溝安家還有另一個理由，因為砂先生當時收養了幾個戰爭孤兒。戰後，流落在街頭靠乞討求生的兒童很多，這些孩子若受不到教育，在混亂的社會上任憑不正不潔污染下去的話，後果將不堪設想。已有四個親

生子女的砂先生夫婦決定盡力保護孤兒，為使孤兒們獲得真正的幸福，他們從一開始就決心成為這些孩子們的真正父母，為此，必須遠離對養子有偏見的世間，遠離曾在孤兒心中留下陰影的環境，在人煙稀少的地方建立真正的親情家庭。

落腳於沒有電氣也沒有自來水的山溝裏，在糧食極其短缺的那個時期要養活十幾口正在長身體的孩子，困難是可想而知的。三尾砂先生著書賺稿費買黑市米麵，壽美子夫人變賣首飾家產換高價油鹽醬醋，為弄到明天的口糧奔波。山溝裏野菜、山果、蘑菇、魚蝦很多，可以解決飯桌不少問題。但是一到冬天，大雪常常封住山路，初春時節雪崩冰融頻發，孩子們的安全常受威脅。砂先生在忠實伴侶夫人壽美子的支持下，編教材、寫論文、講課實踐，跨過一個又一個的難關。

砂先生早年在東京大學學報上發表過出色論文，曾引起學術界的注目。文字改革實驗在學術界又引起新的反響，東京的一些大學發來講學招聘書，美國占領軍司令部也邀請他到沖澠任教研究文字改革。這些都是擺脫困境的良機，但砂先生的理想是在大自然中培養孩子們成為有相應知識和健全人格的社會人材。為了孤兒們，為了文字改革事業，他拒絕了一切物質、名譽和地位的誘惑。

砂先生一生發表很多著作，他的研究成果在現代日本羅馬文字的應用中發揮了很大作用；兒童心理研究論文在戰後教育界受到高度評價；國語語法論述確立了他在語言學領域的堅實地位，至今砂先生的論旨仍未失主導性。

戰後的日本逐漸走向穩定，兒童福利法頒布後，青葉實驗學堂獲得政府承認，從縣、市、地區得到一定的公資補助，生活條件有所改善。隨著時代的變化，以個人意志試行羅馬文字改革的事業已難以繼續維持，一九五一年，青葉實驗學堂遷居現址，成為一般兒童福利設施，改名為青葉學園。

砂先生五十二歲那年，大女兒結婚，女婿是早年敬慕砂先生的人格，理解並隨之獻身文字改革實驗的八郎先生。八郎夫婦繼承了學園事業，砂先生從此專心致力於寫作，晚年以羅馬字研究權威和國語學者的身份活躍在語言學界，在臺灣和中國也享有盛名。砂先生夫婦的獻身精神和研究成果得到社會的肯定，一九七三年夫婦雙雙榮獲天皇瑞寶勛章。

我曾兩三次見到前任園長三尾砂先生夫婦，初次見面時我從他們身上感到一種吸引力，那力量的確有神聖之感。我聽說過砂先生是著名的語言學家，但在他身上看不到絲毫傲慢；知道他曾無私地撫養過幾十名戰爭孤兒，但他的話語裏沒有任何自滿之跡。他們看上去只是極普通的爺爺奶奶，真誠地關愛著自己的孫兒們。正是那普通與真誠散發著巨大的魅力吸引著周圍的人，贏得園童們的愛戴。就連我這個陌生人看著那完美無缺的祖父母形象都禁不住想大聲呼喚「爺爺、奶奶！」

青葉學園由私立學堂轉為公立福利事業設施後仍然保持著創建初始的宗旨，把每一個園童看作自己的子女弟妹的原則始終主導著日常工作。以八郎園長為首的全體職員繼承傳統的「先人後己」精神，在平凡的工作中奉獻著自己，以最接近人本來的善性活動在充滿金錢物質誘惑的現今，幾十年間向社會輸送了大批身心健全的青年。短暫的一個月裏，我在這個慈善平和的環境薰染下，得到了名副其實的休養。

返回東京前，八郎園長遞給我一個信封，裏面裝著幾萬日元鈔票，他說那是我幫忙的報酬。我幾乎沒幹什麼活兒，每天除了吃好的、遊山玩水還收到很多禮品。說也奇怪，與已往任何時候截然不同，我像從自己的父親手裏接過零花錢一樣自然地收下那個信封，而且像小孩子一樣高興的不得了。

奈良的日夜

留學的第二個冬天來臨了，電通大的進修接近尾聲。電腦專業學習並沒深入很廣，但基礎可以說比較扎實，自我感覺回國後若工作需要，已有自我進修的基礎。計劃編製的文件管理程序儘管水平低得不敢讓有山教授看，但作為一年的努力成果已進入最後驗證階段，我抓緊時間全力衝向終點。

那段時期的社會活動也很充實，經日中科技交流協會和支援會的介紹，我參觀了豐田汽車製造公司、世界最早發明泡麵的加工廠、傳統漆器製作工房和鐵路交通指揮中心。先進的機械設備、高精科學技術、完善的管理制度，尤其人們工作的認真負責態度給我留下很深的印象，也實際感受到中國與日本相差的懸殊距離。年底，我應邀參觀了哥哥進修過的和光理化研究所和富士電子技術開發公司，日本最初榮獲諾貝爾獎的物理學家湯川秀樹生前所在的精密實驗室，和在電子開發領域中遙遙領先的富士企業尖端設備讓我大開眼界。

充實的生活中我漸漸敞開了閉塞的胸懷，痲木了的知覺又重新感受到人心的溫暖，一度被死胡同憋住後，現在更深地體會到人與人的聯繫、人與人信賴的寶貴。我積極努力與人們交往，在學校遇事就請教同學和事務人員；回到寮後常和近處的老人們聊天，聽他們講述日本的風俗習慣；周末假日與世界語者友人交流，重溫幾年前熱情招待我們兄妹的深情厚意；有時還參加華僑的晚餐集會，了解在日華人的生活及對日本社會的貢獻。在一次聯歡活動中出乎意料地見到專程來看望我的栗原小卷女士，她比在電視劇《望鄉之星》裏扮演長谷川照子時漂亮得多，聲音尤為柔和動人，她的存在使整個會場

與栗原小卷一起談和平

顯得分外明快，至今我仍為這麼出色的人扮演母親而榮幸。

電氣通信大學的學業結束了，在當時出國很難的情況下，我還不大情願立即回國，想再學學語言。當然，我知道自己的身份申請延期不太好辦，當初與援助方面約定的是一年半，擅自延期是違背契約的。苦惱了很久，我還是硬著頭皮把自己的想法透露給日中科技交流協會的老事務局長，向他說明自己毫無叛國之意，回國決心早已定，只是為了加強語言能力，請允許我以半工半讀的形式延期一年。

延長留學的手續很難，首先要向入境管理局出示有繼續學業必要的證明，其次要有保證人的明確同意，中止電腦專業改學語言的願望更不易得到官方的批準。等待申請結果是漫長的，那段時間，夜晚有時焦慮不安，我便爬到陽臺面對明月祈禱。幸運的是我的願望得到支援會的理解，而且承蒙友人們的大力支持，獲得在母親的母校—奈良女子大學旁聽一年的佳機。

提出申請時，我表示延期中的一切費用自己解決。

在後樂寮我從朋友那裏學到一些勤儉節約的智慧，有一點兒積蓄，還從他們的經驗教訓中吸收了不少打工的預備知識，有信心半工半讀。而實際上，支援會為我交納了在大學旁聽的費用，我要負擔的僅僅是自己的衣食住。長谷川照子的女兒畢竟是幸運的。

四月的一天，我告別了用盛情厚意保護了我兩個嚴冬的人們，奔向母親曾生活過的奈良。當電車穿過東京都內密集的高樓大廈時，一年多來的無益煩惱糾葛和有益的緊張不安都消失了，我懷著期待和信心迎向新的生活。

我喜愛奈良，六年前和哥哥應日本世界語協會邀請訪問奈良時就愛上這座典雅的古都，只是那時總被大群記者圍困，沒有餘暇仔細觀賞。去大學報到的那天，我盡快辦完手續，見過指導教授和同研究室的新學友，隨後徑直來到奈良公園。

公園裏的櫻花還在盛開，一群群的花鹿在樹下穿梭歡跳，五重塔的麗姿倒映在猿澤池裏，小烏龜在池底戲水遊玩。我忘乎所以地向小鹿和烏龜們招手致意，縱情發出嚮往已久的問候之聲：「啊，好久不見了！」仰望春日晴空，我想高聲試問：「現在世界上誰最幸福？」當然回答肯定是我！坐在草坪觀賞櫻花，新的期待溢滿胸懷。舉目環視四周，發現花鹿們正向我投來羡慕的視線，不禁越發得意洋洋。

來奈良前，友人幫我在大阪市西成區找到便宜的住房，每天騎自行車到市中心難波車站，然後乘近鐵電車去大學，一路要花兩個小時。一年間，無論刮風下雨都不誤上

學，沒有不滿也沒有懶散，學校生活愉快，去奈良本身就是樂趣。

不用說，奈良女子大學與母親在時大不相同，但據說校門正面的主樓外觀仍舊保留著明治初建時的原貌。玉白色的牆壁、西洋風格與大和典雅融合一體的造型使人們聯想到文靜多才的淑女；主樓後面延伸著優雅的庭園，在那裏常會遇到愛慕窈窕淑女而擅自闖入的小鹿。課間餘暇之時，站立池塘邊想像母親和同學在那兒吟詩做詞的情景，坐在樹陰下頭腦裏會出現母親年輕時代的倩影。讀有關書籍知道當年母親和摯友長戶恭是從學校後門被警察秘密帶走的，我常常放學回家時特意繞道經由後門離校。

指導教授中塚明教授是有名的歷史學者，他的近代史講座非常有趣，聽講的學生總是擠滿教室。為了指導我學習、了解日本的歷史和文化，中塚教授經常帶我參觀博物館、參加講演大會。每年五月初的憲法紀念日人們都熱情爭論憲法是否應改正，這是一個很實質性的問題，必然觸及敏感的天皇制爭議。爭論是激烈且無休止的，但人們站在平等的地位坦率發表自己的見解，以真誠的態度說服對方，論壇成為民主社會的縮影。言論自由有保障，沒有揭發和監視，人們無需說謊，不用隱藏自己的觀點，更沒有必要背叛信仰。人人作為一員市民、一員公民積極思考、直率傾訴的社會風尚著實令人羨慕。

同研究室的研究生大都是本校畢業被世間稱之為「名門小姐」的人，她們有較高的素養也很平易近人，經常耐心幫我更改文章的錯句，糾正我的日語發音，還常陪我在公園散步，談論現今年輕人的服裝追求、戀愛結婚觀以及家庭核化等社會傾向，與她們的交流更新了在禁欲社會裏長大的我的狹隘觀念。

奈良女子大學的一年是收益最多的一年，那期間的生活沒有強加的義務和責任，也沒有任何不滿的限制，可以隨心所欲地度過每一寸時光。我已不再是漂遊坎坷苦苦找尋滯留國外途徑的非本分者，一經下定回國決心，反倒能無所顧忌盡情享用自己的時間。除了上課和打工，獨自一人的時間多了，平靜地閱讀歷史漫步古都，在古典嫻雅的環境裏，在滋潤萬物的四季變遷中感受日本的纖細和柔媚，進而委身於其中，任憑自己的思索無限延續推移。周圍出現的自由光環無條件地包容著我，我成了從小夢寐以求的自由人。

奈良是美麗的，在那裏度過的日日夜夜教會我不只用眼目而且用心靈欣賞美。我曾多次參拜世界最大的木材建築東大寺和鑒真和尚所居的「天平之甍」唐招提寺，也不只一次地觀賞過被人們讚美為「冰之音樂」的藥師寺和古典文化中享有盛名的法隆寺。穿過一個又一個寺院大門，瞻仰一座又一座金剛、菩薩和大佛的尊容，靜心從中感受、體會、吸收。每座塑像都散發著「大和」的光環，無形的安詳、無盡的慈善和無窮的力量感染、薰陶、淨化著我、引我溶入奈良，在追溯天平和飛鳥時代的古色古香中理解日本人引以自豪的「大和精髓」。醉心漫步往往忘卻時間，寺院鐘聲把我帶回現今凡世。深

街小巷已籠罩夜光，夜櫻伸展妖姿艷容在昏暗中散發馨香，古都傍晚的散步別具一格。

古都的春天匆匆離去，初夏的梅雨季節降臨了。濛濛細雨天我也沒中斷去公園覓尋自然的撫慰，遇上好天氣，坐在小鹿允許的樹下，觀察牠們在梅雨間歇晴日裏沐浴陽光的的歡喜姿態。我能理解多日不露面的太陽帶給小鹿們的歡樂，理解牠們此時盡情蹦跳的喜悅，因為我也嘗受到了依靠自己的努力、按自己的意志生活的幸福。

生性只為清潔和自由才肯賣力的我不願受金錢的束縛，當然在物質生活方面就不得不學會勤儉，只要可以保證自尊心能容忍的相對體面，我沒有過多追求物質享受的欲望。我的金錢觀念嚴格了，謹慎地遠離「金錢的銅臭」。在拉麵館打工的報酬很低，有人給我介紹工資較高的夜間陪酒伴客工作，固然金錢有魅力，但我深知自己除了勤勉之外不具備接受那類高報酬的任何天資和才能，一年間一直在拉麵館端碗倒茶。

平日不時地查看錢包，周密安排使用計劃，在物質溢滿的商店街裏找最便宜的蔬菜，吃快過品嚐日期的減價米麵，襪子內衣破了補補再穿，可謂發揚了早年的革命傳統。路過時裝店看見稱心如意的服裝自然也要止步觀賞，那可不是錢包能答應我的價格。但這並不會讓我沮喪，因為我是精神富有者，每每觀賞完畢後，我就哼著民謠：「沒金太陽也暖我身，無銀月光也照我心……。」欣然離誘惑而去。

周圍的人們親切友好，在拉麵館打工時常因聽力不強而弄錯顧客所點的菜餚，大多數人或是和善地提醒我，或是半開玩笑地數落幾句後吃下錯端上來的飯菜。偶爾出現什麼難堪時，好心的老板娘常幫我解圍。

大阪西成區有一條日本有名的貧民街，離我住的地方不太遠，聽說失業、無家可歸人多聚集在那兒。友人威嚇我不要一人往裏走，但這反倒引起我的好奇，我曾兩次獨自深入。也許是偏見，沿路遊逛確實覺得好像越走街道越髒，氣氛也好似越來越暗，人們的穿著也有些異樣之感。但懶散在路旁的男子漢們看上去並不可怕，個個意外地樂觀開朗。這些昨日有活兒掙口飯，今天不知在哪兒睡的人為何落到這般地步，又為何能如此坦然地對待命運，人生觀的深邃和廣袤真是不可思議！

整整一年，我在貧民街與名門大學這兩個截然不同的世界出入往返，友善與親切、緊張與快樂有效地調解了我的內在。精神的整頓使我有餘力正視因受溺愛而發育不健全的自己，反省在東京時曾任其滋長惡化了的缺點，真正認識到從小習慣於向社會索取的自己至今還未成長為能獨立生活的大人，更不用說償還和奉獻。也許今後寧死也不願重複東京時代那尷尬的處境，但若不心懷感激之念一味偏執任性下去的話，對不起生身雙親，也對不起中日兩國關愛自己的人們。

日本的盛夏常受颱風襲擊。暴雨天停課不去學校時坐在小屋窗前，眼望急速遊動的烏雲想像北京的天氣。於是，迫切與親人團聚的願望陡然支配全身，索性撇下手中的書

本沉緬於思念。昔日的愛情、和諧的家庭、女兒的笑容和哭聲，一切回憶喚起強烈的想念，我渴望回到家園擁抱親人，縱情想像這一時刻到來時的景象。想像中時光溜身而過，思念從昔日到昨天，又從昨天到今日，其後又隨同今日的暴雨把我擁向明天。我絲毫不覺時光白白流逝的可惜，任憑回憶和思念的肆意擺佈。

秋天到了，人們常說秋天令人傷感，但是奈良的秋天把自己的宏偉壯麗展示給我，讓我內在的古都織錦定型完結。通向東大寺坡路兩側的樹木呈現紅、黃、綠、棕層次分明的起伏；五重塔在明光、淡雲和紅葉的襯托下顯得比任何時候都完美動人；秋風細雨中奈良公園的空氣宛如奢華的醇酒甘美醉人。身置古都的優越感令我陶醉，我懷著入春以來日益增強的興奮準備迎接留學的結束。

不久冬天又降臨了，有時傍晚從公眾浴池出來，歸途偶爾抬頭仰望上空，只有在冬季才顯現的明鏡般的天河布滿星座，啊，真美呀！我想起少女時代漫談理想的農家夜晚。今後是繼續從事喜愛的教師工作還是隨時代潮流加入電子技術行列，人生已到了不能再繼續無所作為的階段了。

隨著回國日期的接近，考慮中國和自己的今後多起來，鄰國歷史和文化的學習引導我從各種角度看自己的祖國，也多少能夠公正地評定自己的愛國之情。坦率地說，我喜歡日本，但說不上是愛，不很喜歡中國但深深關切著她。在美麗、清潔、便利的日本生活裏，沒有一天不期待、嚮往中國有一天也能變得同樣美麗、清潔、便利；節日假期在熙熙攘攘的人群裏閑逛時，總忘不了祈念中國人也能像日本人一樣注重禮節、互相謙讓、遵守公德。也許這正是愛！人們對祖國的感情是複雜的，對自國的缺欠和不足感到苦惱和憂慮正是責任感的體現，愛伴隨著期望，也伴隨著憂慮。這兩年間，雖然看到日本的長處，了解到這個民族的優點，喜歡這裏的清靜生活，但這並不意味著愛，因為即使發現日本社會的的缺點和不足，卻從沒因此苦惱和憂慮過。或許僅居住兩、三年的異國他人本來就沒有聲稱愛的資格。無論怎樣喜歡，那感情遠不能與生我養我的中國比擬。

一九八七年的早春，奈良女子大學的生活迎來謝幕時刻，在整頓行裝、話別好友、辦理離校退房等手續的最後幾天，我沒忘記抽空兒去與奈良告辭。是奈良的空氣滋潤撫慰了我，是她的風土人情、傳統文化充實了我，是古都的美完結了我的留學歷程。我感激奈良，感激為我創造這一佳機的日本友人，也感激讓我與這座古都有良緣的母親。

坐在衝向高空的飛機，臉貼機窗俯視地面，薄薄的雲層下，田地、建築、道路和島嶼無情地遠我而去，「日本」又重新成為心中的抽象概念。也許，再也看不到象徵日本的富士山那卓絕麗姿，再也感受不到只有在遙望富士山時才能體驗到的那深邃激

情，我不禁感到一縷惆悵。飛機掠過日本海迎向公海時，我決然地深吐一口氣，把惆悵扔向日本海，舉目瞭望中華大地。

兄妹的抉擇

北京的早春餘寒未盡，有時氣溫還在十度以下，我的家園溫暖宜人。熟悉的空間、柔和的氣味、女兒的笑聲、丈夫的佳餚，一切都美好無比，一切都在撫慰著留學兩年半的辛勞。女兒曦曄快十三歲了，個頭幾乎和我同樣高，在機場看到她的瞬間，我切實感到歲月的流逝。女兒受父母嚴厲管教，從小學會自己的事自己做，雖說如此，去日本這段時間正是女孩兒發育成長的關鍵時期，看見她輕盈健美、活潑可愛，內心非常感激孩子的自強，也感謝體弱的丈夫代替我精心照料。

中國變了。出國這兩年半正是經濟改革起步階段，走的時候還是饅頭沾白菜湯、短髮制服青一色、每天政治學習雷打不動的呆板生活，如今變得朝氣蓬勃、充滿活力。實行三十多年的糧食衣料統籌分配制度廢止了，飯桌主副食豐盛，商店的掛牌和商品廣告形式新穎，街道宣傳欄的圖繪和標語也不像從前那麼死板生硬了。變化最大的要數雜誌書刊，種類多、內容豐富，批判政府、斥責幹部的文章不足為奇，言詞也很尖刻。除此而外，服裝設計、食品宣傳、甚至曾在過去一直被認為是禁區的性知識也以五花八門的形式堂堂亮相。人們的生活水平顯著提高，言論明顯自由了。

我的工作變動了，從教壇移到電腦中心。隨著中國步入電子時代，二七廠電腦中心聚集了大批優秀的技術人才，其中年輕人的專業水平相當可觀，國內電子技術遠遠超過我的想像。我對自己的能力缺少足夠的信心，但不甘心半途而廢，所以欣然接受工作調動，打算邊學邊摸索，力爭為工廠的企業現代化做點兒貢獻。

辦公室離家很近，騎車只要六、七分鐘。下班後去商店、菜場、郵局也都方便。為了彌補兩年多給家人造成的辛勞，我每天回到家裏又洗又擦，整理櫃櫥，收拾屋內室外，為家人置辦新裝。留學時存了點兒日元，利用當時優惠擁有外匯歸國者的政策，在免稅商店買回當時一般人即使有錢也很難弄到手的電視、冰箱、洗衣機和吸塵器，換掉破舊的傢俱，把小家辦成相當不錯的現代化家庭。

五歲就被送進小學的女兒已上初三了。為了子女的將來，父母親早早算計孩子升高中上大學進路的社會風氣依然如故，在學歷決定前途的現今社會，把子女送進重點學校，將來考上好大學是作父母的最大願望。我也不例外，為了獨生女兒，平時嚴格督促，

加強檢查輔導，多少讓成長中的孩子受了些委屈，但決不是無益的。

第二年夏天，女兒考進北京市重點高中，且是住宿制，我肩上的擔子一下子輕鬆了許多。和丈夫餘暇進城逛商店、到市郊踏青郊遊、去親戚家串門子，悠閑自在地過了一段時間。回國後因忙亂沒顧得上多思考的一些雜念也陸陸續續浮現腦海。

日常中，也許因為習慣了國外生活，覺得不太適應的地方不少。首先，對政治學習已極為不慣。廠裏每周有兩、三天下午不是念社論就是聽傳達上級指示，然後小組討論，輪班發表感想。遇上什麼防止精神汙染或加強社會主義道德教育運動，還得寫決心書表態。雖說氣氛不像從前那麼嚴格，終究是政治洗腦，一次學習一次煩躁，前次的躁意還未消散，新的指示文件又下來。長此以往，煩惱積壓成團，與大陸乾燥氣候合夥焦烤著我。

其它一切應該說都挺順利，新的工作早已穩定，同事間相處也比較融洽，家庭生活更不用說，小康水平遠超一般。提起錢包的分量簡直無法和在日本時相比，別說用不著擔心月底生活費不夠，每月發工資時連數也不數，隨便放進抽屜裏盡管花，留學中打工掙錢的概念早已消失殆盡。

那麼究竟還有什麼不滿呢？是不是時間一長，審視周圍的目光變得嚴厲起來了？起初還搞不清自己煩躁的由頭，只模糊地覺得自己在尋求清靜。過慣國外的清潔安寧生活後，已不是僅以物質富裕和工作穩定就可以滿足的，我渴求人們相互謙讓、公共道德秩序能得到重視的精神文明。

北京氣候乾燥、風沙大，有潔癖的我在家的時候冬春兩季與風沙灰塵鬥，夏天和秋天與蚊蠅鬥，每天要擦好幾遍桌椅地板才能靜下心來。如果不曉得無塵少砂的日本，從沙漠出來的人應該滿足首都的清潔度，可是現在我被北京的污染搞得心煩意亂。簡陋的建築公宅灰塵和蚊蠅隨便出入，有時夜裏吵得無法入睡。

頑固的潔癖不只存在於環境衛生方面，精神世界也受其影響。我好像和從前一樣，對不想接受的事物無論別人怎樣看待，依然拒之千里，哪怕是善意的。譬如上級的提拔或周圍人的羨慕，總覺得是多餘的騷擾不願應酬。自己也知道活了大半輩子吃盡這一怪癖的虧損，無奈生性偏愛平凡，無意上爬，所以從沒打算認真改正。

或許我的人生觀形成過早，而且是在窮苦朋友較多的中學時代，雖討厭貧窮，但不喜歡過被窮朋友羨慕的生活；希望富裕，但只有自己過好日子做不到心安理得；何況至今還沒忘記大學貓教授所講的，不應在弱小者面前炫耀優越和富有的那一席話。我並沒有什麼可以值得炫耀的，只不過因為留過洋，有條件在人們開始追求家庭電氣化的熱潮中先人一步弄到幾大家電而已。可是那熱潮在「改革開放」初期來勢極其猛烈，而人們的購買能力和市場供應還遠遠滿足不了嚮往和追求，以至望塵莫及的目光全集中在家屬

住宅區裏僅有的幾戶電氣化人家上。工作時間同事詢問電器的牌子，下班回家鄰居們來參觀四大件，漸漸耳朵生繭化膿，不願再聽這種話題，想從注目中逃脫。

人們的生活看起來比從前好多了，然而是否能算得上好日子？缺少公共秩序和道德修養的社會果真能築起美好的生活嗎？物質豐富了，在市場買東西卻不愉快，明明商品很多，卻你推我擠雜亂無序，為一點兒小事大吵大罵不已。以為多花幾個錢能快些買到東西，因此利用所謂高價櫃檯，回家一看不是冒牌假貨就是已變質的物品。外出乘公交車更是令人心生畏懼，當時還沒有出租車，乘車一等就是半個多小時，好不容易盼來了車，還沒等停下來，身強力壯的人們已經扒上車門，在窄小的入口前互相拳打腳踢，半天下不來上不去一個人，排隊等候的老弱者們只好面對殺氣騰騰的戰鬥嘆息退卻。那時，落後的中國還沒具備讓國民自覺遵守公共道德的充分條件，儘管如此，人們的精神狀況顯而易見的混亂，只要稍稍留神側耳細聽，表面富裕了的社會中充斥著不滿和怨氣。

漫長的動亂過去了，突然出現的「改革開放」給剛要喘口氣的人們以強烈的刺激，一時人們失去冷靜。近二十年來，我國為何走向混亂迷茫？為什麼沒能回避那同胞自相傷害的醜陋動亂？專制的強化和社會的空洞究竟與國民的良識教養有甚關連？應該從中吸取什麼教訓？對此不予考慮就大步衝向追求富裕的結果會是如何？這些問題人們無暇顧及，從沒體驗過的富裕美夢吸引了人們的全部精力。

強制和愚弄留給人們的是冷酷教訓，冷酷把人們拖向利己和實用的極端，渴望擺脫幾十年來一成不變的禁欲生活的願望給人以反彈力，促使急迫追求。誰人不願富有？誰人不愛享受？看見鄰人富裕起來誰能安於貧窮？加上國家領導人鼓吹「萬元戶萬歲！」、「有能力的先爭當萬元戶！」一獲千金的欲念煽動了整個中國。數億心懷美好願望的人一起轉身180度，湧上剛剛獲得的狹窄自由之路，對於競爭的規則、制度和理念等全然不知，只知朝著在閉關鎖國期間不斷繁榮昌盛的現代歐美生活方式奮力奔跑。

然而，獲得富有的機運不會平等地出現在每一個抱有願望的人面前，伴隨欲望的追求卻往往是脆弱卑陋的。不正欲念的膨脹使人變得狡猾，貧富懸殊的環境叫人變得陰險，狡猾與陰險進而腐蝕人心。幹部們的污職受賄、公務員的職責怠慢、公物私用的惡習、下海撈金失敗和失業破落人的犯罪，一系列社會問題逐漸深刻，蔓延污染世間。一舉成為萬元戶大都需要聰敏的手腕，老老實實幹工作的人被視為傻瓜，「老實」一詞已成「傻瓜」代名詞的社會風氣異常盛行。每當看到街上高掛著的「團結起來，把祖國建設成美好的國家！」的標語口號，不由苦笑，在不潔不正之風統佔的空間哪有「美好」的立足之地。

當時的執政者與其說是數十年奪權沙場的倖存者，不如說是政治運動的老油條。說

他們沒吸收過去的教訓也許不太公道，但這些人畢竟是專政體制的衛士，儘管在時代的壓力下不得不承認一點兒過錯，然而堅守專制的意識絲毫沒變。文革中再三沉浮的鄧小平佔據國家頂峰後明智地推出經濟改革政策，但此舉究竟有多少成分出自為民著想，答案在不久發生的「六．四天安門事件」。鄧氏不是傻瓜，他從自己早年最先鼓吹的「個人崇拜」政治把戲的失策和受害中總結了苦澀的教訓，變得聰明起來。他清楚當今已不再可能用禁欲思想束縛住人們的手腳，懷柔經濟政策才是維繫一黨制度的唯一上策，他施展在困境中錘鍊的腕力，與志同道合的長老們攜手建造保護既得利益的金字塔。

在這一背景下，高幹親屬霸權盤據政府機關和重要企業，驅使特權獲取巨額財富的土壤甦醒更生，元老太子黨世襲操縱黨政軍權，大撈私財的封建社會現象達到時代的頂峰。當然身居金字塔中層的人也不甘安於現狀，野心驅使惡德卑術登峰造極也是必然，貪污受賄以另一層次的手法在更普遍的範圍裏肆意橫行。

百姓們十分了解上層社會的腐敗，文革的揭發檢舉早就讓人們看清它的本質，人心背向已成了不公開的公開事實。人們憎惡、氣憤，但無奈沒有改善方法。只要沒有健全的行政監督制度，只要沒有保障平等公正的民主法治，濫用特權的社會根源就無法鏟除，人們也只能敢怒不敢言。那麼，切實地思考、盡可能地利用自己的現存條件，最大限度地在不可抗拒的拜金時代潮流中積蓄私人財富方是唯一現實的選擇。

於是乎，在不健全的追求富裕的波瀾中，惡德黑心商人、吸人血汗的貪官污吏、作威作福的太子黨的數量以《人民日報》都不得不一而再再而三發表社論加以制止的勢頭劇增，中央領導人甚至破例在黨代會上多次警告：「腐敗的社會現象將危及國家的存亡」，社會風氣空前渾濁。「權利使人墮落，金錢讓人腐敗。」這一真理由中國的現實驗證了。當時的相聲節目中，「殷勤和讚美的後面隱藏著狡猾的狐狸」、「見機行事人的臉譜變換速度連孫悟空都甘拜下風」等類似臺詞頗為流行，諷刺和幽默暴露了群眾的不滿。

現實中沒有比狡猾更令人討厭的了 — 這好像是魯迅的一句名言。中國從五十年代起就開展學習魯迅精神、批判民族劣根性的運動。然而，時隔三十多年，大文豪深惡痛絕的「不分好壞只求實用」的陳腐惡習非但沒有改善，出爾反爾的動亂中連人性最美好的東西也遭蹂躪，民族深層積沉的污穢反倒增多。這個事實是深受其害的中國人自己最清楚不過的了，但是，反省只局限在飯後茶餘、文娛閑談之內。

劣根沒得以糾正，經濟改革不可能有效地改善國際關係。儘管掌權者手擎「對外開放」大旗，沾沾自喜比先輩開明圓滑，可是政策依舊僵硬粗暴，時而恫嚇，時而收買，軟硬兼施的手法一如既往，中國仍然在世界舞臺上被認為是一大難纏對象，很多國家對我國敬而遠之。在許多國際事務的處理中，祖國的非合作態度及不守信用常使海外華人

為之難堪。

這就是八十年代後期我看到的中國，是那場震驚中外的「六・四天安門事件」的前夕。

對自己的生活失去樂趣、對眼下的環境產生不滿，我常回想起留學生活。在日本時也知道不少政界醜聞，惡德商人的欺詐事件也頻頻發生，這些恐怕在金錢萬能的世間無法杜絕。但那裏有相對健全的監督懲罰惡性罪行的法治，國民戰後注重培育的道德觀念和社會修養也相當堅實。至少在那裏對不贊成的觀點可以明言否定，既有大聲說「不！」的自由，也有選擇排除政黨集團干擾的保障。

至於那期間的物質生活確實曾拮据不堪，精神壓抑的插曲也還記憶猶新，但總的來說我是自由的，自由地呼吸、自由地行動、自由地闡述己見。儘管這一自由並沒帶給自己任何物質利益，也沒給社會創造什麼貢獻，但我身心得到了足夠的享受。

在中國我是「富有」的，工作穩定工資充足，還擁有人們羨慕的財物。然而，我感到自己被無形的枷鎖禁錮著。我清楚，這枷鎖來自根深蒂固的民族體質，不可能憑藉個人的努力得以解除。既然如此，在這塊土地上我不可能是幸福的。

回顧以往，我逐漸領悟到自己似乎生來就在尋求無拘無束，因而也只適於生存在能容許自己乖戾性格的環境。過去的足跡證明是如此，現在的煩悶也出自於此。我深知乖戾是無益的，但比這更清楚的是自己的固執。原以為留學生活錘鍊了自己，性格變得果斷些了，其實不然，我依舊遇事遲疑、優柔寡斷、舉步躊躇。

我再次陷入矛盾之中。這裏有自己的家園，是生長的故鄉，這裏有自己的過去，是人生的主要篇章。正因如此，我對這裏有不可推卸的責任和義務，也只有責任和義務才能克制自己不失謹慎。我努力正常工作生活，盡力履行職責。煩悶的日夜在克制中流逝，過去和現今因沒有希望與未來相連，過去、現今和未來變得支離破碎，日夜的流逝漫長難熬。

回國後我常去哥哥家玩兒，兩家人在一起度假的時間多起來，從小沒在一起的兄妹能經常互訪成為生活中的一大樂事。在哥哥身邊要個小脾氣、經濟上多少支援自己唯一的親骨肉都是我的小小幸福。

哥哥的婚後生活並不一帆風順，早在四川江油時，蹉跎歲月中同甘共苦的兩人之間發生破綻，雖有一對可愛的兒女，但分手已成不可避免的結局。沾父母光調回首都之前，哥哥覺得不能把曾與自己共患難的人留在山溝裏，應最大限度地彌補過去帶給她的苦難，故全家戶口都落在北京後才正式辦理離異手續，並按妻意讓兩個孩子跟母親過，生活費由自己負擔。我常在中間替兩人傳話、探望孩子，有時帶想念爸爸的幼兒們玩。

看著可憐的孩子們有時我會說些不入耳的話埋怨哥哥，哥哥只是紅著臉苦笑，從來沒有反駁過。看著那樣子，我又後悔自己太苛刻了。後來哥哥再婚，又生一子，五張嘴巴的家計當然比較艱辛，好在哥哥持家有方，生活漸漸穩定下來。

我很敬愛哥哥，早在公主嶺兄妹重逢時就開始崇拜他，相信他的判斷，信任他的人格。哥哥文革被關軍營多年，在勞改生活中得到磨練，進入中年後更加成熟了。他很疼愛我，雖不放在嘴上，但事事會感到哥哥在為我著想。和他在一起，覺得時間充實；聽他講話，會感受到做人的價值。我們相互之間越來越理解，許多事甚至無須多言就可以溝通。

有一次我去哥哥家玩兒時他問我：

「妳不想再去日本嗎？」

哥哥早已看透我的心思。

「再試一次，如果行的話，不是以長谷川照子遺孤的身份，作為普通私費留學生去，怎麼樣？」

當時正值出國浪潮趨向高峰之期。文革結束後，五十年代懷抱愛國之心歸來的華僑陸續重返異國他鄉。這些飽嘗了屈辱和磨難的人們當自由重新到來之時幾乎毫不遲疑地再度跨越國境。遭遇使他們懂得，中國已不再是當年夢寐以求的祖國，也不再是值得拋棄個人幸福為之獻身的土地。

華僑們的出走掀起建國後第一次出國浪潮。日本殘留婦女、殘留孤兒大批回國，接踵而來的是海外有親屬的人藉口探親出國，隨後是有門路的幹部去海外視察參觀。美國、西歐和日本對封鎖多年的中國展示出寬容的微笑，積極接收中國訪問幹部學者。頓時間，行政機關、工廠企業派遣出國進修的公費人員以及外國友好社團出資培訓的研修生劇增，長年禁斷的自費留學制度也有所寬鬆。

「找個大學邊學習邊看看能不能在那邊就職，妳還年輕，孩子又考進重點高中，剩下的就是走自己的路了。如果願意的話，不妨再闖一下。」

哥哥鼓勵我再試一次。當時出國還極其困難，能出國的除了國外有親朋好友的人以外，還只限於高幹子弟或有後門的黨員。對於一般人來講，別說留學，就是派遣到第三世界國家勞務出差都是值得搶破頭的機會。因此一旦出去，很少有人回來，羨慕出國是那段時期明顯的風氣。時代在變，人們對「祖國」的認識也在變化。光天化日之下的腐敗現象、拜金主義肆意蔓延的風潮，這樣的祖國既不能給自己幸福，自己也無力為之做出什麼，所以只要有可能，想去國外闖闖的人很多。出國熱潮的異常高漲正反映了人們對祖國失望的心理。我從日本回來後常聽領導和同事誇獎，說什麼「不愧是綠川英子的女兒，有愛國之心」。我確實是把中國視為祖國才回來的，可常被暗中說成是「犯傻」。

「不管怎麼說，我們是混血兒，去日本不能算是背叛祖國吧。咱們兄妹中有一人在日本定居是合乎情理的，父母活著的話肯定也會支持妳。」

哥哥了解我的動搖，看出我在為內疚苦惱。其實，哥哥也同樣想去日本，他曾對我講過動亂後託友人幫忙找出國機會的事，一位在政府機關擔任要職的友人果真向他介紹在日本收集情報的工作。在電子技術還未得以發展，人們只能利用書函電話電報傳遞信息的那個時代，「收集情報」這類差事大都含有「特務」之意，這是哥哥難以接受的。哥哥心目中的「祖國」一詞分量很重，大學時代不顧危險向專制挑戰以至被打入監牢正是為了生養自己的祖國。中國是祖國，日本也是祖國，在這兩者之間為一方收集情報去損害另一方的行為是自己的理念不能容許的。即便只有這一個機會，為達到目的不擇手段在哥哥身上也是行不通的。當年在日本留學時，如果努力的話也會找到留在那裏的途徑，但他知道我有迫切願望，假若自己不回國的話，恐怕妹妹出國留學的願望難以實現。現在看起來這些想法過於謹慎，但直到九十年代初期中國的門戶依然森嚴緊閉。

我給福島青葉學園的三尾八郎園長發出信件，向他表明再次去日本的願望，請求他支持我以一般私費留學生的身份去學習。考慮入境手續和保證人問題時，我在能理解並有能力幫助自己的友人中間首先想到的是善良的三尾八郎先生。

半個多月後，我收到三尾先生的回信，信上說，如果在福島大學國語專科可以的話，願盡力而為。我做夢也沒想到回信如此之快，更沒想到在國立大學學習語言的絕好方案。喜出望外的同時又不能不擔心這方案能否實現，因為國內局勢日見緊張。無論如何得盡快把這消息告訴哥哥，當時還沒有私用電話，下班後花上一個半小時坐公交車趕到市內，哥哥立刻為我做了幾個小菜，拿出當時不常見的葡萄酒以示祝賀。

以後的兩個多月，我在北京辦理證件和各種手續，三尾先生奔波在東京和福島之間。我了解日本的入境手續相當繁雜，三尾先生的辛勞可想而知，感激、期待和不安伴隨我度過那期間的日日夜夜。

一九八九年四月中旬，出國手續的最後一關 — 日本法務省的簽證批下來了。北京、上海等各大城市的民主運動正在高漲，設置在市中心繁華大街的大字報專欄裏要求言論、出版、結社自由以及暴露特權階層濫用職權貪污、賄賂的文章越來越多，言辭日見犀利，矛頭集中指向中央上層的勢頭也愈加明顯。終於執政者們忍受不住了，《人民日報》發表社論嚴正警告人們不要鬧事，電視播音員的服裝、表情、言辭異常莊重，大街小巷籠罩著緊張的氣氛，全國呈現出臨戰局面。

四月底，出國準備完畢，我去哥哥家告辭。哥哥又在伏案揮筆，不用問我知道他在寫什麼，哥哥期待祖國成為民主自由天地的熱情從沒冷卻過。看著哥哥一如既往的專注神情，自己沉澱在心底的青春熱血湧向全身。哥哥在磨拳擦掌，儘管多次嘗受過苦果，

但他絕不在為祖國而戰的時刻袖手旁觀。與全力準備奔向東瀛的我不同，哥哥正面臨人生第二次大戰役。此次他已有兒女和家庭，所冒的風險倍加沉重。然而，他沒露出一絲動搖，勇往直前的意志絲毫不減當年。如果說有什麼不同的話，那就是隨年齡和經歷的增加，哥哥愈加沉著穩重了。臨別時，哥哥微笑著說了一句令我終生難忘的話：

「到了那邊好好地幹，我在這裏與中國共命運。妳放心，我會把妳的部分也努力做到。」

我什麼也沒說，也說不出什麼，一張嘴我會嚎啕大哭，那時能做的只是竭盡全力抑制周身的劇烈顫抖。

再渡東瀛

一九八九年五月四日，我從上海出境。從上海出發的理由是為了探望丈夫的家鄉。我曾去過幾次，那裏的親人們對我很好，去了日本，不知何時能相見，應該告辭。從南通返回上海那天，在街上遇到遊行示威的隊伍。

那年春天是民主運動之春，文化界知名人士要求人權、民主、自由的運動在全國引起反響，受到廣泛支持。民意的高漲危及著政權基礎，執政者害怕了，終於明確表態拒絕文化界著名人士的公開信。中央的專橫態度激起民眾的不滿，民主運動由迄今為止的「以文字伸張」的形式轉化為「靜坐抗議」，轉化的主流是大學生。

全國各地的大學生團結起來成立了臨時聯合會，發表聲明抗議中央對民主自由的拒絕。為了得到市民的支持，大學生們走出校門深入民間進行宣傳。早就對共產黨上層的腐敗和虛偽不滿的民眾迅速響應，舉國上下再次結成一團。

運動的形式自始至終是非暴力的，全國大學臨時聯合會進而號召以絕食形式要求中央讓步。學生運動呈現出歷史上最有組織、最守紀律、最能以理智表現意志的局面。我在上海街道遇到的正是這些年輕人的隊伍。

「同胞們，請不要忘記，我們要求的不是死！」

「當我們不得不與世告別時，市民的叔叔阿姨們，請不要嘆息！」

「如果今天的死能換來明日的幸福，我們情願迎頭而上！」

「親愛的爸爸，請原諒我們的不孝！」

「親愛的媽媽，即使我們餓死，請不要悲傷！」

學生們高擎標語大旗，靜靜地走著。標語的悲壯和腳步的深沉撞擊著我，我駐足在

圍觀的人群中。學生們個個坦然自若，默默不語在前進。儘管內心充滿激情，然而他們的面容是平靜的；明知面對的是龐然大物，但每個人的腳步都是沉著的。

迄今為止，他們一定曾努力把不滿隱藏在心裏，因為從小就聽慣了深知利害雙親的告誡，誰都知曉僅因說實話就被打入監牢的無數事實。然而，他們再也不忍目睹遍體流膿的祖國，再也無法容忍自己將生存下去的土地邪惡繼續橫行，更不願像父輩們那樣忍氣吞聲地活著。年輕人決心誓死為正義而戰，為自己的未來而戰。看吧，那尚存稚氣的臉上閃耀著意味「愛與死」的光輝，文弱的身體顯示著視人生之苦於度外的倔強。他們在戰鬥還是苟且偷生中選擇了前者，儘管懂得使命對於自己過於沉重，儘管清楚自己的選擇將使雙親擔憂。愛不應只停留在嘴上，愛不應只表現於憂慮，為了愛要戰鬥，哪怕等待著的是刑場，哪怕前面是墳墓，年輕的人們現在正迎著前方堅定地走去。

有圍觀者加入學生的行列，我也情不自禁地把上身傾向示威隊伍，然而腳下重如千斤，耳邊響起一陣喝聲：妳要去的是幼兒時代就嚮往的故鄉，妳的宿命是在日本度過後半生！妳盼望已久的不正是明天嗎？突如其來的喝聲使我鎮靜。是啊，我手裏握著明天飛往東京的機票，那是用多少錢也買不到的通行證，一旦仍掉了或許再也弄不到手！我恢復了冷靜。當然，冷靜躲避不了臨陣脫逃的羞恥，學生們的腳步聲如同皮鞭拷打著我，儘管誰都不認識我，誰也不知我內心所思，可是，我像赤身裸體站在公眾面前受審的說謊言大話的卑怯者一樣臉上火燎，無地自容。

一個月之後，我在日本目睹了那場震驚世界的「天安門事件」。六月四日那個星期天正好是福島市青葉學園的建園紀念日。白天我參加了遊樂活動，和園童們一起又唱又跳，傍晚，幫助職工們打掃整理庭院。回到房間打開電視機一看，煙火紛飛的天安門廣場上，坦克車正無情地追趕著人們，血跡斑斑的青年、四處散逃的市民、槍聲、喊叫、電波的噪音，在那難以相信是事實的畫面前，我跪倒在地。

以後的幾天我一直注視著報導，在報刊的字裏行間看到的是血和淚，從電視畫面中感到的是恐懼和絕望。對鎮壓行為的悲憤像洶湧波濤難以克制，我用自己所知道的最惡狠的語言詛咒冷酷的坦克，用自己記住的最髒詞句痛罵冷笑聲稱「死幾個暴徒絲毫動搖不了偉大的中國」的政府發言人。

民主運動被暴力鎮壓了，歷史上幾經多次被證明的打破封建專制對中華民族來說絕非易事，這一可悲的結論又一次被無情地驗證了，曾為取得民主和自由流過多次鮮血的民眾再度嘗到苦果，人們不得不承認暴虐政權下的人民是柔弱的。那時哥哥在哪兒？上海的學生們現在怎樣？不安襲擊著我。

日本是和平的，我每天按部就班去大學聽課。然而我是羞怯的，即便沒有一個人問我：中國正在受煎熬，妳為何能如此心安理得地在這裏學習？但覺得周圍的人在用眼光

質問著。被質問是理應的，被質問也無辯解的餘地。實際上，老師、同學和周圍的人都很體諒人，盡量安慰我或回避這個話題。然而，體諒安慰反倒使我更加羞愧，羞愧自己臨陣脫逃，羞愧自國政府的粗暴行為。

和其它大學一樣，福島大學的中國留學生在那期間多次舉行集會，有批判政府行使武力鎮壓手無寸鐵的人民的，也有說為了穩定局勢那是不得已的，爭論無休無止。我只參加了一次，因為爭論中我感到空虛，看不清遠離祖國紙上談兵究竟有何意義，何況沒瞥同胞現實生活以一眼的逍遙在外者有什麼資格高談闊論？幾個月以來，我一心期盼快些出國，只恨時間過得太慢。在上海與遊行示威隊伍相遇時，雖說不是視而不見麻木不仁，但自己的愛國之心並非強烈。不，應該說那甚至不是真實的，真愛不會臨陣脫逃！

天安門事件後不久，我收到哥哥的來信，知道他曾在天安門廣場參加靜坐，和市民學生們在一起用沉默抗議、要求、伸張。在這裏，我想再次閱讀哥哥的信：

「……。坐在我身邊的是一群年輕人，這些乳臭未乾的大學生顯得相當老成。平時看著這些上課不用心，有點兒什麼事就起哄胡鬧的所謂『現代人』真頭痛。但那時不同，他們的莊嚴面孔讓我由衷高興，他們是出色的青年，他們使我看到中國的未來。

……。突然一陣騷動，淹沒天安門廣場的人們相繼站立起來，歡呼聲震天動地。抬頭望去，巨大的塑像在人海中上下晃動，那是北京藝術大學的學生們用血和淚塑造的

『自由女神』。當學生們把架子放到地上，掀去罩單，象徵著民主自由的雕像露出那聖潔的玉白軀體時，歡呼聲驟然停止，在那寂靜的瞬息，我察覺到兩行淚水淌在臉頰。

劉星在天安門。背後即是天安門民主運動的象徵——民主女神

所有的人都屏住呼吸，每張臉上都流著不知是喜悅還是悲痛的淚水。時間停滯了，大地凝固了，空氣昇華了。在這莊嚴的歷史時刻，在場的所有人都變成化石，為眼前閃爍著神聖光芒的自由女神傾倒，人們被無形的力量繫在一起。

當這瞬間逝去後，廣場上響起歡聲和哭泣。那是從心底迸發出來的歡聲，是壓抑在內心已久的哭泣，是震撼人心的舉世無雙的交響樂，是長期以來在枷鎖桎梏中、在弱肉強食的社會底層，為了生存不得不隱藏誠實的自己因而痛苦之極的人們的大合唱，是覺醒了的中華民族靈魂的吼叫。

日常生活中讓人懷疑正直和誠實在這塊

土地上早已消失的事例太多，然而那是片面的。渴望民主的人很多很多，每天為自由冒著危險聚集到天安門廣場的市民無以計數，他們都是有著神聖信念和堅定意志的人，是真正的人。

我不太愛流淚，記得只有兩次，一次是瞻仰自由女神的那一天，另一次也許妳知道，我們倆應世界語協會邀請第一次訪問日本，當下飛機看見懸掛在機場大廈的日本國旗時，一股用語言無法表達的激情衝擊胸膛，大顆大顆的淚珠滾滾而出。當時我真有些難為情，幸好看到妳也同樣在偷偷拭淚。自由女神出現在天安門廣場的那天，我曾想，若能與妳共享此刻的神聖激情該多好！

……。民主運動又失敗了，與民主向來無緣的中華民族要獲得自由民主談何容易。但可以確信的是，那短暫的瞬間已牢牢地銘刻在中華史冊上，人們比任何時候都理解民主和自由的寶貴，至少這一事件向世界證明，中國人已不再是輕易受愚弄的民眾了。……」

哥哥的信把自己的信念和到天安門廣場為祖國而戰的人們的意志傳達給我，我後悔關鍵時刻沒和哥哥在一起，後悔在上海沒有加入年輕人的行列。回到日本的興奮消失了，我不得不吞下背叛者應得的懲罰苦汁，長久地忍受內在的譴責。這段苦澀的經歷告訴我自己的另一個真實：儘管我有半個日本血統的藉口，即使現今已不必受「祖國」一詞束縛，但畢竟沒有比中國的事更讓我心碎，沒有比中國的前途更令我憂慮的了。

青葉學園的生活溫暖了我，青葉家族的善良撫慰了我受傷的心。由於有四年前那個暑假的體驗，這次來後很快就適應了園內生活，我成了園童一員。在北京給三尾先生寫信請他協助時我表明自費留學，在學園內住房租便宜的屋子，幫助職工們打雜掙生活費，再想法兒找另一份工作賺學費。其實，這只不過是不了解日本法律的單純願望，日本的外國人管理制度和現實社會並不是那麼寬容的。

到了青葉學園後，八郎園長早已為我準備好一間舒適的房間，交納了大學學費，早晚兩頓飯在園長家吃，中午帶園長夫人做的飯盒。除此而外，八郎園長每月給我七萬日元零花錢。七萬元零花錢！？這與我在東京留學時從支援會領取的一個月生活費差不多，無論如何不好接受這筆大款。學費、房租、吃飯各大主要問題都幫助我解決了，光這些都不知如何感謝才好，怎麼能再添麻煩呢？八郎園長看出我的心思，溫和地勸告不必顧忌，盡管自由使用這筆錢買車票和需要的書本、買喜歡的衣物安心學習。就這樣，在園長夫婦的真誠關懷下，我開始了第二次留學生活。

我在福島大學教育系渡邊義夫教授指導下進修國語。大學離青葉學園比較遠，坐汽車轉電車單程需要兩個小時。乘車人不多，坐在車上看書寫東西很自在，從沒覺得時

間漫長。為了加強聽力我自選了很多課程，課餘時間在圖書館閱報翻雜誌。渡邊教授對留學生非常親切，總是耐心地解答我們提出的問題，還挑選適合的教材每周抽出固定時間專門輔導留學生。在他的安排下，有機會多次出席大學教授論文答辯和院生學位評定會，參加福島市各大學的學術交流活動，受益匪淺。

原本打算在青葉學園裏盡可能多做一點兒工作，實際上只是周末和節慶假日在廚房幫幫忙而已。有空閑時旁聽職員工作碰頭會，參加學園的活動，和園童們一起玩兒。在誠實的人們中時間長了，再頑固的人也會變化，我發現去後不久自己在變，變得隨和、自然、坦誠。溶在青葉中，樂在學園裏，做什麼都稱心如意，幹什麼都得心應手。有不懂的請教職員，遇上為難求援於園長一家，沒曾有過什麼煩惱。

福島留學的一年，我注意觀察周圍的人們，在對比中洗滌自己的內在。青葉學園遠離世間的喧鬧，像一個具有慈善傳統的家族，每個成員都舉止沉靜穩重、言語謙虛文雅，在重複繁瑣的事務中體現著人的最高品德 — 無私奉獻。他們既沒有得失要求，沒有誇誇其談，也沒有怠惰散漫和虛假。照看生病的幼兒、指導園童學習、安慰煩躁不安的孩子、勸導犯錯誤的頑童，無論任何時候都是和藹、親切、一絲不苟。他們在現今充滿誘惑的社會中出色地保持了心靈的純潔，始終如一地向弱小者們敞開著溫暖的胸懷。青葉學園裏定居著誠實和純正，刻印著寬容和無私，這裏與金錢、名譽、地位等貪欲無緣，與誘惑叢生的渾濁世間無緣，是愛的追求和實踐的聖地。

我常暗中想：自己能像這裏的人們一樣在偏僻的地方，為與自己完全無血緣關係的孩童在無休止的雜務中度過一生嗎？我容易為崇高的人格和高尚的行為感動，但很難付之於自己的實踐。我知道自己與青葉學園家族有天壤之別，但深深敬愛著他們。一年來，我從這個家庭獲得認識自己、盡可能改正自己缺欠的動力。與青春時代相反，後半生我將生活在金錢萬能的社會，青葉學園的經歷使我有信心在充滿誘惑的環境中誠實地走下去。

福島留學期間，我有一些機會認真考慮日中兩國關係。與東京時期不同，這一年既沒有盛大宴會，也沒有記者採訪，但獲得了許多接觸實質性問題的經驗。幫助友人翻譯日中兩國民間交流史、協助朋友編寫在日華僑人權運動史、校正戰時學徒出征日記信件譯文稿、照顧前來日本為戰爭年代被綁架來做苦役的死難親屬掃墓的中國人，這些活動給了我很多教益。華僑們往日的艱辛、被迫前往戰場的青年學生們的哀傷、秋田無名墓碑前因悲憤昏倒在地的勞工家屬，這些在我腦海裏留下深刻的印跡。我對日中兩國間不幸史的認識超越了個人感情局限，了解到那場不幸並未結束，我決心把這個問題作為今後的一大題目繼續認真思考。

「小日本」的成長

每日清晨，迎著春風邁著輕快的腳步，我來到每天上班經過的神社前，微微施禮念叨：「今天也努力，請多多關照！」之後急忙趕路。一九九〇年四月，我在大阪經濟法科大學就職，工作是在國際部擔任留學生輔導和教漢語。

八十年代末，日本政府提出「為促進國際化、發展與世界各國的友好關係，今後重視留學生政策，二十世紀末力爭接收十萬名留學生」的計劃。培養了解日本、能在日本與其祖國之間承擔起政治、經濟和文化交流的架橋人材成為時代課題。進入九十年代後，留學生人數一舉突破五萬，加強留學生輔導的教務整編已是大學面臨的當務之急。

據統計，一九九一年前後在日中國留學生大約有四萬五千人，在日本語學校學習的「就學生」，即學習一年語言後準備考大學的人達三萬餘，而國內正在申請留學、就學簽證的後備軍更是有增無減，今後中國留學生繼續增加的趨勢顯而易見。大學需要留學生輔導人員，我這個教師職歷和留學經歷兼備的中年人幸運地成了合適人選。

按日本法務省入境管理局規定，機關、公司、學校、廠礦企業雇用外國人必須有正當理由和最低 25 萬日元的月薪。大學雇用留學生輔導員的理由自然充分，但僅這一工作的收入不夠基準，校方又為我加上每周兩節教漢語的工作。我到日本後就做好心理準備，只要能留下來幹什麼工作都行，在大學就職應該說是上天的恩賜，我懷著對經法大校長川久保公夫先生和其他負責人的感激開始了新的起步。

首先簡單回顧一下當時中國留學生的背景。

八十年代末期，改革開放初見成果，對外經濟貿易加速發展，不僅在外資企業就業機會增多，通過業務關係到國外工作的可能性也有所增大。比起公費生人數，半公費和自費留學生大幅度增加。人們嚮往的已不再是家電，而是物質豐富的國外生活，不光是身份不受束縛的私費留學生，連政府機關、大學、企業派遣的公費生和半公費生也設法延長留學期間或轉換私費留學資格的現象成為這一時期的主流。

延期繼續攻讀學位的留學生當中很多人獲得美歐日本政府的優厚獎學金，再努力三五年後取得博士學位進而留下就職。隨著門戶開放、情報疏通，在海外站住腳的這些人住洋房、乘小轎車的優雅生活傳入還很落後的國內，「只要去國外，將來金錢地位不用愁」的幻想在人們中間擴散、膨脹。

「六．四天安門事件」後，逃亡和偷渡再次掀起出國大浪，對政治的不信任、對巨大人口國家擺脫貧窮的失望和一獲千金的幻想交織在一起，人們找到追求富裕的捷徑—留學。機關幹部、學校教師、大學生、普通職員、甚至工人也想方設法尋找出國門路。

北京大學、清華大學等一流高等院校的教師和學生不惜扔掉優越的地位大批湧向海外，以至產生當時眾所周知讓政府頭疼的「人才流失」問題。

在日本，中國公費留學生減少，利用親戚、親戚的友人、友人的友人或其他熟人關係找到在日經濟擔保取得入境許可的私費留學人數連年倍增。這些人來日本後首先碰到的障礙除了語言和生活習慣外，更嚴重的是沒料到的經濟問題。中國的經濟發展剛剛起步，收入較好的公務員月薪不過在五百元左右，換算當時的日元僅僅是八、九千，而大學第一年的學費就是五、六十萬日元，加上日常生活食用、房租、水電煤氣費、交通費等，平均一個月至少需要十一、二萬日元。

日本入境管理局是在有經濟擔保人的「誓約書」簽字保證承擔責任的前提下批準入境的，而事實上，幾乎所有的私費留學生都要靠打工掙錢自己解決經濟問題。與昔日日中友好蜜月時期不同，出錢資助中國人來留學的日本人相當少，擔保人大都只做證件形式上的援助。當然那張附在入境許可上的「誓約書」，證明每月能支付兒女十萬餘日元生活費的國內銀行證明也多是偽造，因為當時國內還沒有什麼「萬元戶」。

日本入境管理法律明文規定：留學生和就學生來日目的是學習，每周打工時間不得超過二十小時，且不得從事如彈子房、酒吧之類的高收入風俗行業，違反者強行遣送回國。這些限制無疑給只能依賴打工維持留學的中國人帶來困難。

日本新學期開始是在四月，每到春天輔導新生的工作比較繁忙。新生中有在日語學校學習了一年對日本有一定了解的就學生，而大多數則是剛來日本不久的人，其中不少是臨開學前要到機場迎接的。幫助這些對日本一無所知語言又沒過關的新生簽訂住房契約、準備生活用品、帶他們去買東西、乘電車、到大學報到、在市區政府辦理居住登記手續、去入境管理局索取打工資格證明，瑣瑣碎碎每件都很重要。

新生們最關心的當然是打工，一下飛機首先打聽的是什麼工作好找，什麼樣的工作報酬高。打工是留學生活的一大關鍵，因此每年四月最重要的工作就是輔導新生了解各項有關法律和規定，提醒不要失誤。這裏我沒用「提醒不要違法」的說法，這是因為，中國私費留學生不可能嚴守入境管理局的法規，每周只工作二十小時，月收入充其量七萬日元，根本無法維持學習。坦率地承認，我的工作相當大的成分是往滿懷熱切希望來到國外的新生頭上潑點兒冷水，在介紹日本的一般常識、傳達外國人規章制度的同時，示意他們要學會巧妙圓滑地處理諸如此類問題以安全度過留學生活。

日本的國際化帶來了副產品，外國人犯罪現象嚴重化，那幾年入境管理局對留學生格外嚴格。留學期間限定一年，有的甚至僅半年，到期必須及時辦理更新手續，否則只有半途而歸。辦理手續時除了要提交一系列學籍、成績和保證人的證明外，還需出示經濟來源證明，有一段時間甚至要求拿出定期收到經濟援助的書面證據。

「道高一尺，魔高一丈」，製作專用銀行存摺，每月定期把自己打工賺來的錢匯入其中，以假象蒙混入境管理局審查的辦法很快在留學生中廣為應用。留學生有比較明確的目標，適應能力很強，學會在不得已的環境中靈活地保持最低限度的不正。他們經常互通情報、交流經驗和智慧，因此大部分人半年後基本能穩定走向正軌。當然免不了出現落伍者，據法務省統計，當時每年有幾十人因違反法規被遣送回國，也有相當人數逃離學校潛入「地下」。日本政府只高呼「國際化」口號，不切實制定援助經濟落後國家留學生的浮躁政策，導致「不法留學大軍」的日益膨脹，造成後患。

大阪經濟法科大學當時的留學生近百人，絕大多數來自中國。該大學的留學生制度相對健全、優厚，學費減免、生活用品支援，各方面都盡了最大努力，教師和職員也很親切。留學生們大都刻苦頑強，儘管每天打工到深夜，而且工作都是日本人不願幹的艱苦、骯髒、危險的體力勞動，但他們合理地安排時間，按時上課，在適應異國語言、生活習慣、公共道德方面表現了出色的能力。

每天課間或午休，留學生們常來我所在的國際部看報紙、閱資料、與工作人員聊天。國際部對於這些除了上課就是打工的學生們來講是精神放鬆的場所，雖然時間不長，但在這裏能見到平時很少碰頭的同胞，能用母語交談生活中的一些麻煩，還可以無拘束地發點兒小牢騷。我每天也很盼望他們的到來，年輕人的朝氣給辦公室帶來新鮮空氣，常從他們的頑強努力中獲得鼓舞。

春季畢業典禮一結束，就有手持花束的畢業生前來告辭。其中有經過再三考慮決心回國的人，他們的告別話語是：日本雖富裕，但與其在這兒做二等貧民，不如回到祖國做堂堂主人。我欽佩他們的自尊和志氣，由衷祝願回國事業成功。

隨著日本的國際化趨於穩定，成績良好的留學畢業生可獲得與日本大學生同等待遇的就業資格。經歷了四年的艱苦奮鬥茁壯成長起來的留學生們前景開闊了，畢業後留在日本就職的人多起來。當初的打算是在異國學習先進知識的同時，吃苦耐勞積蓄錢財以求衣錦還鄉、錦上添花。現在他們有了新的出路，充滿信心重新設計人生圖案。學業完成後定居國外成為九十年代中期中國留學生的主流。

選擇留在日本，當然是對日本社會有所好感。我相信，這些了解並喜歡日本的青年們今後肯定會在自己的工作中做出有利於中日兩國友好的貢獻。為此，由衷地祝賀他們就業後順利如意，同時感慨自己的工作。雖然自己沒能切實解決他們生活中的煩惱，也無力減輕其身負的經濟重擔，但能夠真心實意地陪伴他們度過艱辛，與 他們共享畢業的喜悅，輔導工作的辛勞是值得的。

鼓勵由於疲勞或忍受不了異國的孤獨而患精神衰弱憋在屋裏不肯上學的人、看望感冒發燒的學生為他做點兒稀粥小菜、指導不小心闖了禍造成傷害的人以誠懇的態度賠禮

道歉，同時請求對方諒解減少賠償、安慰懷孕的女生消除產前的不安、護理遇車禍在生死線上掙扎的學生、關照從國內趕來探望的雙親，處理這些事務時我不是僅以國際部職員的身份，而是盡可能設身處地地站在留學生親人的立場上付出自己的心血。利用休息時間去解決在打工單位發生的糾紛、調節學生與辦理延期手續時不可缺少的保證人之間的矛盾、有時還接到成了非法居留黑戶人打來的電話，傾聽他的苦惱為之出點兒主意，這些事往往超出自己的工作範圍，但哪怕能起一點兒作用，我也情願盡力。

工作中有很多有趣的事，每年大學校園節包餃子做黏糕、舉辦日語講演比賽、去湖邊海岸野遊、觀賞傳統戲劇、參觀工廠企業、櫻花紅葉小旅行。活動中和留學生一起深入日本社會，加深對其文化、風俗和習慣的理解，我這個「小日本」也逐步長大成人。

當然並不總是一帆風順，有時會遇到各種不快讓人感到虛弱和遺憾。

九十年代初，日本經濟進入「泡沫破裂」的蕭條時期，許多中小企業破產倒閉，失業現象嚴重，外國人的處境愈加窘迫。當時，中國人非法居留者已超過三萬，其中不少因無出路而走向搶劫、偷盜、甚至殺人的犯罪。與此同時，在日本黑社會集團和國內地頭蛇聯合組織下，偽裝越南難民的中國人接踵偷渡海域來到「搖錢樹」日本。有相當一段時期幾乎每天電視新聞裏都在報導中國人乘貨船渡海非法登陸、中國人新娘婚後銷聲匿跡，即所謂假結婚真出國的欺騙、中國強盜殺人和賣身行娼等事件，惡性犯罪的頻發使中國人的威信大跌。學校裏也並不是所有的學生都正常地努力著，每年都出現不上課光打工、手染高收入的風俗行業污穢、鑽進彈子房賭博賺錢、平時偷懶考試作弊的意志薄弱者。還有不甘用辛辛苦苦掙來的錢交學費，索性逃離學校成了黑戶或乾脆找個日本人結婚退學以取得永久居留權的事例。

社會上呈現歧視、厭惡外國人的陰影，民間風氣已不再是如何關心留學生，而轉為如何提防留學生。最典型的事例是圍繞德島大學修建留學生宿舍發生的社會性爭論，地區居民堅決要求大學方面修建兩米以上有照明設備的高圍牆，其理由是「留學生說謊不講信用、可怕。」自治管理委員會負責人甚至向報界聲稱：「不建立圍牆的話，子孫後代的生活都將受威脅。」報紙上常常看到不利於外國人的言論，說什麼：「日本人既沒有義務幫助被母國厭惡的人，也沒有必要幫助拋棄祖國的人。」；還有人投稿指責：「只因自己國家貧窮就逃出來，光顧自己發財致富，不顧祖國發展建設的人最差勁。」言詞非常辛辣刺耳，但站在日本人的角度上來看又不能不感到有其情理。

這段期間來國際部訴苦的人接二連三。一直埋頭苦幹可是突然有一天工頭對自己說：「現在不景氣，我們也自顧不暇，下周你不要來了。」；本來小心翼翼盡量注意處理好鄰居關係，不料一天房東唐突對自己說：「有中國人在招不來住客，對不起，下個月請你騰出房間。」這類露骨的偏見和歧視傷害很多留學生的心，影響他們的生活，引

起令人擔憂的後果。重新找工作和住房，不僅困難多，而且經濟負擔相當重，為此不能按時來上課的人多起來。留學生們常埋怨說：「日本是人權歧視大國」、「日本是世界上最排外的國家」、「來日本後反而反日情緒更加強烈了」。我最擔心的心理反應日見深刻。

日中混血兒的糾葛於這段時期以另一種形式在內心翻騰，越是了解中國人的想法和留學生的苦處，越覺得自己的工作重要，同時也越感到自己的無能為力，日常中煩惱不免增多。

留學生以及中國人犯罪的問題不只是當事者個人的問題，也是中國的問題。如果中國是富裕的國家，是受民愛戴的國度，就不會出現源源不斷的出國浪潮，也不會湧現那麼多寧肯冒風險也要去海外賺錢的非法偷渡者，當然在國外學習工作的人也無須忍受歧視。偷渡中遇風暴葬身海底的人們、非法通往歐洲大陸的途中因炎熱和缺氧悶死在大型卡車貨櫃箱裏的人們、由於孤獨苦悶而自殺的留學生，看到這些報導怎能無動於衷？接到在不法社會中遇到不便而苦惱的人打來電話時怎能冷酷地對他說自作自受活該？又怎能在發生這些事情的夜晚躺下來就心安理得地入睡？

據日本法務省一九九三年的統計，當時中國留學生已超過四萬，就學生四萬五千人，研究生和勞務人員近三萬，非法居留者達三萬五千人。不正當的身份和欲望引起的違法行為給勤懇努力著的在日中國人帶來羞恥和難堪。更遺憾的是，當時這一現象並不只限於日本，中國人的惡性犯罪遍及世界各地，其手段之卑劣和殘忍令人髮指，在世界範圍引起極壞的影響，以至輿論反響常超出具體事件本身，直接指向中國人的道德荒廢和國民體質的欠缺，使千年中華民族的尊嚴蒙受損傷。

留學生輔導員工作的幾年是歡樂與擔心、期待與憂慮交錯的日夜，工作鍾鍊了我，也使我看到很多暗礁。留學生輔導工作的困難是眾所周知的，因此周圍對我的努力給予很高的評價，稱我為「留學生的母親」。我很清楚自己不配這一榮譽，因為母親的力量可以戰勝一切，而我能做的只是當有人來求助於自己時，盡力爭取代替他不在身邊的親人而已。

值得慶幸的是這段期間的工作經驗在「阪神大地震」中得以發揮。

一九九五年一月十七日清晨，我被鬧鐘叫醒，賴在暖和的被窩兒裏盤算著當天的課堂安排。突然「咯吱、咯吱」一陣響聲，接著劇烈的晃動震撼著房間，大地像要翻身似地蠕動著，書架上的書、桌子上的茶杯稀裏嘩啦落在地上。這陣簡直好似整個地球就要毀滅的十幾秒鐘一過，屋子裏恢復了黎明前的寂靜。「是地震！」我揣摩著。日本是地震大國，摔壞幾個茶杯用不著太介意，我忘記剛才那恐懼萬分的瞬間，起身梳洗吃早點準備出門。

來到地鐵月臺，平時默默不語排隊等車的人們大聲交談著什麼，伸出耳朵一聽方知神戶地區發生了造成嚴重傷亡的大地震。那天剛好丈夫回國探親不在家，女兒住在大學附近的宿舍裏，我也沒打開電視收集情報。雖然聽說是大地震，但還想像不出何等嚴重，一心等電車到來。時間早過了平時乘車的鐘點，不見電車來。月臺上的人漸漸少了，不久傳來站內廣播：由於地震，地鐵全線停止運行，何時恢復正常，不能確定。

返回家裏打開電視機，我驚訝得倒吸了一口氣。電視上出現的是一片又一片倒塌的建築、燃燒著的房屋、扭曲突起的鐵軌和斷裂成一段一段的高速公路。一直發楞到中午，這才想起住在神戶一帶的好友和留學生，急忙打電話聯繫，得知當地停電斷水煤氣不通，一想到在嚴寒中忍饑挨餓的留學生和友人，我開始坐臥不安。

幾天過後，電視和報紙的內容出現變化，全國各地自發性的救災活動取代了驚慌和混亂。滿載衣物食品的汽車、搶救受傷居民的醫療隊、維修電線煤水管道的工作組、避難所老弱病殘的護理，志願者們的獻身給災區帶來生氣，給受災的人們增添了勇氣。隨後政府、縣市地區的救災政策和措施也逐漸明確訴諸實施，全日本從驚駭中恢復了冷靜，呈現出有組織有秩序的沉著局面。

大學進入學年期末，工作只剩下考試和成績評定，我幾乎把待在家裏的時間全消磨在電視機旁。看著電視畫面中身背礦泉水向災區移動的人、在倒塌的房前清整道路的人、在避難所燒水做飯的人，我想，現在是該自己做點兒什麼的時候了，像眼前這些正在為不相識的人、為此時最需要幫助的災區人們辛勞著的志願人員一樣。

其實，我很早就有為別人做點兒什麼的這類想法。從我的身世來看，從小到大恐怕沒有比我更多無償享受社會恩惠的人，沒有比自己受到更多人關愛的了，來到日本後也得到眾多不相識的人援助。即使自食其力的現在，雖說不上富裕，但著實過著滿意的生活，這也是因為在受恩惠，是受五十多年間日本國民付出巨大努力築成的舒適、便利、平穩社會的恩惠。人不能只接收而不付出，尤其受恩不報恩更不合情理。然而，長到五十來歲無能的自己迄今還沒能為他人作出任何貢獻，在這麼多人遇難需要幫助的時候，報恩願望仍舊沒付諸實際。

幸好一位友人打來電話約我去神戶，這才動了窩兒。第二天，準備了十幾瓶礦泉水趕到關西交通要站大阪梅田與友人會合。電車只能開到離震央較遠的蘆屋，深入災害嚴重地區要乘坐臨時公共汽車。那天汽車非常擁擠，我只好在蘆屋一帶轉遊。此時此刻用「轉遊」一詞實在對不起受災的人們，可我確實在把礦泉水分給路上遇見的居民後，空著雙手在大街小巷裏瞎走亂逛。我好像走在廢墟中，腳踏的是碎磚破瓦，眼見的是潰陷的鐵道公路和橋梁，有的巷子裏木造房屋全都倒塌看不見一個人影。領略「廢墟」一詞的真實語義時不由毛骨悚然，面對大自然的破壞力不能不哀嘆人間的渺小。

來到市區一座小學，進去一看，禮堂裏居住著許多人，但秩序井井有條、平和安靜，氣氛並無「避難」的陰沉。禮堂門前堆積著大量救援物資，人們正在把衣服、肥皂、生理用品、糖果、咖啡等分類分量包裝，看樣子是準備分發或運送交通不便的災區深處。我高興了，別的不行，這類工作最拿手！

從此以後，我開始了不定期的「新的通勤」。不再需依賴熟人，乘電車坐臨時汽車不必擔心迷路，大批人群都是同一方向。到了避難所既不用通名報姓，也無須解釋來由，大家雖素不相識但目的相同。掃地、清理垃圾、運水、搬箱開封取出衣物分類包裝、換臨時廁所的塑料袋，樣樣需要人手，默默幹就是了。即便是今天在這兒明天在那兒，碰到一起的人都會組成優秀的業務小組。擅長清掃整理的我甚至覺得「救援工作」愉快無比。

二月中旬，有人問我能不能召集留學生包餃子支援災區，這下子我可有「施展權威」的機會了，立即通知大阪京都一帶的新老留學生會集在大阪教育大學，展開包餃子的激戰。一心想對平時關照自己的日本人略表感謝之意的留學生、也想為救援出點兒力的日本青年、還有熱心的市民，大家齊心捐款購買材料、和麵、桿皮兒、剁餡兒、包的擺的速凍的，一條配合默契的作業線連夜奮戰。中午，中華式水餃及時運往災區幾個避難所，把熱乎乎的水餃端給老年人和小孩子的留學生們的笑臉令人難忘。

在神戶市中心一個基督教會幫忙時，一位修女問我能不能協助熱線電話救援工作。這是一個由年輕志願人員組織起來的「外國人地震情報中心」，地點在大阪市常磐區，主要工作內容是通過臨時設立的熱線電話晝夜接收受災外國人的諮詢，向他們傳送地區政府和民間團體的援助情報，向吃穿住有困難的外國人介紹臨時住所，提供物資支援，定時通過無線電廣播用各種語言傳達有關救援事宜。我一星期去兩次，有時擔當播放中文廣播，有時夜間守在電話機旁等候諮詢。

諮詢電話的內容多是尋找住房或臨時工作，也有詢問領取援助金的資格和方法。地震後，有很多日本人向外國人提供無償臨時住處，但基本對象是歐美人。住房有困難的亞洲人打來電話時，各語種擔當員向他們提供關西地區的留學生會館、學生寮和簡易宿舍，後來這些地方滿員，常常滿足不了具體需求。

我曾接到幾個不法黑戶的電話，說房塌後住在近處避難所，眼下吃穿沒問題，只是找房找工作或銀行存款一般都必須提示護照或外國人登記證，這使證件過期的黑戶們為難。無奈想回國，可又躲不過出境審查，在飛機場和港口過海關時須出示證件。他們擔心辛辛苦苦掙來的幾百萬元錢出境時被沒收。我聽說過非法居留黑戶被抓住後要坐幾天冷板凳，接受除此之外是否還有其它犯罪行為的刑事審查，如果只是非法居留，一般罰款二十萬元左右後放其回國。我勸那些人先把錢交給可靠的朋友保存，然後去入境管理

局自首，坦白不法行為，表明洗手不幹之意。現在是特殊時期，人們對受災者非常寬容，很可能取得寬大處理，趁此機會快些脫離黑暗，回到祖國光明正大地搞點兒什麼事業。

災禍給日本人造成難以彌補的經濟損失，也給生活在當地的外國人帶來困苦。據統計，當時光神戶市內登記的外國人近四萬多，留學生和就學生有一千八百多。學生流動性大，按市、區、鎮各級行政領取「救援金」的規定，相當多的人被排除在外。臨近開學，這些人的困境可想而知，外國人救援組織動員民間開展「SESCO 義捐」活動。

義捐活動地點設在大阪市內，兩排參加者站在來往行人最多的路口，手持捐款箱大聲呼喚：「先生們、女士們，請您援助災區的留學生們！」過路人紛紛往箱裏投入鈔票，小孩兒們也踴躍掏出零錢。參加者齊聲高呼：「感謝您的支持，謝謝您的厚意！」有的捐款人對我說：「加油，努力！」我被感動，說不出話來，只是不停地施禮致謝。日本社會上的確還有歧視外國人的潛在意識，但在有困難的外國人面前，應該承認大多數人是友好的。早春的北風寒冷刺骨，熱情支持義捐活動人們的深情厚意溫暖我心。

三月中旬，關西地區的華僑與臺灣人團體聯合舉辦了勉勵災區留學生和就學生大會餐，在日中國人不分大陸、臺灣、港澳，擰成一團準備了豐盛的火鍋料理，通宵包了數不清的餃子。我們不知道能來多少人，只希望來者吃飽喝足，想帶走多少就帶走多少，還準備了許多春天的衣物。

中午，陸陸續續來了一百多人，大家邊吃邊交談地震時的體會和眼下生活。有三五個就要結束日語學校的學習，預定四月進入大學的青年幫我端菜運餃子，向我訴說那可怕的瞬間。一個人說：地震的那天早晨，站在倒塌了的屋前發楞不知如何是好的時候，平時見面不太說話的近鄰婦女塞給自己兩個大飯團，現在回味起來，那飯團比任何時候的都香。另一個學生說：日本人真了不起，這要是發生在中國或者美國，肯定出現搶、奪的大混亂。還有一個青年說，災難不小，但日本人一定會很快站起來，日本人還是行！

聽了這些話，我慌忙丟下「上大學後也要好好地幹喲」這句驢頭不對馬嘴的回話，轉身離開他們，把就要流淚的歪臉藏到衣物堆裏。

做留學生輔導員工作時常聽學生們罵「日本鬼子」、「日本畜生」；談話中涉及日本政府援助問題時，會有人說日本人拿出多少錢也賠償不了那場戰爭給中國造成的損失；閑聊中國人惡性犯罪事件時，竟有人說中國人再殘忍也比不上日本鬼子啊！說這些話的學生在實際生活中並不討厭日本，可正是這種無意識的流露反映了狹隘的反日教育在孩子們心裏留下的根深蒂固影響。

那天我聽到的是留學生們坦率的感想，是在真實面前的真實心理流露，這使我分外高興。受災的留學生們在承受大自然的洗禮的同時，看到日本社會的穩定，認識了日本人守秩序、遵公法的美德，承認日本民族的堅韌不屈、刻苦耐勞的精神。這對被日中關

係無休止糾纏的我來講是最大的慰藉，我更加確信留學生的存在是增進國際友好關係的重要一環。「阪神大地震」那年的早春對於災區人們來講餘寒逼人，然而，我心中的春天捷足先登帶來了新的生機。

終章：兩個祖國

不足稱道的付出帶來了回報，就職後生活逐漸穩定下來，我有了考慮申請日本國籍的精神餘地。由於我出生在戰亂期間，辦理母親是日本人、我是該日本人的親生子女這類法律性證明並非易事，法務省的審查也相當嚴格。但有國內親友全力以赴，又有律師熱心協助，提交申請材料事宜還算順利。等待審查結果期間，女兒高中畢業，與爸爸同來日本，全家人一起生活的願望實現了。

人到壯年，今後還有多久，難以預測，我開始考慮自己要做的最後一事。

現今日常中我幾乎沒有考慮過「未來」。從前，我曾有過「未來」。那時，我的「未來」是「日本」，我一直嚮往並追求著她。回到日本後，我只專注地享用、體味「現在」的每一天。如果說我還有什麼想做的事兒，那就是用中日兩種文字寫一部「自傳」。為祖國、也為自己。

我個人的經歷不過是偌大世間的一粒塵埃。然而，我經歷的那個時代不應忘卻。因為它記載著中日兩國近代的苦難，刻印著釀成苦難的民族的固有缺欠，印記著苦難期間國民的怠慢失責。我是由中國共產黨撫育成人的孤兒、是日中混血兒、又是長谷川照子的遺孤。偶然的特殊身份使我在那段同胞們相互詆毀、相互傷害的非常時期既沒成為加害者也沒遭受什麼大不了的迫害。在中日兩國之間發生的坎坷中，我遭遇到的也僅僅是命運善意的戲謔。因此可以說我的經歷多少存在一定的客觀性。

我沒有什麼能力，從沒妄想寫更多的作品，只奢念以誠摯之情寫出能讓人們感應到的「心聲」，順便為自己的一生打上休止符。為了這部「自傳」必須首先學習語言，尤其日語，還需整理資料、整頓內在。國際部的工作定時、定點、性質繁雜，很少有空餘時間，我決定辭去留學生輔導工作轉為兼任教師。大學兼任教師工資雖低，又不穩定，但自由時間較多，對我頗有吸引力。眼下一家三口人齊心合力，女兒日語學校畢業後成績優秀，考取大阪大學並獲得獎學金，丈夫也在努力工作，經濟條件有所好轉。倘若國籍申請能如願以償，由此獲得滿足的我已再無其它追求，奢念只剩下「生涯一著」。

一九九四年春天，美麗的櫻花正待開放之際，國籍申請正式批准，夙願終成現實。在日本，外國人可以申請「歸化」或「永久居留權」，我申請的是另一類——「復籍」手續。我的意願旨在幼年時代憧憬的延長線上做為一名真正的日本人在自己的祖國度過後半生。這一拘泥在他人看來也許可笑，但獲准「復籍」意味著日本國承認我原本就是日本人，這可以說是自己人生追求的一個重大達成。倘若允許泛用「幸福」一詞的話，這一達成使我幸福地變成了長谷川曉子。

取得日本國籍後，生活安定了，也越發惦念哥哥的心願。

九十年代，世界進入國際化，「地球人」、「世界公民」等便利的新詞彙相繼誕生，注重「人權」的理念成為國際舞臺的主旋律。人們對「祖國」一詞的認識又發生變化，為擺脫貧窮離開故土到富裕國度求生的世界性大移動形成時代潮流。「為了祖國，流血犧牲在所不辭」的詩句早已陳腐；曾給人以勇氣的「富是祖國，窮也是祖國」的口號也被遺忘。誰不戀家鄉？誰無愛國之心？然只憑藉自己的力量畢竟改變不了貧困和弊病。

中國繼續推行柔軟的改革政策，國內經濟大大發展，人民的生活呈現小康。儘管如此，出國熱潮仍沒降溫，勢頭依然不見弱化。識時務的政府有關部門放鬆出國限制，簡化手續，出國容易得多了。我多次詢問哥哥是否有意來日本，我可以協助辦理入境手續。但因三個孩子正上初、高中，哥哥考慮日本教育費用高昂，雖有意卻遲遲下不了決心。哥哥非常關心孩子的成長，為兒女們的前途盡了最大的努力。

不幸的是，哥哥在一九九六年冬天因患胃癌去世。那年四月中旬發現問題，立即住院進行手術。五月初的連休趕回北京探望時聽說手術成功，我也相信哥哥的體質好會很快康復。在北京的那幾天，我守在病床一個勁兒地勸說哥哥也回日本，嚐嚐另一個祖國的苦與甜，他終於答應最小的兒子高中畢業後偕家眷東渡。

一周的假日結束了，我要回日本了。頭天傍晚和嫂子外甥在家吃飯時，因大手術身體相當虛弱的哥哥突然出現在家門口，看樣子是從醫院坐計程車偷著跑回來的。我嚇了一大跳，免不了數落幾句，心裏卻為哥哥特意趕來送行高興。那天晚上，一直藏在內心只因長年別離始終難以脫口的「哥哥」一詞終於蹦出了嘴邊。出乎意外的稱呼好像讓哥哥不太好意思，但他沒掩飾住悅色，那張略微發紅的笑臉顯得比往常更加溫和。哥哥的胃被切掉大半，只能看著我們享用大餐。我邊奚落他那饞嘴的樣子，邊一本正經警告他今後不准貪食。那是幸福的兩個小時，我們兄妹倆人怎能想到這竟是最後的共同幸福時刻？

十一月底，癌細胞轉移至淋巴，注射也止不住胃出血的症狀持續了一個月，十二月三十日的深夜，哥哥結束了五十五歲的生涯。

元旦趕到北京，被帶到醫院後院一座冰冷的小屋裏，因為我還沒相信哥哥已經死去，所以不願承認眼前躺在鐵盒子裏凍僵了的「怪物」是自己的親骨肉，然而，名簽上確實標著「劉星」二字。還沒進行火葬前整形化妝的那張瘦臉歪扭著，鼻子下面血糊糊的，這哪裏是我星哥，簡直就像小畫書裏的怪物！面對那光景，我不由懷疑自己的眼睛。

那是一個悲慘得不可能忘卻的光景，是一幅每當想起就會把心臟揪到喉嚨上的殘酷畫面。那麼健壯的體格、那麼精力充沛的人怎麼會以如此淒慘的形態離開人世？我禁不住聲嘶力竭地呼喚：「星哥——！」然而，這最讓哥哥高興的稱呼再也傳不到他耳裏了，我感到一種從沒體驗過的悵惘擰絞著胸口。

為什麼哥哥要那麼苛待自己？為什麼不能像他人一樣最大限度地為自己考慮而一味追求並非幾個人就能改變的「祖國命運」？為什麼可恨的病魔偏要折磨如此誠摯地堅守

信念的人？回到日本恢復正常生活後，哥哥的事也一直縈繞在我的腦海。

時間是公平的，無論是美好的還是悲慘的記憶都將在它的流逝中淡漠、消失。中國近代史中的苦難歲月早已成為過去，然而，我忘不掉在那個歲月裏付出犧牲的哥哥，忘不掉他那在萬人沉默不語的時刻挺身而起高喊民眾心聲的形象。

我們兄妹生活在同一時代，同樣受著邪惡的壓抑，我沒能像哥哥那樣勇敢地正面迎擊邪惡，並且由於擔心也不希望他去冒風險。我們兄妹二人身上流著同樣的血液，同樣因此受過不公正的偏見困擾。我為了自己的追求逃脫了，而哥哥為更大、更有價值的追求放棄了自己的願望。哥哥的行為值得欽佩，他是那個時代出色的中國人。他那決不隨波逐流的正直和勇於正視現實的責任感、不屈不撓的意志不僅過去、現在、而且將永遠銘刻在我心裏。

哥哥回到父母身邊去了，他是我們雙親的好孩子，他那不妥協的氣質、不允許哪怕是微小的曖昧玷污信念的意志來自於父母，源於血氣方剛的先祖。哥哥現在安睡在北京西郊的金山上，墓碑面朝北東，越過北方的山脈和原野，能看見幼時疼愛過自己的爸爸和媽媽；跨過東方的汪洋大海，是他深情嚮往的日本。每次去掃墓合掌低聲呼喚「星哥」時，總會聽到從遙遠的天涯傳來熟悉的口哨聲，曲調如同從前一樣悠揚、婉轉、略帶傷感滲入我心房。

轉眼又是十幾年過去了，我一直生活在大阪。丈夫隨著年齡的增長，思戀故鄉之情加深，退休後落葉歸根回國了。女兒大學畢業後在東京工作五年，後來去加拿大攻讀碩士，學業成就後因喜愛那裏的大自然而在當地謀職。雖然每年能相見，但平時我完全成了獨行者。

由於原本就打算在日本度過後半生，所以定居後一直努力作為一名普通的日本公民生活著。然而語言、習慣、思維等現實中我常感到自己並不是真正的日本人。一個人的誕生、長大、成熟、衰老這一全過程是在受出生地的風俗和文化的薰陶以及所在國家的傳統和教育的潛移默化中完成的。十幾年或許還嫌短暫，「小日本」終究不過是個小日本人而已。

儘管如此，落腳於日本之地，從事平凡的工作，靜度簡樸的生活令我安詳，讓我充分享受曾渴求的深呼吸。生活中既不需煩擾他人，也無任何外來干擾，闊靜的環境任我隨心所欲地走自己的路，平穩的日常節奏為我提供了表現「人生終劇」的最佳條件。倔強的脾氣似乎變得隨和了，迂腐的感受性也多少現實些了，我不再輕易受世間喧鬧誘惑，也很少因此產生衝動，就像安居在自己的家鄉一樣，在和諧的秩序中重複日常，在清新的四季推移中感受、吸取、消化並隨之迎來晚年。

獲得能棲身其中靜觀世態的自由天地後，有時也會覺得自己雖然算是一名公民，卻又像局外人，對不時發生的政界醜聞或惡德商人的欺詐已不像從前那樣激憤大怒、深惡痛絕。也許這種衰退症狀是無可奈何的。好在雖已到了老無大用之年，但自己的人生法則並沒發生太大變化 — 不管個人意志在巨大的社會面前多麼渺小，作為社會一分子應銘記責任和義務。我確信，能否建設美好的社會，完全在於生存在那裏的每個人的義務感，取決於每個公民厲行職責的素養。我積極參與市民社會活動，力爭提高自己的第二人生素質修養。

美國發動伊拉克戰爭那一年，日本政府因與美國有理義之交，表示支持美國聲稱的「聖戰」，派出自衛隊。日本社會對此的反應是曖昧的，多數人認為反對也無濟於事。其實我也如此，可是從電視上看到美國總統狂言宣戰時，早年的烈性甦醒難以克制，火速做了一面「反對戰爭」的紙旗趕到市內，加入在美國領事館前面行進的遊行隊伍。說句實話，遊行隊伍的規模小得可憐，以至使我感到有些難堪。還好參加者互相勉勵，共燃憤怒之情，把反戰意旨堅持到最後。吾雖是凡庸之輩，然亦有志有義，盡責盡義理所應當。看來我依舊是「常自嘲己為，然又愚行不絕」的幼稚兒。

兼任教師工作還在持續著，有課的日子，早晨六點多鐘我已經坐上還不太擁擠的電車。到任課的各大學單程都需要兩個多小時，坐電車看書成了習慣。學校的圖書館、地區的閱覽室是我消閑的場所，漫無目的的「亂讀」成了學習日語的課程，同時伴我修心養神靜靜享用從身邊流逝的光陰。

我喜愛自己的工作。回顧三十餘年的職業生涯，無論以前教數學還是現在教漢語，從中得到的都遠比付出的多，從學生的成長進步中感到的喜悅，彌補了自己在教壇上付出的辛勞總是綽綽有餘。尤其年齡已是夕陽落日的今天，學生們的朝氣不時地影響、帶動著我，從他們的言行中切實感到日新月異變化著的現今，充實衰退中的精神內在。

在和平富裕的環境中長大的日本大學生性格單純、為人誠實、容易接近。他們看起來靦腆內向，可實際上好奇心和上進心都很強；貌似對周圍不甚關心，然而思維敏捷、人情味很重。與這些樸實無華的青年們一起聊天時，我常感到自己缺少的坦率氣質，羨慕他們的坦然自若和無拘無束。

每年校園節學生們聚在一起談論如何在感受性豐富的青春時代、在人生轉折點的大學裏通過課堂知識吸取人生養分。議論大學的終極目的，即「積蓄無論今後在何時何地，無論碰到什麼遭遇都能忍耐、不失信心、頑強地拼搏下去的生存能力」是低年級學生的常設論題。曾聽一個新生說過：「我上大學並不是為了學習在競爭社會中生存下去的訣竅，也不是為了磨練打敗競爭對手的技巧，是為了接受培養善良、正直人格的教育。」這番話讓我經常思考為滿足這樣的學生自己應怎樣做。

十幾年間不斷送走舊友迎來新生，學生中恐怕沒有人記住我這個平凡的人。然而我卻每每在迎送交替之際，端詳一個個朝氣蓬勃的面孔，想像他們現有的單純和誠實會在將來發揮怎樣的作用，同時由衷祝願這些肩負日本未來的年輕人能在大學期間鍾鍊由於生長環境富裕因而多少脆弱的精神世界。

春假暑期一到，期考成績評定完畢、新學年的教案準備好了之後，踏上旅途。薪水不多的我與奢華的旅行無緣，但平日注意勤儉參加便宜旅遊團足可以消遣盡情。乘坐便宜的飛機、住廉價的旅館並不妨礙眼觀世界。文化遺產的卓絕精華、大自然的神秘風光和異國的風俗情調無論對富翁還是窮人絕對一視同仁，無論何時何地都深懷博愛公平地把自己的魅力散發給每個旅遊者。

周遊世界曾是青春時代明知不可實現但又不肯放棄的夢想，所以更覺晚年的每一次旅行都是難能可貴的。在巴黎的羅浮宮觀賞藝術時，攀登柬埔寨的吳哥窟時，傾聽維也納宮殿的交響樂時，讚嘆頑強屹立的比薩斜塔時，我感慨萬分。「是的，信念曾是堅定的，追求也是執著的，因而現實是安詳的。」這一俄羅斯古典詩句在旅途中時時浮現，引我共鳴。

被美迷住的同時，常會感到一股悲哀和寂寞湧上心頭，我想起死去的哥哥。當在印度的恒河畔看到虔誠的教徒們身浸聖河祈禱時，凝視阿爾卑斯山頂的冰雪之光時，瞻仰匈牙利民主廣場的偉人塑像時，我常情不自禁想呼喚「星哥！」我還在期望哥哥也能享受同樣的幸福，儘管他早已過世，彷彿不呼喚亡兄就不能充分領受。幸福之際卻要傷感懷舊也許正是獲得的證據，這被我稱之為獲得的「幸福」畢竟與亡兄密切相關。

旅途中那些銘刻在心底深處的人們有時也會隱約再現，但蹉跎歲月中的身影不再令我傷感，他們早已昇華為人生食糧。我之所以能健全地度過那個醜陋的時代進而獲得滿意的今天，是因為這些食糧給了我充足的養分。昔日曾給予我愛與友情的人、教我理解他人的苦難與不幸的人、給予我生活知識和自信的人、還有那些曾引導我思考和錘鍊、斥責鞭策過我的人，他們都是恩人。感恩之念使我的旅情更豐富、深邃。

回顧自己的一生，我常想：自己那既不美也不醜的性格來自何處？近幾年來，也愛像有父母的人們那樣常想自己究竟哪兒像父親、哪兒像母親？我與雙親的緣分很淺，對出生後就失去的他們感情並不很深。由於自幼一直受到周圍人的關愛，所以既不知寂寞，也不曾渴求「雙親之愛」，「父母」對我來說是遙遠、陌生的。到了中年方知雙親的事跡，很敬佩他們的正義和勇氣，但也僅此而已。

最近幾年，我有閑暇翻閱有關父母的書籍，多次踏上他們為追求和平而流離過的異鄉，沿著昔日的足跡走訪留下他們氣息的街道、居住過的房屋和現在依伴安息的土地。「父母」一詞在我腦裏逐漸形成確實的感受，對他們的認識已不再只是單純的敬佩，而是任何人都本能抱有的對生身父母的摯愛。這愛來的雖晚，但異常深厚，且日漸清晰。

我彷彿愈來愈了解自己的父母，了解他們的氣質、品性、人格及由此形成的勇氣和正義感並非特殊之物，正像他們性格中的倔強、頑固、我行我素等缺點一樣極為普通。他們走過的人生之路既不是自己認為最有意義才選擇的，也並非特意找尋而確定的，是由他們血液中的質地與在實踐中得到的理念交融產生的意志決定的。尤其是母親，作為日本人，生長在自古循規蹈距的閉塞島國，遇上富於侵略性的時代，她之所以能敏銳地洞察政府當局對外政策的實質，且不是予以沉默而是選擇了危險的叛逆；雖然接受的是歧視亞洲人的教育，卻能展開視野、超脫狹隘的民族主義局限，對遭受著殖民主義的歧視和軍國主義鐵蹄踐踏的中國人民寄予深切的同情，那是因為她本身人格中具有拔萃的正直氣質。我想說，母親的壯烈生涯是她的人格被她生存的時代雕琢而成的結晶。

一些熱衷和平運動的友人多次向我建議開展「為挽回長谷川照子曾蒙受的『賣國賊』污名，恢復奈良女子大學學籍以發揚她的擁護和平反對戰爭之精神」市民活動。倘若沒有「長谷川照子遺孤」的干係，或許我會贊同。我是長谷川照子的女兒，對她所抱有的感情不只是敬佩，還有自己獨特的、與名譽和地位無關的驕傲。

回顧一生，我的經歷並不十分輕鬆，也缺少一點兒甜蜜，但這正是由我自身內在的血液融合於生長過程鑄成的必然，是人們常說的「宿命」。先祖父輩的氣質在我的經歷中展開圖像、形成情感、發出聲響，進而左右我的思考，引導我去行動。血質中的剛烈

使我缺少對不正的寬容，乖戾的潔癖讓我只會為自身的清白努力。或許，我把只接受自己的人生法則容許的東西這一理念看得過重，也許，不顧世間潮流只專注走自己的路這一意志並非我想的那麼重要，從實用主義來看，這樣偏激本身就不夠高明、甚至落後於時代。即便如此，只要這才像劉仁和長谷川照子的女兒，我就滿足了。

最後，我想以自己長期由衷關切的中日關係來結束這部「生涯一著」。隨著愛和追求閱歷的遠去，我明確地意識到剩下的期待只有一個，這就是中日友好。

無論在中國還是在日本，曾有很多人為這一友好不懈地努力過，現在和將來也還會有更多的人為此繼續努力。然而，我對中日友好的願望既不是單純的他人模仿，也不能一味地依賴別人，我的願念是自身所感且伴我終生。中國是迎我出世並養育了我的祖國，這裏有自己的純潔少女時代，還有為之哀傷的青春歲月；日本是我幼小心靈中的嚮往，我曾為之付出過真摯的苦惱，她又是現在的祖國，我將在那裏走完自己的人生。因此，無論是過去，還是現在和將來，我對中日友好的期待不是普通的願念，而是深沉的宿願。

混血兒應該是幸運的，因為身受兩種文化和兩個傳統的哺育，關切著兩個國家的進步和發展並為此喜悅的人的幸福當然是加倍的。然而，這只限於那兩個國家關係融洽的人。反之，有關係不融洽的兩個祖國是多麼痛苦，煩惱是多麼深刻，這恐怕只有相關的人才會知道。因此，說沒有比混血兒更期望自己的兩個祖國關係友好的了並不過分。

長谷川照子的生涯被世間所知後，對她抱有深厚感情的人們，還有眾多熱切希望中日兩國之間不再發生戰爭的人們對我寄予很大期望。我也認真對待人們的期望，把成為中日橋梁的堅實磚瓦看成是自己的使命，並盡力而為，有時甚至認為不這樣做自己的存在毫無意義。我努力投身各種友好活動，多次出席日中關係研討會傾聽有關辯論，屢屢接受中日友人的委託，參與戰爭中的「強行綁架勞工」、「隨軍賣身妓女」、「人體實驗」、「毒瓦斯武器」和「殘留婦女孤兒」等問題的調查。實際參與中我了解到兩國間存在著種種阻礙友好的遺留問題，看到半個多世紀前的那場戰爭並沒結束的嚴酷事實。

由於母親的關係，我結識了很多認真思考戰爭與和平問題的友人。他們中間有主張為真正的友好應該徹底清算戰爭遺留問題的中國人，也有誠懇反省自己祖國所犯的罪行，認為這是建設美好國家必須先行面對解決的日本人。我從這些人的嚴謹和認真中學到很多東西，這些都成了促使我克服內在糾葛輕裝投入日中友好活動的主要動力。

不能回避的是，那場不幸的戰爭已成為中日兩國關係史上難以剝離的腫瘤。兩國之間對那場戰爭的認識不同當然是主要病毒，而近年來，日本對中國不斷擴充軍備的戒心，即所謂「中國威脅論」；中國認為日本本質是富於侵略，即「日本威脅論」，給中

日關係蒙加新的陰影，使腫瘤部位日趨惡化。十多年來，我一直以複雜的心情注視著每年夏季恒定重複的「靖國神社參拜」、「歷史教科書」、「南京大屠殺」、尖閣群島領土權和公海領域資源開發等爭議，關切著日本方面的戰爭起因正當化傾向及中國大陸的逐年升級的反日情緒，如同不安地注視著自己雙親之間關係龜裂的孩子一樣。

以父母子女關係來比喻自己的感情並非出自追究過去，而是想表達自己的真摯。那場戰爭早在上世紀中葉得到應有的裁決，那一謬誤已成為歷史的記錄。在歲月的長河裏，在時代的進程中，重要的不是停留在歷史的某一頁無益徘徊，而是面向未來超越過去。作為孩子，我為似乎對此沒有明確認識的雙親抱有骨肉之憂。

自從《中日和平友好條約》締結以來，日本政府曾每年拿出一億數千萬共達數兆日元援助過中國。很多日本民間團體、個人為改善兩國關係進行了不懈的努力。有的人在中國西部長年從事植樹造林活動，有的人為偏僻地區修建學校不間斷地募捐投資，也有很多人在中國的大學、工廠和農村志願無償傳授知識與技術。

遺憾的是，中國卻一直以日本為假想敵，不惜投入龐大資財擴軍備戰、甚至在世界性反核運動高漲的一九九五年，也就是戰後五十周年之際，為了向日本示威，不顧違背國際信義進行核武器實驗。這種行為怎能讓為友好不斷努力的日本人民理解呢？核武器的存在本身就是對人類的一種威脅，除此以外毫無其它價值。中國建國初期為了實現超級大國的目標不顧國民的苦難大搞戰備，以至使經濟陷入極端貧困狀態，這一教訓難道不值得重溫嗎？

另一方面，上個世紀末，受過侵略迫害的亞洲各國和世界各地的人們對日本寄予深切的希望，希望日本政府也能在二十世紀末關鍵的時刻，即戰敗五十周年紀念日，像第二次世界大戰結束四十周年的一九八五年五月八日，當時的西德總統理夏德・馮・魏茨澤克（Richard von Weizsacker）在聯邦議會上發表演說「荒野四十年」成功地做出結論那樣，明確表明日本人民的真誠意向，中肯地洗淨歷史污點，打出有力的時代休止符，輕裝迎接新世紀。

日本近幾十年來為援助貧窮落後國家作出了很大的貢獻，然而在國際社會上並沒獲得相應的評價，有時甚至在參與國際事務中得不到公平的待遇，世界舞臺上時時顯得軟弱無力，其主要原因在於「戰爭問題」的牽累。沉重的歷史包袱積壓在日本身上，不僅影響著現今，而且只要不自我主動卸下它來，必將影響其未來。

很遺憾日本放過了世紀末的良機，除了當時略有良識的村山內閣發表了不疼不癢的「戰後五十年決議」之外，主流仍然是政界人物們美化戰爭的傲慢不遜。結果那幾年成了中國政府鼓吹所謂愛國主義的絕好時機，全國各地大興建築永久性抗日紀念館和紀念碑，展示宣傳日軍的殘忍與狂暴的照片和模型，甚至出現了前所未曾有的「八一五紀念

日」齊鳴汽笛的超反日現象，網路上對日本的咒罵日漸升級，亞洲其他國家也紛紛抗議日本的頑固態度。這樣一來，在地理上無法脫離亞洲的日本又一次失去了擺脫緊箍在身的歷史符咒的機會。上世紀末的數年間，所謂的「戰後處理問題」仍舊曖昧不清，無止境地拖延下來，成為世紀末累債，日本在新世紀中仍不得不繼續付出相當的代價。

我關注了出現關係龜裂的雙親在提出重歸於好之時是否有誠意，倘若真有誠意，龜裂的癒合是可能的。雙方各自堅持己意，不斷指責對方，一味要求對方反省認罪的話，談何重歸於好，只能加速龜裂，這是連小孩兒都明白的道理。兩國關係不是可與單純家庭關係相提並論的問題，但如果雙方都胸懷大度，力爭為理解對方作出努力的話，銘刻在數十年前簽訂的和平友好條約上的兩國人民的願望不至於落到今日這般冷清地步。超越歷史障礙並不會僅因有真切的願望就能簡單實現，遲遲不著手解決，放置腫瘤任其潰爛，終究不是上策。

怨恨不能成為誠意。事實上，狹隘意義上的戰爭賠償要求、拘泥死亡人數的片面計較、以及毫無責任地把戰爭起因純理性化，揚言那場戰爭結束了亞洲受西方列強統治的局面等行為造成的只是憎惡加深、關係惡化。若真心有意與日本友好，為何不肯糾正宣揚日本是不共戴天之仇的偏激之舉，為什麼執意繼續推行灌輸日本人富有侵略性的種族偏見教育？而日本方面若果真誠心誠意的話，為何一味美化使眾多人喪生的戰爭，為什麼不肯正視停戰前「美軍空襲」和「沖繩決戰」給國民帶來巨大犧牲的首因在於自己的非為，又為何在祭奠陣亡將士的時候不願多少考慮一下被其殺害的各國人們的不幸？

如果說每年紀念八月十五日這一天有其意義的話，它不在於為了過去，而在於為了與雙方利益相關的未來。在複雜的國際關係上，在深奧的外交學問上，凡庸的我毫無資格發言，我只想作為一個混血兒在此直率地質問雙親久積內心的疑問。

「溫故知新」和「歷史是借鑒」等格言常常在外交上被引用。然而，只要沒有克己的誠意就不會有真誠的重溫，借鑒也不可能成立，格言的真諦得不到發揮。這些格言要求自我剖析和自我反省。上個世紀在亞洲發生的日本侵略戰爭和「文化大革命」這兩件大慘事分別是日本和中國近代史上的污點和禁忌，生活在那個時代的人都不同程度地設法回避提及難堪的往事。這是因為，造成這兩個悲劇的背景裏都存在著國民們缺少良識和怠慢責任這一不可否認的要素。全民性的過失留下的教訓難道不更值得理性地反省嗎？

日本長期以來忍受著戰敗之苦，日本人民飽嚐了敗者的恥辱。也正是在苦難和恥辱的磨練中，國民要和平、不再戰的意識逐漸形成並強化，大多數日本人不允許自己成為軍事大國。當然這並不意味日本國內已不存在不安要素，根深蒂固的「靖國神社參拜問題」、美化戰爭起因和為戰犯翻案的社會潛流，這些不能不令人警惕。不僅如此，近

年頻繁出現對主張反省侵略歷史的人進行迫害的暴行，更令人氣憤的是，平素冠冕堂皇的政界首腦人物對這種公然向民主挑釁的行為竟佯裝不知，給予默認。這不能不使人去想，指望那些冷酷的政治家把日本建設成為世界公認的「美好國家」果真有可能嗎？

上世紀末期以來，中國終於擺脫了專制的過度禁錮開始繁榮起來，平民百姓的生活呈現出可喜的生機。為了保持這一成果進而實現擁有龐大人口的中華民族均衡穩定發展，人們懂得重要的是應該提高國民教育水平加強民眾道德修養。越來越多的人認識到如何看待自己的歷史，如何認識中華民族素質的優劣是建設富裕文明中國的根本保證。一些有良見卓識的人們正在呼籲為建設一個不是人們不斷走出而是深受國民愛戴的中國必須從自我改善著手；為了使中國不再是讓國際社會頭疼而成為世界人民信賴的國度，必須矯正自身的專橫弊病。儘管這些呼籲的影響在偌大的國土上還欠威力，但這畢竟意味著自我改革的起步，是勇於把手術刀伸向我中華民族深處疾患的可喜徵兆。

我常被友人問到：「妳喜歡中國還是喜歡日本？」也許我至今仍生活在日本這一事實就是答案。但倘若問我：你對中國的愛和對日本的愛哪方更重更深？我無法回答。我對自己的兩個祖國的愛是無區別的，為之付出的情也不是能放在天秤上稱量出來的。我對中國和日本都沒有做出什麼貢獻，然而終身深愛著她們，同時始終以同樣的姿態向她們奉獻著自己的真情。恐怕剩下的短暫餘生仍將在愛中苦惱、徘徊。無論如何，我將繼續抱以愛子之心思念自己的祖國，期待她們的友好和睦直至終焉。

—完—

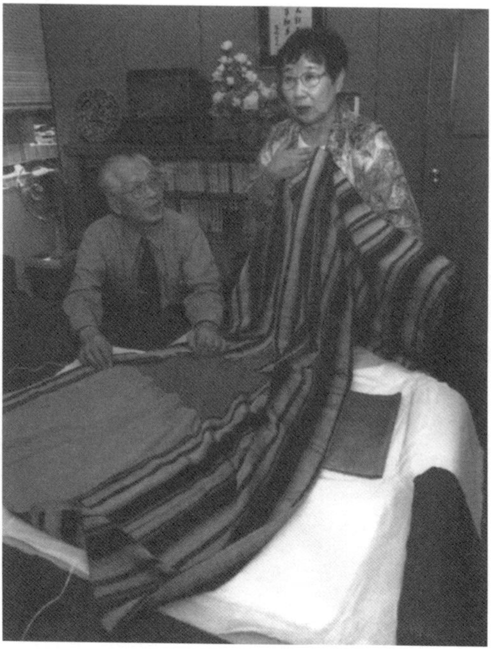

案内をしていただいた館長助理劉立
群氏とテルの研究をしている４名

木田日登美
坂井尚美
劉　立群
長谷川暁子
澤田和子

後記

人在身感幸福的時刻，或在倖免災難之際大都不忘感激能獲得幸福的機遇，感謝幫助自己免遭苦難的人們。

我更是如此。我於一九四六年出生在大陸，在那裏經歷了中華人民共和國建國初期為擺脫貧窮落後，全國人民團結一致的輝煌時期；也目睹了令數百萬真心決意為祖國獻身的人們失望痛苦的「反右鬥爭」；同時我本身也做為純真的愛國少女熱切投入過「大煉鋼鐵」和「人民公社」運動之中。

然而，更令我難忘的是五十年代後期發生的造成數百萬人死亡的大飢饉。而在那傷感的餘痕還沒完全消失時，我又被捲入「史無前例的文化大革命」——那場把人們內心的美好部分踐踏蹂躪了的荒謬運動。

中國近代史上人民遭受的肉體和精神苦難究竟是誰造成的？當我意識到那正是自己的養育父母——中國共產黨的時候，我陷入矛盾、迷茫和痛苦。

我出生後不久就失去了雙親。在戰亂的貧困和不安中，由於父母在抗日戰爭中作出貢獻，所以我一直享受著「烈士子女」的優厚待遇，受到善良、熱心人們的關愛和保護，並得到當時很多同齡人難得的良好教育。我的一生儘管談不上美滿富有，但比起同時代人們應該說幸福得多，至少我自己滿足如意。

我感謝養育自己的中國，感謝在襁褓中給予我溫暖、在成長中給予我友情、在貧困苦難中給予我保護的人們。

當自己的人生將到達終點之時，我意識到是該報恩的時候了。

我的能力是微薄的，平素能做的只是以此維繫生活基本條件的工作。如何報答養育自己的中國人民，如何表達對向自己伸出熱情雙手，使我實現在自己的另一個祖國度過後半生這一願望的日本友人的感激，我決定留下「自傳」，因為我認為這是自己能付出的最高報答。

所周知，「日本侵略戰爭」和「文化大革命」是二十世紀發生在亞洲的兩大悲劇。它們記載著中日兩國近代的苦難；刻印著釀成苦難的民族的固有缺欠；印記著苦難期間國民的怠慢和失責。正因如此，人們往往設法回避，試圖忘卻。然而，為了美好和平的未來不能忘卻。人們需要重溫過去的教訓，需要思索自身的不足。我懷著對兩個祖國未來的祈望記下那一時代的真實。

自傳日文版於二〇一二年一月發行了，而我最期望的中文版發行並不那麼幸運。其實，大陸簡體字原稿早在二〇〇二年就已完成，我曾三次去北京走訪數家出版社，受到的接待

是熱情的，編輯負責人也都認真閱讀了我的原稿。但幾乎每家出版社的答覆都是「若刪除『六・四天安門事件』部分可考慮立即發行」。理由是「六・四事件」至今仍是出版界的禁區。

我本身並沒參與那一事件，但我認為「六・四天安門事件」是被專制禁錮數千年的中華民族渴求民主自由的最強吼聲；原稿中提及的信件又是體現亡兄精神境界頂峰的一段。我不忍割捨，為此，大陸出版遙遙無望。

上世紀末，大陸的經濟飛躍發展，國民的民主意識逐步提高，可望有朝一日「六・四事件」開禁。然已近垂暮之年的我沒有更多的等待時間了。

今年三月，我到臺灣走訪，尋求出版機會，幸得博客思出版社張加君女士和郭鎧銘先生的鼎力協助，人生的最終願望得以實現，我對張加君女士和郭鎧銘先生的感激之念難以用三言兩語表達盡致，但它確實凝聚在我臺灣版的自傳中。

二〇一三年五月　于大阪　長谷川曉子

國家圖書館出版品預行編目資料

望鄉之星——長谷川照子女兒的一生 / 長谷川曉子 著 --初版--
臺北市：博客思出版事業網：2013.12
ISBN：978-986-5789-01-5（平裝）
1.長谷川照子 2.傳記

783.18 102013093

傷痕文學大系 1

望鄉之星——長谷川照子女兒的一生

作　　者：長谷川曉子
美　　編：諶家玲
封面設計：諶家玲
執行編輯：郭鎧銘
出 版 者：博客思出版事業網
發　　行：博客思出版事業網
地　　址：台北市中正區重慶南路1段121號8樓14
電　　話：(02)2331-1675或(02)2331-1691
傳　　真：(02)2382-6225
E—MAIL：books5w@gmail.com
網路書店：http://bookstv.com.tw/
http://store.pchome.com.tw/yesbooks/
博客來網路書店、博客思網路書店、華文網路書店、三民書局
總 經 銷：成信文化事業股份有限公司
劃撥戶名：蘭臺出版社　帳號：18995335
香港代理：香港聯合零售有限公司
地　　址：香港新界大蒲汀麗路36號中華商務印刷大樓
C&C Building, 36,Ting, Lai, Road, Tai,Po, New,Territories
電　　話：(852)2150-2100　傳真：(852)2356-0735
總 經 銷：廈門外圖集團有限公司
地　　址：廈門市湖裡區悅華路8號4樓
電　　話：86-592-2230177
傳　　真：86-592-5365089
出版日期：2013年12月 初版
定　　價：新臺幣360元整（平裝）
ISBN：978-986-5789-01-5